# CLUBE DA LUTA FEMINISTA

# JESSICA BENNETT

# CLUBE DA LUTA FEMINISTA

## UM MANUAL DE SOBREVIVÊNCIA
### (PARA UM AMBIENTE DE TRABALHO MACHISTA)

Ilustrações de Saskia Wariner
com Hilary Fitzgerald Campbell

Tradução de Simone Campos

**ROCCO**

Nenhuma parte desta obra pode ser reproduzida ou transmitida por qualquer forma ou meio eletrônico ou mecânico, inclusive fotocópia, gravação ou sistema de armazenagem e recuperação de informação, sem a permissão escrita do editor.

Título original: FEMINIST FIGHT CLUB
An Office Survival Manual (for a SEXIST Workplace)

Copyright © 2016 by Jessica Bennett
Todos os direitos reservados.
Primeira edição: Projetado by Leah Carlson–Stanisic
Ilustrações by Saskia Wariner com Hilary Fitzgerald Campbell
Gráfico de fundo da página 122 by Miloje/Shutterstock, Inc.
Salpicos de tinta ao longo by AnaWhite/Shutterstock, Inc.
Ilustração granada by Kovalenko Alexander/Shutterstock, Inc.
Arte punho by Zmiter/Shutterstock, Inc.

Direitos para a língua portuguesa reservados com exclusividade para o Brasil à
EDITORA ROCCO LTDA.
Rua Evaristo da Veiga, 65 – 11º andar – 20031-040 – Passeio Corporate – Rio de Janeiro – RJ
Tel.: (21) 3525-2000 – Fax: (21) 3525-2001 – rocco@rocco.com.br / www.rocco.com.br
*Printed in Brazil*/Impresso no Brasil

Preparação de originais: NATALIE DE ARAÚJO LIMA

CIP–Brasil. Catalogação na publicação – Sindicato Nacional dos Editores de Livros, RJ.

B417c
    Bennett, Jessica, 1982-
    Clube da luta feminista : um manual de sobrevivência (para um ambiente de trabalho machista) / Jessica Bennett ; ilustração Saskia Wariner, Hilary Fitzgerald Campbell; tradução de Simone Campos. – 1. ed. – Rio de Janeiro: Rocco, 2021. il.

    Tradução de: Feminist fight club: an office survival manual (for a SEXIST Workplace)
    ISBN 978-65-5532-151-7 (brochura) / ISBN 978-85-9517-035-3 (e-book)

    1. Feminismo. 2. Papel sexual no ambiente de trabalho. 3. Mulheres Orientação profissional. 4. Desenvolvimento de carreira. 5. Sucesso nos negócios. I. Wariner, Saskia. II. Campbell, Hilary Fitzgerald. III. Campos, Simone. IV. Título.

21-72740    CDD: 305.42    CDU: 141.72:331.4

Camila Donis Hartmann – Bibliotecária
– CRB-7/6472

# DEDICADO AO MEU CLUBE DA LUTA FEMINISTA:

A melhor confraria feminina, sororidade, exército das poderosas, #bondedasmina e companheiras de luta que uma mulher poderia desejar.

## Salve, minhas rainhas!

# Sumário

Nota da autora: Lutando por igualdade em um mundo pós-Trump ... 9
As regras do Clube da Luta Feminista ... 15
Apresentação: Prepare-se para a batalha ... 17
O Manifesto das Minas do CLF ... 33

Parte um: **CONHEÇA O INIMIGO** ... 37
Parte dois: **CONHECE-TE A TI MESMA** ... 83
Parte três: **CAMPO MINADO PRAS MINAS** ... 139
Parte quatro: **APRENDENDO A FALAR BEM** ... 189
Parte cinco: **NÃO, QUERO DINHEIRO!** ... 229
Parte seis: **OQJF – O QUE O JOSH FARIA EM MEU LUGAR?** ... 249

Conclusão ... 281
Junte-se ao Clube da Luta Feminista! ... 285
As rebeldes: CLFs históricos ... 292
Espaço para seu diário de batalha ... 307
Agradecimentos ... 309
Notas ... 315

Nota da autora:

# LUTANDO POR IGUALDADE EM UM MUNDO PÓS-TRUMP

PATRIARCADO

FEMINISMO

Um mês antes da publicação deste livro, Roger Ailes, fundador e presidente da *Fox News*, renunciou em meio a diversas acusações de assédio sexual que ocorreram ao longo de toda a sua carreira. Um mês depois, Donald Trump – em cuja campanha o sr. Ailes foi conselheiro de confiança – seria ouvido em uma gravação gabando-se de assediar mulheres sexualmente, beijando-as sem consentimento e "agarrando-as pela vagina".

Como muitos americanos, fiquei de queixo caído e incrédula. Fui ingênua, talvez, mas eu estava preparada para comemorar a vitória de nossa primeira mulher presidente e de repente lá estávamos nós, em uma cobertura jornalística dominada por dois homens que violavam mulheres de forma predatória e rotineira. E, embora tenham sido bastante criticados, seus atos não pareceram ter lhes custado muito. Sr. Ailes deixou a Fox em um acordo de 40 milhões de dólares. Sr. Trump, é claro, viria a se tornar nosso presidente.

Escrevi um livro inteiro sobre as formas *sutis* pelas quais machismo e preconceito afetam aqueles que estão no poder neste país. Mas esses homens mais pareciam uma caricatura retrô: o mais escancarado, cartunesco, exagerado e sem remorsos que é possível ser.

No entanto, a sutileza ainda estava ali também. Foi o que permitiu que eles subissem ao poder.

Estava implícito no questionamento contínuo a respeito da confiabilidade da candidata mulher, Hillary Clinton, e no exame minucioso de suas qualificações, mas não das dele, o que confirma a pesquisa apontando que mulheres precisam ser duas vezes mais qualificadas para serem reconhecidas como boas, e mais ainda se não forem brancas.

Estava ali na forma como a chamávamos de "estridente" – termo usado duas vezes com mais frequência para descrever mulheres – ou sugeríamos, como muitos jornalistas fizeram, que ela deveria sorrir mais. (Alguém alguma vez já pediu que Donald Trump sorrisse?)

O machismo sutil reside no fato de a carreira de Donald Trump estar recheada de erros e fracassos, e mesmo assim sermos capazes de perdoá-lo – porque homens têm permissão para errar. E, ainda assim, nós nos prendemos aos erros de mulheres, julgando-as com mais severidade e lembrando deles por mais tempo.

Foi o fato de, no palanque do debate, sr. Trump ter interrompido sua oponente quarenta e três vezes, inclinando-se sobre ela para chamá-la de "nojenta", e mesmo assim foi *ela* quem precisou atingir um equilíbrio quase impossível entre gentileza e autoridade – um vislumbre de fraqueza e ela não tem "vigor"; mas se fosse muito dura seria considerada "fria", "indiferente", "robótica", repreendida por não ter o "temperamento" certo por um homem que está quase sempre espumando pela boca.

As raízes do machismo sutil não estão inteiramente em Donald Trump, ou em qualquer outro, é claro. Tais atitudes estão profundamente impregnadas em nossa cultura, em que por centenas de anos foram os homens que estavam no comando, que assumiam o controle, que se sentiam no *direito* de serem ouvidos. Há um efeito cascata nessa história. Ela se infiltra em nossa psique.

E isso começa desde cedo. Já no ensino fundamental, os meninos têm probabilidade oito vezes maior do que as meninas de bradarem respostas em discussões de sala de aula, enquanto elas são ensinadas a levantar a mão e esperar sua vez de falar.

A boa notícia é que a complacência não é mais uma opção. Ao escrever este prefácio, já se passaram dois meses desde o maior protesto de nossa história recente – a Women's March (Marcha das Mulheres) –, que atraiu 4 milhões de mulheres e homens em 673 cidades ao redor do mundo. Americanos foram em massa às ruas para protestar contra o banimento de imigrantes muçulmanos, pelo direito de pessoas trans usarem o banheiro de sua preferência, e muito mais. Foi significativo o fato de que as primeiras pessoas a se manifestarem – incluindo Ann Donnelly, a juíza federal que impediu a deportação de refugiados, e Sally Yates, procuradora-geral, que afirmou que não defenderia a ordem de imigração no tribunal (sendo logo depois demitida) – tenham sido mulheres.

Este livro é sobre a luta contra o machismo no ambiente de trabalho. É também sobre unir-se para lutar contra qualquer tipo de injustiça. Fazer parte do Clube da Luta significa apoiar suas parceiras; significa também protestar contra racismo, machismo, homofobia e xenofobia em qualquer circunstância. O poder está nos números. Agora, mais do que nunca, precisamos estar juntas – e precisamos de mais mulheres, e homens, ao nosso lado.

Sua companheira na resistência,
Jessica Bennett
Março de 2017

1  PARA CALAR OS MANTERRUPTERS
2  PARA SUA VOZ SOAR FORTE!
3  PARA SECAR MALE TEARS
4  PARA NÃO ENTRAR CABELO NO OLHO QUANDO VOCÊ ESTIVER EM COMBATE
5  IMPEÇA A BROPROPRIATION COM ESSE BELO CARIMBO
6  UÍSQUE: PORQUE SIIIIM!

**Fe-mi-nis-ta / s.f.**
Pessoa que acredita em igualdade entre homens e mulheres. (VOCÊ!)

**Pa-tri-ar-ca-do / s.m.**
Sistema criado por e para os homens, abarcando desde a linguagem (geralmente usa-se o termo homem como equivalente a humano) até a temperatura do escritório (pois é, o ar-condicionado de fato é deixado numa temperatura que é mais agradável para o cromossomo XY). E não é à toa que muitas vezes nos referimos ao patriarcado como "os patrões".

**Clu-be da Lu-ta Fe-mi-nis-ta / s.m.**
Sua trupe, sua patota, suas manas; seu sistema de apoio profissional que te ajuda incondicionalmente; suas irmãs de fé.

# AS REGRAS DO CLUBE DA LUTA FEMINISTA

### Regra número 1:
Você precisa falar sobre o Clube da Luta Feminista.

### Regra número 2:
Você PRECISA falar sobre o Clube da Luta Feminista!!!

### Regra número 3:
Lutamos contra o PATRIARCADO, não umas contra as outras.

### Regra número 4:
Ao entrar para o CLF, você jurou ajudar outras mulheres — **todas** elas! Feche com as irmãs de luta: pratique ação afirmativa.

### Regra número 5:
O CLF é inclusivo e não hierárquico. Todas as lutadoras têm direitos iguais.

### Regra número 6:
Se alguém gritar "Para!", fraquejar, pedir água, a luta ainda não acabou. A luta não acaba até termos conseguido igualdade para TODAS as mulheres.

### Regra número 7:
O que pode demorar bastaaaante tempo. Então pode ir vestindo sua roupa de exercício preferida.

### Regra número 8:
Nada de só ficar olhando. Todas lutando!

Apresentação:
# PREPARE-SE PARA A BATALHA

"A lei não tem como nos ajudar. Então nos ajudaremos nós mesmas. As mulheres deste país precisam se tornar revolucionárias."

— Shirley Chisholm, primeira afro-americana eleita para o Congresso dos Estados Unidos

Era uma vez um clube da luta – só que sem lutas e sem homens. Todos os meses, uma dúzia de mulheres – escritoras e artistas batalhadoras entre 20 e 40 anos, a maioria com um segundo emprego – se reunia no apartamento de uma amiga (na verdade, dos pais dela: nenhuma de nós tinha um apartamento grande o suficiente para caber tanta gente). Ela oferecia uma massa, salada, ou salada de macarrão, e nós levávamos o vinho (ou água com gás... por algum motivo todas adorávamos água com gás). A gente empilhava os pratos sujos na mesa e se afundava nas almofadas da sala para conversar – ou melhor, reclamar – sobre nossos empregos.

Naqueles primeiros dias, as regras do clube da luta eram simples:

O que era dito dentro do grupo ficava no grupo.
As afiliadas jamais deveriam dizer o nome do grupo.
E exercíamos o nepofeminismo irrestrito.

Quer dizer, a admissão ao clube não era baseada em mérito, mas em ser mulher. Ou seja, uma vez lá dentro, lá dentro até morrer: aceita, acolhida e respeitada como uma amiga do peito, estimulada com palmas, "bate-aqui" e vídeos de gato. Só era proibido implicar. Nada de dar uma de *"Meninas Malvadas"*.

O fato de o clube ser secreto basicamente justificava sua necessidade. Éramos mulheres inteligentes e ambiciosas batalhando para vencer na vida em Nova York, uma cidade que destrói gente frágil todo dia. Fomos criadas em uma era de *Girl Power* – Spice Girls, coisa e tal –, na qual não só havia incentivo mas a *expectativa* de que as meninas se tornassem e fizessem tudo o que bem entendessem. E nós acreditamos nisso. A guerra dos sexos, achávamos nós, era uma relíquia da geração de nossas mães – uma guerra já vencida há tempos.

E apesar disso, todas nós, em todas as nossas áreas e cargos, estávamos tropeçando em obstáculos de gênero a torto e a direito – e muitas vezes, em alguns que nem sabíamos que existiam. Era como tentar fugir do fedor que fica à espreita nas ruas de Nova York numa noite quente: lá estava você, cuidando da própria vida, quando de repente, TCHA-RAN!

Nossas assembleias tinham uma espécie de moderadora – a nossa anfitriã. Às vezes ela distribuía fichas com perguntas por escrito. (*Onde você quer estar em cinco anos? Diga uma coisa que você pretende fazer para ajudar outra mulher este ano. Quem é sua artista preferi... epa, peraí, claro que é a Beyoncé.*) Às vezes nos reuníamos em ambientes menores e mais informais, conforme a necessidade: caso uma de nós tivesse uma crise, uma entrevista de emprego no dia seguinte,

## APRESENTAÇÃO: PREPARE-SE PARA A BATALHA

uma matéria para entregar, um surto iminente, ou um passaralho à vista – coisas que quase todas nós havíamos enfrentado em alguma ocasião.

Mas o normal era só nos encontrarmos, lancharmos e desabafarmos sobre o trabalho.

Jurei solenemente guardar os detalhes só para mim, mas a estrutura básica do grupo era a seguinte: Danielle, uma roteirista engraçadíssima e genial, andava cortando um dobrado como assistente em um famoso programa de TV (um programa que, na época, não tinha uma única roteirista mulher). Além disso, ela tinha escrito dois livros, criado webvídeos, e aprendido a mexer no Photoshop sozinha – sobretudo para poder criar convites bacanas para as reuniões do nosso Clube da Luta. Porém, no trabalho, viviam promovendo outras pessoas em vez dela. Cansada, descontente e morrendo de tédio, ela começara a esquadrinhar a internet em busca de notícias inspiradoras sobre mulheres e a nos enviar para nos animar um pouco. Também havia passado a fabricar moletons com os temas feministas e gatos. Será que alguma de nós conhecia algum lugar onde ela pudesse vendê-los?

Nola, gerente de projeto em uma agência de publicidade, há pouco tempo havia nos mandado um e-mail exasperado. Ela estava conduzindo uma reunião com um cliente importantíssimo quando um de seus colegas homens perguntou se ela se importava de ir pegar um cafezinho para as pessoas. Ficou estupefata quando se deu conta de que tinha se arrastado até a cozinha para desempenhar a tarefa.

Depois voltou à reunião com uma mancha de café na frente da blusa, fuzilando a todos com o olhar.

Havia ainda outra mulher, Rachel, uma desenvolvedora web muito franca e objetiva, cujo chefe lhe dissera que ela era "agressiva demais" com sua equipe. Todo mundo sabia o que estava codificado naquelas palavras: gritar demais, ser mandona, não ser "feminina" o suficiente, de acordo com algum padrão imaginário. Mas o trabalho dela era muito bom – isso nunca entrou em questão. Então por que o *volume da voz dela* faria alguma diferença?

Havia uma documentarista, Tanya, que contou como sua ideia para um programa de TV foi dada de mão beijada para um colega homem produzir. Ela ficou de cara. Mas não disse nada, com medo de ser chamada de "dramática" (ou de alguém que não sabe trabalhar em equipe). Se alguma de nós ouvisse falar de alguma vaga em produção, seria possível mandarmos para ela, *pelamordedeus*?

Na época, eu estava trabalhando no Tumblr, sendo meu trabalho parte de uma propalada iniciativa de contratar jornalistas para criar conteúdo para aquela plataforma de blogs, mais famosa pelos seus GIFs (e sua pornografia). À primeira vista, as vantagens de se trabalhar em uma empresa de tecnologia eram inegáveis: refeições grátis; lanches sem fim. Todo dia era dia de trazer seu cachorro para o trabalho. Café gelado especial, e quem o trazia era um barista gato chamado Grady. Férias à vontade. Uma máquina de chope que te identificava pela digital (e sabia suas preferências cervejísticas). Uma mesa de

**APRESENTAÇÃO: PREPARE-SE PARA A BATALHA**

pingue-pongue para quando você tivesse voltado de suas férias, tivesse bebido seu chope personalizado, brincado com seu cachorro e só quisesse... sabe, *dar uma boa relaxada*.

Mas aí havia as tais coisas cansativas de macho: a mesinha de pingue-pongue ficava a dois metros da minha mesa. (É sério – não passava um dia sem uma bolinha de pingue-pongue ricochetear no meu laptop.) Quando o pessoal do trabalho marcava uma saída, iam para jogos de basquete e ao Medieval Times, e a hora de socialização no escritório consistia em todo mundo jogando um jogo cheio de broderagem, regado a bebida, do tipo "eu nunca" – também na mesa de pingue-pongue, ou seja, a dois metros do meu computador.

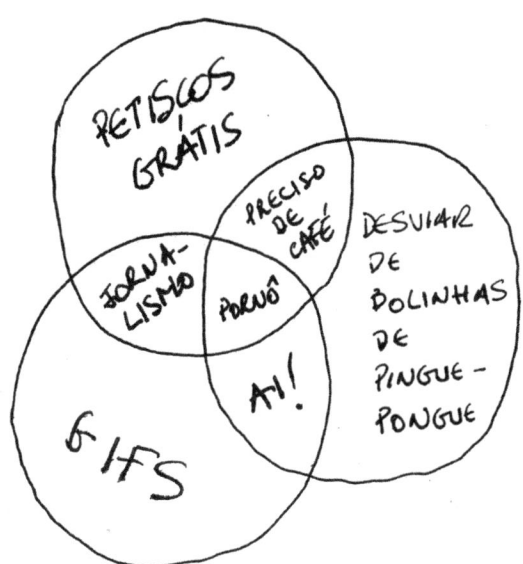

Mas o X do problema era o emprego em si. Fui contratada junto com outro editor, que eu já conhecia e gostava. Me disseram que seríamos coeditores e que estaríamos sob as ordens do presidente da empresa. O que em parte foi verdade, exceto pelo fato de eu ter aceitado o emprego antes de terem definido meu cargo. (Lembrete a mim mesma: *nunca* aceite um emprego sem antes formalizar qual será seu cargo, mesmo se te disserem que depois você "escolherá" o seu.) Me disseram casualmente que ele havia escolhido o cargo de editor-chefe. Ou seja: o título mais alto que uma pessoa em nosso campo poderia escolher, geralmente reservado ao chefe absolutista de um editorial. Mas, não se preocupe, tranquilizou-me o gerente do RH, todos nós aqui fazemos parte de uma estrutura *muuuito* horizontalizada; que título eu ia querer para mim? (Escolhi editora executiva.)

Ora, na prática, não era tão ruim assim: o tal colega, o editor-chefe, era um cara muito legal. (Até feminista ele era!) Casado com uma advogada de sucesso, pai de dois filhos fofos. Progressista! Encorajador! Bem-humorado! E, ainda assim, era um fato: eu tinha sido atraiçoada com um chefe surpresa, e esse chefe era homem.

Eu até poderia ter reclamado caso o diretor de contrato – ou "chefe de pessoal", como era chamado – não tivesse sido demitido dias depois de eu ter chegado à empresa. (Por que uma empresa de cem pessoas necessitaria de um departamento de RH?) Ainda assim, meu chefe era um gestor experiente. Sabia muito bem como impor respeito em uma sala cheia de rostos masculinos. Ele falava séria e peremptoriamente, enquanto eu ficava uma pilha de nervos. Nas reuniões as pessoas sempre olhavam para ele, não para mim – ele tinha *cara* de chefe –, estivéssemos ou não falando sobre um projeto tocado por ele. Ele até tentava ajudar – repetindo minhas ideias com a autoridade vocal de um homem de 1,87m e 42 anos tentando ser meu defensor. Mas aí ele acabava recebendo crédito por elas também.

Fiquei nesse emprego por um tempo curto demais para que isso chegasse a importar de verdade: todos nós fomos repentinamente demitidos pouco mais de um ano depois de contratados, preparando

## APRESENTAÇÃO: PREPARE-SE PARA A BATALHA

o terreno para a aquisição do Tumblr por uma companhia maior (o Yahoo).

Mas a verdade é que estava longe de ser a primeira vez que eu me via naquela situação.

Comecei minha carreira em um dos Clubes do Bolinha mais tradicionais e renhidos, a *Newsweek*, onde o machismo já havia sido tão descarado que as funcionárias – representadas por uma jovem advogada civil, hoje congressista, chamada Eleanor Holmes Norton – processaram a empresa por discriminação de gênero, no primeiro processo desse tipo nos Estados Unidos. Era 1970, e as mulheres da *Newsweek* transbordavam de privilégio e brilhantismo: eram bolsistas Fulbright, oradoras de formatura, formadas pelas "Sete Irmãs" e provenientes de famílias endinheiradas. Como Norton diria depois: "Eram mulheres que pareciam não ter nada a temer no mercado de trabalho."

Ainda assim, disseram-lhes secamente que "mulher não escreve". Eram chamadas de "bonequinhas" pelos chefes. Suas tarefas consistiam em empurrar o carrinho da correspondência, levar o cafezinho, e fazer pesquisa e apuração, ações que em comum tinham o fato de sempre serem requisitadas pelos homens. "Era uma época de grande desesperança", disse Susan Brownmiller, uma pensadora feminista que – juntamente com a falecida diretora e roteirista Nora Ephron – foi pesquisadora da *Newsweek* (quer dizer, "moça da correspondência") por um curto período na década de 1960. Ambas levantaram acampamento antes de o processo ser instaurado, mas nunca esqueço as palavras de uma pesquisadora que permaneceu na revista: "Depois de um tempo, você de fato começava a perder a autoconfiança", disse-me ela. "Você começava a pensar: 'Escrever é coisa pra homem.'"

> O primeiro emprego de Nora Ephron foi como "moça da correspondência" na Newsweek, em 1962. Em sua entrevista, perguntaram-lhe por que ela queria o emprego.
> "Quero ser redatora", disse ela.
> "Na Newsweek, mulher não escreve", responderam-lhe.

Eu nunca tinha ouvido falar nessa história, em parte porque o legado não fora passado adiante. E ainda assim, quatro décadas depois, na minha época, a experiência me era familiar: escrever era coisa "de homem". Eu *era* jornalista, claro. Tinha o cargo para comprová-lo – assim como muitas das minhas colegas. Mas nosso trabalho ainda era publicado com uma frequência bem menor que a dos funcionários homens na época. Não tínhamos sido promovidas na mesma velocidade dos colegas homens junto dos quais havíamos entrado na empresa. E era difícil deixar de notar que os cargos mais altos do semanário em apuros eram quase todos preenchidos por homens brancos. Depois, chegamos até a calcular o número de matérias assinadas naquele ano: de todas as matérias de capa da revista, só seis não haviam sido escritas por homens.

Ainda assim, estar na *Newsweek* era um baita emprego para uma jornalista principiante. Foi meu primeiro emprego de verdade depois de formada, e senti que tive sorte\* em tê-lo conseguido. Mas foi tam-

---

\* Sorte: aquilo a que as mulheres creditam seu sucesso. A que os homens dão o crédito? À própria capacidade.

## APRESENTAÇÃO: PREPARE-SE PARA A BATALHA

bém a primeira vez em que comecei a duvidar de minhas capacidades. Eu não era muito boa em me impor pela conversa, e me enrolava quando me pediam para defender minhas ideias perante uma sala cheia – cheia de homens, geralmente. Eu não soube como reagir quando instalaram uma cesta de basquete na redação, ou quando o novo chefe começou a passar todo o tempo junto da minha mesa. Eu não tinha uma mentora com quem pudesse conversar. Na verdade, mal se encontrava mulheres mais velhas por ali.

Não era machismo *descarado*... não exatamente. Era impossível existir uma política formal que proibisse as mulheres de escrever; pelo contrário, a porta estava aberta para as mulheres, e cada vez mais a atravessávamos em maior número. Mas posturas tão profundamente arraigadas não se evaporam em apenas uma geração.

Certa vez, Gail Collins, colunista do *New York Times*, me contou que, se o machismo em sua época era de fato acachapante, pelo menos tinha uma espécie de vantagem: era fácil identificá-lo. Quando um sujeito passava a mão na sua bunda ou te dizia que "na *Newsweek*, mulher não escreve", sem dúvida era injusto, mas pelo menos você *reconhecia na hora*. Era uma discriminação flagrante – machismo de papel passado e se encaixando na definição jurídica –, e não simplesmente uma "sensação". (*Será que aconteceu mesmo? Estou maluca? Será que só eu vi isto?*)

Hoje, reconhecer o machismo está mais difícil do que antes. Tal como as microagressões que as pessoas negras suportam todos os dias – racismo dissimulado em forma de pequenos insultos ou desdém –, o machismo de hoje em dia é insidioso, vago, politicamente correto, e até mesmo *simpático*. São condutas indefiníveis, imensuráveis, escamoteadas, e dificílimas de acusar que talvez não sejam necessariamente intencionais nem conscientes. Às vezes as mulheres também incorrem nelas. Nada disso torna a coisa menos nociva.

Na lida cotidiana, isso significa ver um homem instintivamente se voltar para uma mulher para ditar algo numa reunião, ou vê-la ser confundida com a auxiliar de escritório quando na verdade é a chefe. É ser interrompida quando está em grupo, sem parar, várias vezes seguidas,* ou ter sua ideia atribuída a outra pessoa (geralmente, a um cara). É seguir todas as regras, dar o sangue pela empresa, e *ainda por cima* ter que se preocupar se está parecendo "agressiva demais" aos olhos dos outros quando age conforme seu cargo de chefia demanda. É saber que, quando um colega chama outra mulher de "ambiciosa", isso está longe de ser um elogio. É ter que ser simpática (pois mulheres *são* simpáticas!), mas não simpática *demais* (senão vira "capacho humano"); maternal (por natureza!), mas sem ser mãe *pra valer* (ou periga ser vista como alguém sem compromisso com a empresa). É ter que ter autoconfiança para impor respeito, mas sem ser confiante *demais* (porque ninguém gosta de mulheres arrogantes). É ter que trabalhar duas vezes mais para provar que é igualmente boa, e três, quatro, cinco vezes mais se por acaso for uma mulher negra.

> `ma-chis-mo su-til / s.m.`
> O tipo de machismo que te deixa pensando: *Será que sou eu que estou maluca?* (Não, não está.)

É o fato de que as mulheres ainda sejam mais passíveis de se sentirem impostoras do que os homens, ou o de que, quando homens ascendem na hierarquia, gostamos mais deles, mas quando são mu-

---

\* Sim, as mulheres são interrompidas em reuniões (por homens e mulheres) duas vezes mais do que os homens.

lheres que ascendem, gostamos menos delas (motivo pelo qual as mulheres se sentem obrigadas a sorrir com frequência, a demonstrar gratidão e preocupação, a ressaltar metas comunitárias, elogiar mais... você sabe como é).

Há quem chame esta forma de machismo de "morte por mil cortes", como no conhecido método medieval de tortura chinesa. Individualmente, as afrontas não parecem grande coisa. Mas com o tempo, e em conjunto, são fatais.

Olhando por uma perspectiva a longo prazo, há vários pontos positivos no atual status da igualdade entre gêneros. As mulheres têm se graduado mais na universidade, concluído mais mestrados e doutorados, dominado as mídias sociais, se engajado em ativismo on-line, e – talvez pela primeira vez na história – têm se visto refletidas pela TV e pela cultura pop. (Salve Shonda Rhimes!) As mulheres detêm a maior parte do poder de consumo nos Estados Unidos e, em 2018, as esposas estarão ganhando mais do que os maridos.

Mas mesmo assim...

No primeiro ano de formadas, mesmo *depois* de descontar todas as coisas que poderiam afetar o salário de alguém – a escolha da profissão, o tipo de emprego, o número de horas de trabalho, as férias e licenças tiradas, e assim por diante –, as mulheres ainda (*até hoje!*) ganham só 93% do que seus colegas homens estão ganhando. Mulheres de todas as raças e etnias terão um quarto da probabilidade dos homens de negociar um aumento – e serão tachadas de insistentes ou agressivas quando o fizerem. Alguns destes problemas são de gente privilegiada, sem dúvida, mas estes mesmos problemas podem ser vistos como ainda piores para 42 milhões de mulheres norte-americanas na linha da pobreza.

As estatísticas claramente demonstram que existem benefícios sociais em se mudar o paradigma. As empresas fazem mais sucesso quando contratam mulheres: ficam mais cooperativas, mais lucrativas, mais inclusivas.* Na verdade, as mulheres são líderes mais eficazes, têm menor chance de assumir riscos desnecessários, são multitarefas, e têm maior inteligência emocional – e conforme disse o *Harvard Business Review*, esta "é uma das descobertas menos contraintuitivas da história das ciências sociais". Estudos mostram que, com a verdadeira igualdade entre gêneros, o PIB dos Estados Unidos aumentaria em 26%.

Num mundo ideal, teríamos instaurado políticas para garantir a igualdade no ambiente de trabalho – e espero que cheguemos lá. Mas mesmo que existam especialistas que acreditam que é o estilo de liderança das mulheres que deflagrará a revolução (e existem), e mesmo que estejamos trabalhando politicamente em prol da mudança de *todo o sistema* (igualdade salarial e licenças familiares remuneradas,

---

* Você sabia? Quando os cofundadores do Google, Larry Page e Sergey Brin, resolveram contratar Marissa Meyer, a primeira engenheira mulher da empresa, disseram-lhe: "Lemos muitos livros, e pelo que vimos, as organizações funcionam melhor quando há equilíbrio de gêneros."

por exemplo), mesmo que *todas as pop stars do mundo* se declarem feministas (valeu, Bey!), a maior parte de nós ainda tem que se arrastar da cama todos os dias se sentindo meio impotente e encarar as pequenas sacanagens e chatices sutis que todo dia nos amolam a paciência. Treinamentos pró-diversidade não resolvem o padrão "moça do cafezinho"; nosso sistema jurídico não está equipado para resolver o fato de que mulheres fortes serão percebidas como "insistentes" ou o fato de que os norte-americanos ainda preferem chefes homens. Olhe só o caso da Ellen Pao.

Portanto...

Precisamos de armas próprias – de um *arsenal* inteiro. Precisamos nos armar com dados para provar que o problema existe e precisamos de táticas para miná-lo de dentro para fora *e* de fora para dentro. Precisamos de habilidade, dicas, truques, macetes, táticas de guerra para lutar por nossos direitos *ao mesmo tempo* que advogamos a mudança do sistema a partir de dentro.

Porém!

**Esta tarefa não é de uma mulher só.**
**Precisamos das outras ao nosso lado.**
**Então vamos começar dando as mãos.**

Quando meu Clube da Luta foi fundado, a primeira regra era simples: não falávamos sobre o clube. O anonimato era essencial: não era um grupo para se fazer contatos nem para angariar novas conexões no LinkedIn. Era um lugar onde podíamos desabafar, chorar, berrar e gargalhar – sem medo de sermos julgadas.

Por anos a fio, as táticas do Clube da Luta circularam entre nós em voz baixa, entesouradas feito pedras preciosas. Mas já é tempo de falar sobre o clube – sem ser baixinho, na sala de estar de alguém.

Este livro é para mulheres que, tal como nós, observaram comportamentos machistas mas se convenceram de que não eram um problema sério (ou de que o problema era culpa delas). É para a mulher que sabe que merece um lugar à mesa, mas não tem a confiança – ou as ferramentas – para se sentir à vontade para tomar seu assento (ou para saber o que fazer, uma vez que já tenha sentado). É porque sabemos que os desafios são coletivos e queremos empoderá-la – sim, você mesma! – para ficar astuta demais, informada demais, preparada demais para alguma pessoa, ou sistema, que queira te limitar. Dentro de cada mulher existe uma guerreira. Eu garanto.

Há uma antologia clássica dos anos 1970 que deixei na minha mesa enquanto escrevia este livro – trata-se de um volume amarelado com um punho erguido e pintado de vermelho na capa que foi uma luz no caminho do moderno movimento feminista. O livro se chama *Sisterhood Is Powerful*, e começa com uma frase simples: "Este livro é uma atitude."

Este livro também é uma atitude. É uma atitude, uma postura, um estado mental, uma convocação coletiva às armas.

```
        Bem-vindas ao Clube da Luta Feminista.
              Isto não é um ensaio.
```

**APRESENTAÇÃO: PREPARE-SE PARA A BATALHA**

# O Manifesto das Minas
## DO CLF

**O QUE É O CLF?**

O CLF é uma aliança entre mulheres de zero a infinitos anos com o objetivo de dominar o mundo. Representa todas as mulheres que estão fazendo e acontecendo no mundo, aquelas que gostariam de fazer isso, e os homens que as apoiam. Representa as mulheres que já estão cansadas do status quo machista e também as que ainda não perceberam que estão cheias dele. Bem-vinda ao clube. A partir de agora, você é integrante para a vida toda.

**QUAIS OS OBJETIVOS CONCRETOS DO CLF?**

Mais chefes de Estado mulheres; mais mulheres – e não só brancas – cientistas, engenheiras, apresentadoras de talk-shows noturnos, roteiristas-chefe e produtoras executivas. Queremos uma enxurrada de Harriet Tubmans (o novo rosto da nota de vinte dólares), mas também queremos uma mulher na nota de cem dólares – e na de cinquenta, na de dez, e na de cinco. Queremos erradicar a linguagem machista e as ordens para "sorrirmos mais". Lutamos por salários iguais, licenças-maternidade decentes, e talvez até congelamento de óvulos pagos pela empresa para todas. Nossa abordagem é tríplice: lutamos por nós, lutamos pelas nossas irmãs, lutamos contra o sistema.

## COMO IDENTIFICO UMA INTEGRANTE DO CLF?

*Muahahaha*, boa sorte – somos mestras na arte da camuflagem. As integrantes do CLF podem parecer mulheres "normais", e podemos estar em qualquer lugar: tuitando sobre *Veep*; fornecendo o lanchinho saudável pro futebol da sua filha; não dando match no seu Tinder; mandando na sua empresa ou mandando ver na esteira de corrida ao seu lado. Apesar do disfarce elaborado, saiba que as integrantes do CLF são amplamente versadas em guerrilha estatística, negociação e bloqueio de microagressões, bem como em combate corpo a corpo dos mais extenuantes. Sabemos programar no computador, desativar granadas *e* citar letras de Missy Elliott.

## COMO POSSO DEIXAR MEU AMBIENTE DE TRABALHO MAIS RECEPTIVO ÀS INTEGRANTES DO CLF?

Você pode começar com uma sala de amamentação que não seja também o almoxarifado. Outros possíveis atrativos: um escritório com temperatura acima de 12°C; exemplares de *Mulheres ousadas chegam mais longe* deixados casualmente nas mesas dos chefes homens. Chamar as pessoas para o karaokê em vez de propor brincadeiras com bebidas alcoólicas também não é má ideia (e precisamos mesmo ensaiar nossos hinos de batalha). Ah, e da próxima vez que passar pela sua cabeça perguntar à sua colega grávida de oito meses se ela está "feliz com a folga que vai tirar": morda a língua.

## OS HOMENS PODEM ENTRAR PARA O CLF?

Sim! E damos a maior força para que eles entrem. A forma mais fácil de se alistar no Batalhão Auxiliar Masculino é ir diretamente à página 273 para um guia prático muito especial voltado aos portadores de pênis. Agora imprima-o, coloque-o dentro de seu exemplar de *A Poderosa Chefona*, e acampe no café do seu bairro até alguém recrutá-lo. *Fique tranquilo*. Quando nós o virmos, falamos com você (e aceita-

O MANIFESTO DAS MINAS DO CLF

mos um cappuccino, obrigada). Outros postos de recrutamento incluem a fila quilométrica do lado de fora do banheiro feminino; a seção de feminismo da livraria independente do seu bairro; botequins lésbicos; saraus de poesia; comitês de campanha de Hillary Clinton.

Logo alguém entrará em contato.*

---

* Mando um abraço-Brontë à humorista Shannon Reed, cuja seção "Spinster Agenda" [*Pauta das Solteironas*] na revista *New Yorker* inspirou este manifesto.

Parte um

## CONHEÇA O INIMIGO

# IDENTIFICANDO COMPORTAMENTOS- -PROBLEMA

Comecemos pelo começo.

O Clube da Luta Feminista foi fundado em 2009 – mas não presumimos de forma alguma ser o primeiro grupo de mulheres a se reunir em um apartamento apertado para reclamar de nossos empregos. Na época da minha mãe, as reuniões semanais se chamavam "grupos de conscientização": mulheres que se reuniam, geralmente na ausência de maridos, para perguntarem umas às outras: *Como você se sente fazendo trabalho doméstico? O que você quer fazer na vida? Você já fingiu orgasmo?*

Esses grupos se tornaram a espinha dorsal do movimento feminista: publicaram jornais de oposição, lutaram em prol de políticas para a mulher e organizaram muitos protestos. Fizeram uma ocupação do *Ladies' Home Journal* exigindo uma editora mulher; passaram cantadas de rua nos homens em plena Wall Street; e realizaram uma célebre manifestação no concurso Miss América de 1968 em que as manifestantes atiraram seus sutiãs, cintas e saltos altos na "Lata de lixo libertária".\* Cada grupo tinha suas táticas particulares, e discordavam entre si em diversos pontos, mas de uma crença partilhavam: nas palavras da organizadora Kathie Sarachild, as mulheres eram "as pessoas mais interessantes do mundo". Sarachild havia participado de um grupo chamado Mulheres Radicais de Nova York. (Ela também cunhou a expressão *A sororidade é poderosa*.)

Meu Clube da Luta Feminista particular nasceu certa tarde, no segundo andar de um McDonald's em Manhattan, entre milk-shakes

---

\* Um "você sabia?" feminista: foi daí que veio o termo "queimar sutiãs" – embora isso não tenha chegado a acontecer. As manifestantes do Miss América tinham, sim, *planejado* tocar fogo em sutiãs, porém não conseguiram a autorização necessária – mas o *New York Post* circulou com a manchete assim mesmo, e a imagem pegou.

e batatas fritas. Éramos só três mulheres à mesa, funcionárias de nível baixo trabalhando com televisão, pouco depois de Barack Obama ter sido eleito presidente, sendo que no Congresso a representação feminina não havia aumentado nem um pouco (fato inédito desde 1978). Por acaso, também foi o ano em que David Letterman admitiu ter dormido com sua assistente; em que um analista da ESPN foi demitido por ter se relacionado com uma jovem subordinada; e em que Chris Brown seria acusado de agressão contra sua namorada na época, Rihanna.

Estes escândalos foram o contexto, mas o catalisador foi algo pessoal. Uma das mulheres, assistente de pesquisas, estava havia mais de um ano desempenhando as funções de um cargo dois graus acima de seu salário – mas sem o cargo nem a remuneração adequados. (Quando ela pediu uma promoção, disseram-lhe que "não era uma boa hora".) Outra, depois de passar quatro anos como assistente, tinha de fato sido "promovida", mas sem aumento nem chefe direto. Agora ela ficava em um cubículo sem janelas que chamava de "escrimário" (escritório-armário), ao lado da sala de correspondência, onde o chefão geral guardava suas roupas vindas da lavanderia. Ela havia colado uma grande foto autoadesiva na parede – uma paisagem de praia caribenha – para aplacar a claustrofobia.

"A gente se sentia empacada, e sem nenhum meio de sair do atoleiro", explicou ela depois. "Não tínhamos rede de contatos, nem mentores. E acho que reconhecemos logo que – pelo menos no nosso escritório – a opinião de um homem simplesmente valia mais."

A primeira reunião formal aconteceu numa sexta à noite, no apartamento dos pais da moça do escrimário, que haviam se confinado no quarto (pelo qual passávamos de fininho para ir ao banheiro). Naquela noite, havia uma dúzia de mulheres, e nosso nome foi escolhido por votação. (Entre os títulos impugnados: V.A.G.I.N.A., ou Vigorosamente Aborrecidas Garotas da Indústria de Informação Nova-iorquina e Assemelhadas, rejeitado devido a sua estreiteza – tanto em "vagina" como em "informação" –, e As Gatonas, vetado por sua conotação de "louca dos gatos"). Devíamos trazer algum material para ler em voz alta, algo que tivesse sido escrito por uma mulher, fosse sobre uma mulher, ou fosse inspirador para mulheres. Seria servido um jantar, mas não comeríamos "feito passarinho", como se espera de mulheres. Nos disseram para vir com fome.

A maior parte das presentes naquela noite não se conhecia: éramos uma caldeirada de amigas de amigas, conhecidas e colegas de segundo grau. (Eu havia sido apresentada por meio de uma mentora que era amiga da mãe da anfitriã.) Mas todas regulávamos mais ou menos em idade, em campos de atuação semicriativa, em estágios nas respectivas carreiras. Tínhamos certas neuroses nova-iorquinas em comum. Todas tínhamos nossos privilégios: tínhamos formação universitária e apartamentos decentes, embora não tão grandes a ponto de poder acomodar o grupo todo. Tínhamos segundas e até terceiras profissões, mas o motivo era porque assim podíamos correr atrás do que realmente queríamos fazer.

Apesar de tudo, a sensação era de que, de alguma forma, até aquele momento – nós sentadas em semicírculo, comendo queijo –

> "Não comeríamos 'feito passarinho', nos disseram para 'vir com fome'."

tínhamos estado sozinhas. Muitas de nós nunca haviam falado abertamente sobre aquelas questões. Muitas de nós haviam se perguntado se fazíamos parte do problema. Não éramos tão ingênuas: sabíamos que o machismo era uma realidade. Mas aquele machismo era diferenciado: mais sutil, mais cordial, mais insidioso.

Uma das mulheres queria saber: como posso *calar a boca* do sujeito que sempre me interrompe em reuniões sem parecer defensiva nem hipersensível? E outra perguntava: o que posso fazer quando minhas ideias são apresentadas por um colega homem sem me dar o devido crédito? Nenhum dos casos era discriminação descarada. Muitas vezes, essas atitudes vinham de caras de que *até gostávamos*. Mas isso era parte do problema. Depois de serem tratados como sexo dominante por centenas de anos – e aprender a agir com a autoridade, o discurso e a linguagem corporal que acompanham esse status –, estes comportamentos tinham sido adotados até mesmo pelos caras legais. Como poderíamos trabalhar em conjunto para chamar a atenção deles?

Não era tão complicado assim – isso nós percebemos. Mas, na época, nos pareceu uma espécie de despertar. Foi aquele momento de legitimação em que você percebe que o problema não é só com *você*.\* E se não era só conosco, então de repente o problema era enfrentável – porque tínhamos outras mulheres para nos apoiar.

Não chegamos a falar isso em voz alta, mas creio que cada uma de nós decidiu, naquela noite, que ia enfrentar aquele problema. Que, juntas, nos sentíamos fortes o bastante para enfrentar aquele inimigo estranhamente sutil. Que a luta podia até ser divertida. Que talvez não vencêssemos – mas pode crer que iríamos com tudo.

---

\* Era isso que as feministas da segunda onda chamavam de "o estalo".

Depois de os homens terem sido tratados como o sexo dominante por centenas de anos - e aprender a agir com a autoridade, o discurso e a linguagem corporal que acompanham esse status -, estes comportamentos tinham sido adotados até mesmo pelos caras legais.

Inimigo:
## O MANTERRUPTER

Breve lembrete de história da cultura pop: lembra em 2009, quando Kanye West entrou pisando duro no palco do MTV Video Music Award, arrancou o microfone da mão de Taylor Swift, e saiu declamando um monólogo? "Depois te deixo terminar", disse ele, enquanto Swift aguardava em silêncio atônito. "Mas a Beyoncé fez um dos melhores vídeos de todos os tempos!"

Quer você concorde ou não com a avaliação musical de Kanye (ou com o fato de ele ter se autonomeado porta-voz de outra mulher poderosa), este foi o exemplo mais memorável e público de manterrupting – um homem interrompendo uma mulher enquanto ela tentava falar (neste caso, num palco, *sozinha*, tentando receber o prêmio de melhor videoclipe feminino). Mas para um certo tipo de mulher no mercado de trabalho, a conduta de Kanye era familiar. Começamos a falar em uma reunião, e de repente a voz de um homem reboa mais alto que a nossa. Tentamos oferecer uma ideia, talvez com uma pitada de incerteza – e um cara se interpõe, cheio de autoridade. A gente pode até ter as ideias, mas ele tem as cordas vocais – fazendo com que nós nos retraiamos, percamos nossa convicção ou cedamos o crédito pelo nosso trabalho. Estudos mostram que o Manterrupter é uma realidade: os homens falam mais do que as mulheres em reuniões de trabalho, interrompem com mais frequência, e as mulheres têm *duas vezes* mais chance de terem a fala interrompida (por homens e mulheres) do que os homens, e mais chance ainda caso sejam mulheres negras. Não é só Taylor que fica no prejuízo.

## TÁTICAS DE COMBATE

### 👊 O "pega" verbal

É o equivalente discursivo de dois carros correndo um na direção do outro na velocidade máxima até um deles (o dele) desviar. O que você precisa saber é ficar firme e *simplesmente continuar a falar*. Faça pausas breves. Não perca seu ritmo de fala. Não importa se ele acenar com as mãos, elevar a voz ou se remexer na cadeira, *faça o que é melhor pra você*. Se precisar, finja que é surda; se te ajudar a levar a cabo seu argumento, valerá a pena. O ponto-chave desta tática é impedi-lo de começar a falar enquanto ao mesmo tempo você age como a pessoa mais relax da sala. Isso, e um olhar enviesado que diga: "NÃO ME INTERROMPA NEM POR UM CARALHO!"

### 👊 Feminterrompa

Claro, você pode chamar a atenção de um Manterrupter: "Bob, não acabei de falar. Só mais um momento." Mas imagine só se a Beyoncé tivesse ido até o palco enquanto Kanye estava interrompendo Taylor e interrompesse *ele*. É isso que chamamos de feminterrupção: interromper um Manterrupter em prol de sua companheira de luta. Se você ouvir uma ideia de outra mulher e achá-la boa, apoie-a: "Espere, dá pra deixá-la terminar?" Caso você perceba que alguma mulher não consegue achar a vez de falar, tome a palavra e pergunte: "Nell, qual a sua opinião?" Você terá um efeito maior do que pode imaginar – e vai se estabelecer como alguém que é boa em trabalhar em equipe.

## 👊 Debruce-se para a frente

Pesquisadores de um estudo descobriram que os homens inclinam mais o corpo para a frente do que as mulheres durante reuniões com as pessoas sentadas, tornando mais improváveis as interrupções enquanto falavam. (Lyndon B. Johnson era famoso por suas inclinadas.) Outros métodos de afirmar sua presença física quando você tem algo de importante a dizer: sentar-se à mesa em vez de ao fundo da sala, apontar para alguém, ficar de pé, apoiar suas mãos sobre a mesa e fazer contato visual. Dica bônus: os homens costumam chegar cedo a reuniões para garantirem um bom lugar. Em geral, não é uma ideia nada má se posicionar *o mais próximo possível* de onde conversas ou decisões importantes estão se desenrolando.

## 👊 Zona deskanyezada

Se você estiver numa posição de poder: estipule uma regra antikanyezação. É *proibido* interromper – política da empresa – enquanto há gente falando ou apresentando uma ideia, e quem tentar roubar o microfone vai ser repreendido em público. Se preciso for, adote aquela tática de primário: o bastão da fala. Você deve até estar rindo, mas a gerente de uma equipe de setecentas pessoas no Google diz utilizar este método.

# CONTRATO ANTI-MANTERRUPTING

Eu, _____, garanto que vou fazer meus melhores esforços para *não* interromper minhas colegas.

Em vez disso, eu vou:

_____
_____
_____
_____
_____

Shh...

_____  _____
Assinatura do Interruptor    Data

## Inimigo:
## O BROPROPRIATOR

Pode-se dizer que nosso próprio continente está baseado em uma certa bropropriation: um homem branco (Colombo) e sua tripulação (outros homens brancos) roubando o crédito por descobrir um Novo Mundo que não era verdadeiramente novo (e nem deles). Já no escritório, o Bropropriator se apropria do crédito pelo trabalho de outra pessoa: apresenta ideias de sua equipe como se fossem de sua autoria, aceita o crédito por ideias que não são dele, ou às vezes nem faz nada, mas *ainda assim* acaba recebendo crédito – uma conveniente realidade de se ter nascido homem, caso em que se presume *automaticamente* que o crédito é seu.* No que diz respeito às mulheres, a bropropriation é um fato comprovado: mulheres têm menor chance de ter suas ideias corretamente atribuídas a elas, e nossa história vem provando isso há séculos.

---

* Sim, pois é, em situações em que homens e mulheres trabalham juntos em um projeto, pesquisas revelaram que os colegas (ou chefes) tendem a inferir que são os homens que merecem os créditos. Aff!

## TÁTICAS DE COMBATE

### 👊 Fale firme

É muito difícil alguém roubar o crédito da sua ideia se você transmiti-la com tal autoridade que ninguém consiga mais esquecer. Então fale alto e claro – nada de usar *hum*, *desculpe*, nem de falar tatibitate. Empregue palavras que transmitam autoridade, em voz ativa, que demonstrem que você tem domínio do que está dizendo. Nada de "fiquei pensando o que aconteceria caso a gente tentasse…", e sim "sugiro que a gente tente…".

### 👊 Obrigada

Retome o crédito para você na mesma hora – agradecendo-lhes por terem gostado da sua ideia. É uma manobra insidiosa, mas muito eficaz, para ficar com o crédito, e ainda por cima você sai bem na fita. Experimente variações de: "Obrigada por embarcar na minha ideia", "Isso mesmo! Era bem o que eu vinha dizendo!" e "Exatamente. Que bom que você concorda – agora vamos tratar dos detalhes". Claro, às vezes dizer "Tem um papagaio nesta sala?" também funciona, mas o método do Obrigada pode mitigar a situação.

### 👊 Copiloto

Encontre alguém para ser seu parceiro – talvez até mesmo um colega homem. Peça-lhe para assentir com a cabeça e fazer cara de interessado enquanto você estiver falando. Faça-o apoiar você publicamente, em reuniões, e ratificar o que você disser. Quando alguém tentar ficar com o crédito pelo seu trabalho (ou pelo de outras pessoas), combine que ele deve dizer em alto e bom som: "Sim, que nem a Jess falou." Ele enfrenta o problema, ganha os aplausos, e você não precisou sequer abrir a boca.

## E-vidências

Faça um dossiê de e-mails que provem que a ideia foi sua. Se você deu uma ideia incrível em público, logo depois da reunião mande um e-mail para seus superiores com um resumo de sua ideia – e mande-o com cópia para seja lá quem deva ficar sabendo que *tudo está registrado*.

## Demonstre aprovação

Se você ouvir uma ideia boa vinda de uma mulher, apoie-a publicamente. Faça que sim com a cabeça; exclame: "Isso!" ou "Muito bem!"; quem sabe até bata palmas. É o equivalente da vida real a uma curtida de Facebook.

## BROPROPRIATIONS DIGNAS DE NOTA

### BANCO IMOBILIÁRIO

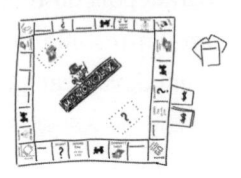

Criado por um desempregado chamado Charles Darrow na década de 1930. Brincadeirinha! Na verdade foi uma antimonopolista, Elizabeth Magie, quem idealizou o jogo, embora Darrow o tenha vendido como ideia sua.

### PROGRAMAÇÃO DE COMPUTADORES

Ada Lovelace escreveu a primeira linha de código em 1843 – mas até pouco tempo atrás, não havia recebido nem um pouco de reconhecimento. Já seu colaborador homem obteve crédito.

### DNA

O trabalho de Rosalind Franklin foi crucial para a compreensão do DNA – assim como para o trabalho que renderia aos seus colegas homens o Prêmio Nobel.

### FISSÃO NUCLEAR

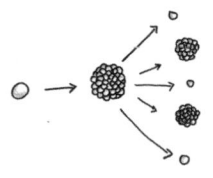

Quando o parceiro de pesquisas de Lise Meitner publicou o artigo que haviam escrito juntos, achou por bem omitir o nome dela – e depois foi ele quem recebeu o prêmio de química da Academia Real das Ciências da Suécia.

## Inimigo:
## O MACHOCRATA

O Machocrata te trata como secretária, mesmo quando é evidente que você não é uma: ele pergunta distraidamente se você "se importa de anotar", te envia uma cópia do e-mail de seus planos de viagem ou te manda "ir pegar o café" para um cliente (o *seu* cliente). Às vezes ele presume inadvertidamente que você é a secretária (ou a copeira, no caso de Mellody Hobson, que é negra e presidente da DreamWorks).* Não faz muito tempo, minha amiga Alia, que trabalha numa organização sem fins lucrativos, compareceu a um coquetel comemorativo de uma prestigiosa bolsa de estudos que havia ganhado. Juntamente com outro bolsista, que era homem, pediram-lhe que ficasse perto da porta para cumprimentar os convidados. Porém, em vez de mãos estendidas parabenizando-a – que iam para o homem a seu lado –, ela recebeu um monte de sobretudos nos braços. As pessoas presumiram que ela era a moça da chapelaria.

(copo de café com marcações: ☑ MACHISTA / ☑ PREGUIÇOSO / ☑ RUDE / ☑ INSULTA MINHA INTELIGÊNCIA / ☑ COLOQUEI ARSÊNICO)

---

\* Em seu TED Talk, Hobson conta como chegou para almoçar em uma grande empresa de mídia em Nova York – junto com o então aspirante a senador Harold Ford – e ouviu da recepcionista a seguinte pergunta: "Por que está sem o uniforme?"

## TÁTICAS DE COMBATE

### ✊ Queime o café

Faça aquilo que a estrategista digital Aminatou Sow costuma fazer: quando um colega homem lhe pede para fazer café, ela responde que *seria um prazer*, só que *não sabe como* – sua mãe lhe falou para nunca aprender a fazer café para que não acabassem sempre lhe fazendo de copeira. (O equivalente a isto na fotocopiadora: "Já quebrei tantas vezes a máquina de xerox que agora me proibiram de encostar nela.") Para se inspirar ainda mais, leia o poema "How Not to Have to Dry the Dishes", de Shel Silverstein, que pode ser uma boa opção de tatuagem para o braço de toda mulher: "If you have to dry the dishes/And you drop one on the floor–/Maybe they won't let you/Dry the dishes anymore." ("Se te mandam secar os pratos/e um deles cair no chão.../talvez nunca mais te deixem/secar nenhum deles não.")

### ✊ Use seu cupom-mulher

Katharine O'Brien, psicóloga organizacional, diz empregar a seguinte estratégia para não ser desproporcionalmente convocada a ajudar: ela diz não, e explica de forma veemente que não toma notas em reuniões porque acredita que isso relega as mulheres a uma posição subalterna – de ter que *registrar*, e não *falar*. "Faço isso há anos e, pelo que vi, é muito eficiente", diz ela. "A maioria das pessoas compreende meu raciocínio, e o pouco atrito que isso causou foi passageiro."

## 👊 Repasse para um cara

Ou seja, devolva a bola com a força de um *backhand*,* sugerindo um homem para fazer aquele trabalho. "Na verdade estou ocupada com uma apresentação *enorme* agora. Mas você sabe quem é ótimo em fazer planilhas? O Brad, bem ali. O Brad é *excelente* em fazer planilhas." Outras respostas possíveis são: "Vai querer que eu também traga um cafezinho enquanto cuido disso?" e "Você fraturou as mãos?".

## 👊 Baixe a bola do macho

Uma vez ouvi a história de uma presidente de empresa que levou bronca de um colega por estarem sem Coca-Cola diet durante uma reunião do conselho que *ela* estava presidindo. Em vez de se aborrecer, ela se virou para ele e disse com candura: "Da próxima vez, eu lembro de incluir isso na pauta do dia." Ele calou a boca.

## 👊 Proibido oferecer ajuda

Pesquisas mostram, sem dúvida, que a maioria das tarefas típicas de secretárias são delegadas a mulheres, mas que, além disso, as mulheres têm maior probabilidade de aceitar fazê-las – e de se oferecer como voluntárias também. Sabemos como pode ser difícil dizer não. Mas está aí uma coisa que não é: não se oferecer antes de ser solicitada.

---

* Uma jogada de tênis criada por uma mulher, Bertha Townsend, em 1886.

**CLUBE DA LUTA FEMINISTA**

# DESTROÇANDO O PATRIARCADO CAFEÍNICO*

**1900**

Homem em Oklahoma pede o divórcio porque o café de sua esposa era inferior ao esperado

**1927**

ESSA É DE MOER

Homem deixa para a filha US$ 50 de seu espólio de US$ 10 mil porque uma vez ela "se recusou a fazer café para ele"

**1935**

"Aprenda a fazer um bom café" é um dos conselhos dados pelo New York Times para segurar o casamento

**1973** Alice Johnson, secretária de uma Estação Naval-Aérea, entra na Justiça após ser demitida por "se negar a fazer café para os rapazes"

## HOJE

QUER CAFÉ? VOCÊ QUE O FAÇA, MACHOCRATA

*Grata a *Swimming In the Stend Pool*, livro de Lynn Peril, pelos maravilhosos factoides.

## Inimigo:
# O MANSPLAINER

O Mansplainer sabe mais do que você; por conseguinte, deixa só ele te explicar tudinho bem rapidinho. Sua fala é tipicamente paternalista ou condescendente, muitas vezes imprecisa, e desprovida de qualquer sutileza – mas invariavelmente é enunciada como se fosse o Evangelho. É válido presumir que os homens vêm descaradamente explicando coisas a mulheres desde que... bem, desde o presidente norte-americano John Adams, que pelo visto explicava muita coisa à primeira-dama, Abigail. Mas, até 2008, não existia nenhuma forma fácil de descrever este conceito.

Nesse quesito temos muito que agradecer à internet – inspirada pela romancista Rebecca Solnit, que escreveu um artigo sobre como um homem ficou atropelando sua fala em uma festa para insistir que ela não deixasse *de maneira nenhuma de ler aquele livro novo que saiu* – livro esse que, se ele a tivesse deixado dizer uma palavra, teria descoberto ter sido escrito por *ela mesma* (e que ele, na verdade, nem sequer havia lido). O ensaio de Rebecca Solnit sobre a situação se tornou um livro, *Os homens explicam tudo para mim* – e daí surgiu o termo em inglês para "homens explicando", mansplaining. É uma boa opção para a lista de leituras recomendadas do seu CLF.

**CLUBE DA LUTA FEMINISTA**

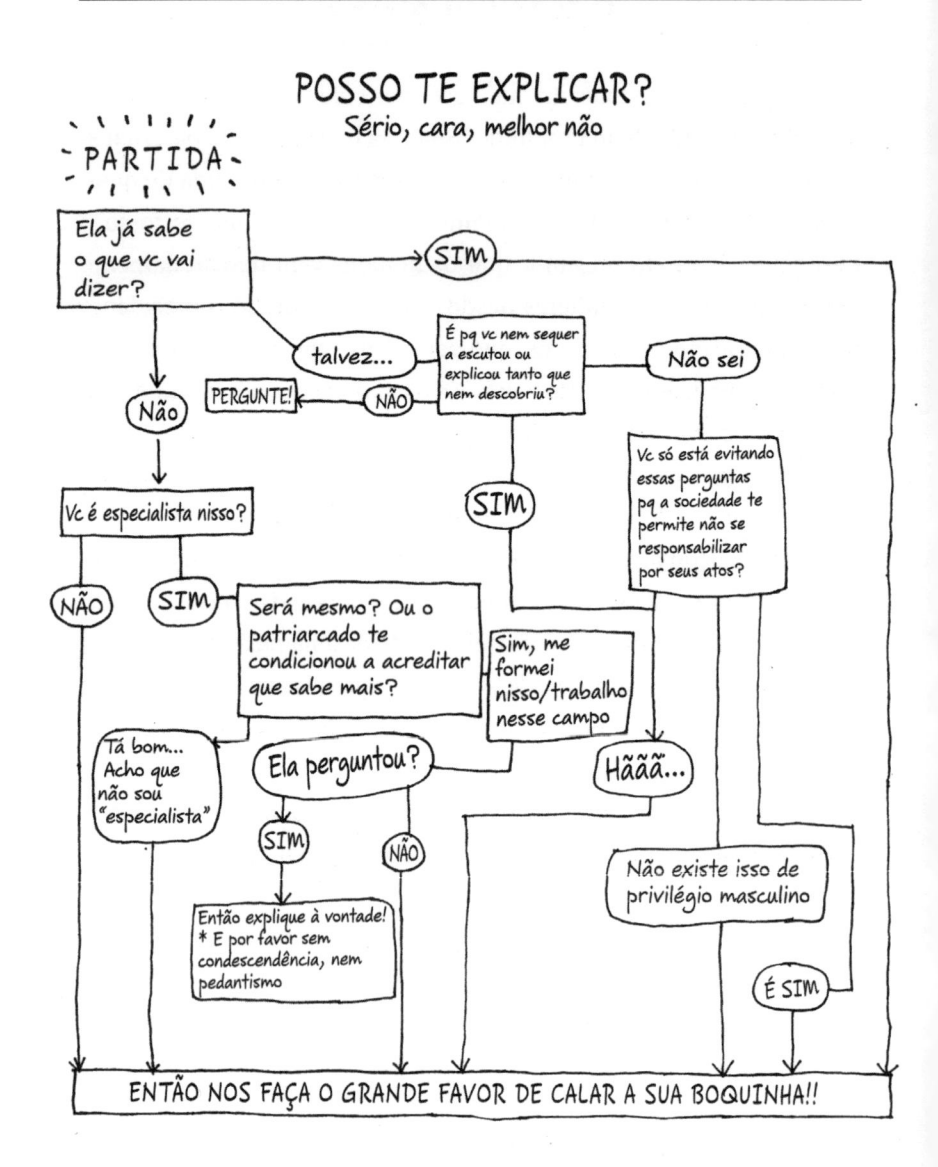

# TÁTICAS DE COMBATE

## POSSO TE EXPLICAR?
### Sério, cara, melhor não

- PARTIDA -

**Ela já sabe o que vc vai dizer?**
- SIM →
- talvez... → **NÃO** → É pq vc nem sequer a escutou ou explicou tanto que nem descobriu? → SIM
- Não sei → Vc só está evitando essas perguntas pq a sociedade te permite não se responsabilizar por seus atos?
- Não → **Vc é especialista nisso?**
  - NÃO → Tá bom... Acho que não sou "especialista"
  - SIM → Será mesmo? Ou o patriarcado te condicionou a acreditar que sabe mais?
    - **Ela perguntou?**
      - SIM → Então explique à vontade! * E por favor sem condescendência, nem pedantismo
      - NÃO
- PERGUNTE!
- Sim, me formei nisso/trabalho nesse campo
- Hããã... → Não existe isso de privilégio masculino → É SIM

**ENTÃO NOS FAÇA O GRANDE FAVOR DE CALAR A SUA BOQUINHA!!**

56

## Inimigo:
## O REPENTELHO

Ele é o cara na sua oficina literária que repete sua interpretação do poema numa tentativa de esclarecer o que você falou, mas depois o professor vai se lembrar de que foi *ele* quem falou aquilo primeiro; é o sujeito que melhora uma coisinha na piada que você criou, mas aí todo mundo acha que foi *ele* quem a inventou. É o colega que ecoa seu plano de aula, mas por algum motivo acaba ficando com a fama de inovador. O Repentelho pode ser menos mal-intencionado que o Bropropriator, já que não necessariamente está roubando suas ideias na caradura – mas no mero ato de repeti-las, ele acaba levando o crédito por elas.

## TÁTICAS DE COMBATE

### 👊 ReMEUmore

Dê um jeito de rememorar casualmente que a ideia partiu de você. Algo como "Adorei ouvir esse seu feedback sobre a minha [ideia/sugestão/proposta]". Sim, nós, moças, gostamos de trabalhar em equipe, mas às vezes precisamos trabalhar mais o uso da palavra "meu". Se você não se vê merecedora de ser dona de sua própria ideia, quem vai ver?

### 👊 Confronte

Não tenha medo de confrontar seu Repentelho – talvez ele pense mesmo que está te fazendo um favor. Se ele for seu chefe, tente pedir conselhos de como transmitir melhor suas ideias logo de primeira – porque você percebeu que ele tende a parafraseá-las. Se ele for um colega, diga-lhe que você está preocupada, pois a tentativa dele de *te ajudar* tem surtido o efeito oposto – você perdendo o crédito. Afinal de contas, dar o devido crédito não ajuda só você: também deixa bem na fita quem te deu esse crédito.

## FEMimite-o

Mude uma preposição e um substantivo, e que vença o melhor.

**Você**: "Em vista de nosso desempenho no primeiro trimestre, acho que é importante dedicarmos mais recursos ao marketing."

**Sujeito**: "Sabe, Bob – o marketing mandou muito bem no primeiro trimestre. A gente devia gastar mais dinheiro com ele."

**Você**: "Isso. Como falei há três segundos, faz sentido aumentar nosso orçamento de marketing."

**Sujeito**: "Blá-blá-blá – a *minha* recomendação é gastar o dobro do que gastamos."

**Você**: "Que bom que você concorda comigo, CHAD. Já que estamos todos de acordo por aqui, vou me encarregar pessoalmente de dizer à equipe de marketing que vamos aumentar o orçamento deles."

## Atinja a massa clitórica

Ou seja: a versão exclusivamente *feminina* da *massa crítica*. Uma forma de garantir que as mulheres sejam ouvidas *logo de saída* é aumentar o número delas na sala: isso faz com que tenham maior probabilidade de começarem a falar – e quando falarem, tenham maior influência. Comece humildemente: dando apoio a outras mulheres e assinando embaixo de suas ideias.

**CLUBE DA LUTA FEMINISTA**

## Compromisso para tomar a palavra

CONCURSO DE TOMAR A PALAVRA

Eu, _____, juro falar muito, alto mesmo, pra caralho, em reuniões ou quando estiver apresentando uma proposta, mesmo que as outras pessoas não gostem, porque pesquisas mostram que, sendo mulher, logo de cara já tenho menores chances de ser ouvida.

Para deixar minha fala mais memorável, eu, _____, vou falar clara e pausadamente. Se for condizente com a situação, vou ficar de pé e olhar nos olhos da pessoa que mais quero que ouça o que estou dizendo. Estas estratégias podem não impedir que um sujeito repita de propósito tudo o que digo, mas vão me ajudar a ser ouvida de primeira.

X sua assinatura aqui

## Inimigo:
## O FISCAL DA MENSTRUAÇÃO

"Fico me lembrando dos engenheiros da NASA tentando decidir quantos absorventes deveriam enviar num voo com duração de uma semana; me perguntaram: 'Será que cem seria um número apropriado?'. Não. Cem não seria o número apropriado."

- Astronauta Sally Ride, primeira norte-americana a ir ao espaço

O Fiscal da Menstruação presume que toda vez que uma afirmativa direta sai da boca de uma mulher, *tem que ser* porque ela "está menstruada"; que seu tom de voz não pode, de jeito nenhum, ter algo a ver com a *urgência* de uma situação, mas que você deve ter esquecido de tomar seu Buscofem pela manhã. O Fiscal da Menstruação é Donald Trump falando com Megyn Kelly – insinuando que a âncora da Fox News devia estar "sangrando por aquela parte" porque ela ousou fazer uma pergunta sobre seus ataques verbais a mulheres. Mas também remonta aos primeiros dias da corrida espacial, na década de 1960, quando a menstruação fazia parte do argumento oficial da NASA para não ter mulheres astronautas. Hoje em dia, ele tem uma boa probabilidade de surgir na forma de um sujeito normalmente legal que vem falar com você depois de uma reunião – na qual você exprimiu o quanto estava descontente com alguma coisa – te perguntando: "Está *tudo bem*? Você estava tão *nervosa*..."

## TÁTICAS DE COMBATE

### 👊 Redarguir e debochar

Enquadre o Fiscal da Menstruação na hora. "Não, JP, não estou menstruada – mas por acaso seus relatórios de venda são uma sangria no nosso orçamento." "Espera aí, Sam, não entendi. Você está falando *daquela época do mês em que eu escrevo o relatório sobre o seu desempenho*?"

### 👊 Respire fundo e siga em frente

Quantas vezes você já viu um sujeito golpear o teclado, bater o telefone, ou gritar com o colega, e ser mais respeitado depois disso – enquanto que, se uma mulher fizesse o mesmo, seria tachada de louca? É uma injustiça, mas é verdade: os homens têm ganhos no status profissional quando agem de forma temperamental, sendo vistos como "apaixonados pela empresa", enquanto as mulheres perdem status. Então respire fundo e mantenha o tom equilibrado. Fale ponderadamente. Sua raiva tem valor – mas canalize-a para manobras estratégicas. Não ofereça a ele um jeito fácil de dizer "viu só?".

### 👊 Compre a briga e saia no lucro

Então um homem com raiva está simplesmente "com raiva", enquanto uma mulher com raiva é motivada por "hormônios", não é? Injusto, mas eis aqui uma forma de capitalizar em cima do padrão desigual, segundo a professora Joan C. Williams, autora de *What Works for Women at Work*, que aconselha às mulheres enfatizarem o *porquê* de sua raiva. Ela nos oferece um roteiro: "Se pareço estressada, é porque estou estressada, e estou estressada porque você prejudicou [inserir aqui o objetivo empresarial conjunto]." A ideia é demonstrar que você não está "de TPM" – e sim que alguém fez besteira, e isso está afetando o trabalho.

**CONHEÇA O INIMIGO**

> AQUELA MULHER ESTÁ MENSTRUADA?

VOCÊ É O ABSORVENTE DELA?

↓

NÃO?

↓

ENTÃO NÃO É DA SUA CONTA!

**CLUBE DA LUTA FEMINISTA**

# ISSO QUER DIZER QUE ELA ESTÁ DE TPM?

## UM FLUXOGRAMA SOBRE O FLUXO

- CHOROU NA ESCADA DE SERVIÇO
- NÃO SORRIU
- NÃO RIU DA SUA PIADA
- NÃO COMPARECEU À FESTA
- MESA COBERTA DE DOCES
- NÃO ENTROU PARA A LIGA DE FUTEBOL FANTASIA DO ESCRITÓRIO
- OLHANDO FIXO O NOTEBOOK EM SEU CUBÍCULO
- NENHUM PONTO DE EXCLAMAÇÃO NA MENSAGEM DE TEXTO

**TALVEZ? CHANCE DE 25% MAS PROVAVELMENTE NÃO**

## Inimigo:
## O DESMALMADO

O Desmalmado é o colega que vê a mãe da sua equipe como uma irresponsável, lotada de compromissos alheios ao trabalho. Ele não parece saber (nem se importar com o fato) que, segundo uma pesquisa, as mães na verdade são *mais* ambiciosas do que seus colegas sem filhos, porque ele presume que não estão comprometidas com o serviço (imagine só se uma mulher poderia estar comprometida a sério com a família *e* com o trabalho...). O Desmalmado pode nem sequer perceber que pensa assim – e há até Desmalmadas também –, mas os dados comprovam: esse atalho cognitivo furado é uma realidade. Candidatas a vagas de emprego que tenham filhos têm 44% a menos de chance de serem contratadas do que mulheres sem filhos com qualificações semelhantes, e apenas três palavrinhas a mais no currículo de uma mulher – "coordenadora de pais" – a deixam com 79% a menos de chance de ser contratada, metade da chance de ser promovida, recebendo em média 11 mil dólares a menos de salário por ano, e maior probabilidade de ser vigiada quanto a sua pontualidade. Para mulheres negras e latino-americanas, essas penalidades são piores – e duplamente problemáticas, já que têm maior chance de contribuírem significativamente para o sustento da família.

## TÁTICAS DE COMBATE

### ✊ Mãe no controle
Nem todo mundo sabe, mas ser mãe é uma *vantagem*. Estudos descobriram que, na verdade, mulheres com filhos têm *maior* produtividade do que as que não têm, e ficam ainda mais produtivas quanto mais filhos têm (com elas, papo-furado e perda de tempo não colam!). Mulheres com filhos também têm mais interesse em ser executivas do que mulheres sem filhos. Seja você mãe ou não, esforce-se para lembrar a seus superiores que mães são as que mais botam pra quebrar.

### ✊ Comprometimento com o trabalho
Bloqueie um Desmalmado enfatizando com clareza que, *apesar* de cuidar de um pequeno ser, você ainda assim é comprometida com o trabalho. Peça uma reunião para explicar suas metas profissionais pós-licença-maternidade (presumindo que você tenha uma) e deixe claro que você ainda é a mesma pessoa ambiciosa (quer dizer, se for este o seu caso). Em um estudo sobre pais casados concorrendo a uma vaga de engenharia, aqueles que incluíram uma frase que fosse sobre estarem dispostos a fazer sacrifícios pelo trabalho tiveram maior chance de serem contratados. Às vezes, tudo o que é preciso é declarar o que se pensa.

### ✊ Não presuma do nada
Se você estiver do outro lado: não saia presumindo que só porque uma mãe recente saiu mais cedo, ela não está "dando conta"; e tente não penalizar pais que trabalham se eles precisam ajustar os horários de trabalho de vez em quando para lidar com assuntos de família. O que importa é se o trabalho está sendo entregue de forma satisfatória. Se está, então não perca seu tempo se preocupando com a maneira como isso acontece.

## 👊 Batalhe por um horário flexível

Pesquisas mostram que um horário mais flexível, semanas de trabalho mais curtas e maior autonomia podem de fato deixar os funcionários mais produtivos (e satisfeitos) do que o de-nove-às-seis tradicional – e com toda certeza, é melhor para pais que trabalham. Então, se você estiver no poder: advogue em favor de políticas que valorizem *trabalho entregue* e não tempo passado no escritório. E já que está com a mão na massa, aproveite para tentar incluir licenças tanto de maternidade como de paternidade – sim, para ambos os gêneros. Pois se *todos* os pais tirassem a mesma licença para cuidar dos filhos, este não seria um problema "de mulher".

## 👊 Vá "no sapatinho"

Se você fica incomodada em dizer para o chefe que precisa dar uma saidinha para fazer algo relacionado a filhos, veja se consegue imaginar um outro motivo – e não se sinta culpada por isso. Experimente dizer que é uma consulta médica, ou marcar seu calendário eletrônico compartilhado com o compromisso "reunião externa" em vez de "buscar o Kai na creche".

# HOJE É DIA DE TIRAR LEITE?
## Um fluxograma para a mãe que trabalha fora

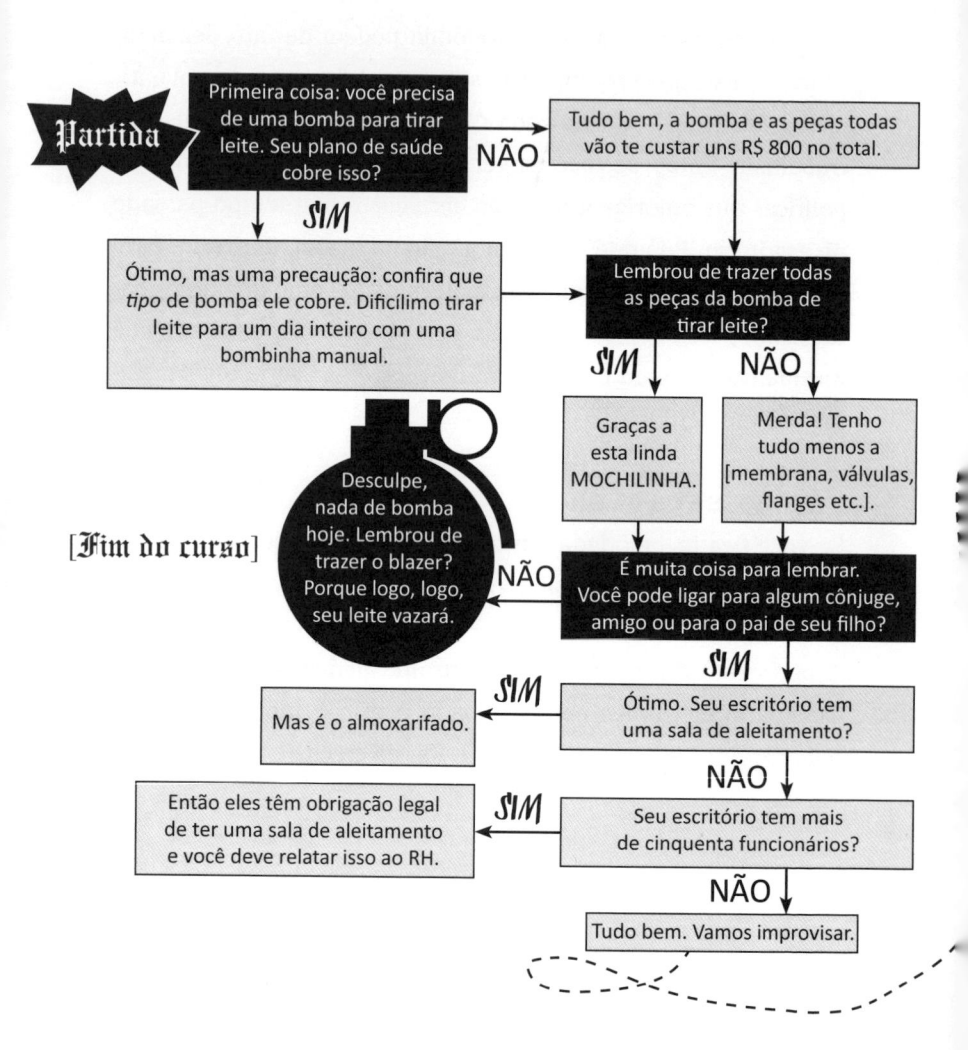

**Partida** → Primeira coisa: você precisa de uma bomba para tirar leite. Seu plano de saúde cobre isso?

**NÃO** → Tudo bem, a bomba e as peças todas vão te custar uns R$ 800 no total.

**SIM** → Ótimo, mas uma precaução: confira que *tipo* de bomba ele cobre. Dificílimo tirar leite para um dia inteiro com uma bombinha manual.

→ Lembrou de trazer todas as peças da bomba de tirar leite?

**SIM** → Graças a esta linda MOCHILINHA.

**NÃO** → Merda! Tenho tudo menos a [membrana, válvulas, flanges etc.].

→ É muita coisa para lembrar. Você pode ligar para algum cônjuge, amigo ou para o pai de seu filho?

**NÃO** → Desculpe, nada de bomba hoje. Lembrou de trazer o blazer? Porque logo, logo, seu leite vazará.

[**Fim do curso**]

**SIM** → Ótimo. Seu escritório tem uma sala de aleitamento?

**NÃO** → Seu escritório tem mais de cinquenta funcionários?

**SIM** → Mas é o almoxarifado.

→ Então eles têm obrigação legal de ter uma sala de aleitamento e você deve relatar isso ao RH.

**NÃO** → Tudo bem. Vamos improvisar.

Você tem algum desses locais dentro ou próximo ao seu escritório?
- UMA BIBLIOTECA. Uma funcionária do McDonald's de Nebraska tirou leite ali depois que sua gerente a proibiu de usar o banheiro.
- UM BOX DE CHUVEIRO. É onde minha amiga Rosie tira o leite, em um grande hospital urbano.
- A SALA DO SERVIDOR. Minha amiga Isolde, funcionária de uma estação de rádio pública, tira o leite numa destas. Ela coloca um colar havaiano na maçaneta para avisar às pessoas que não devem entrar.
- UM CARRO. Mas evite fazer isso parada em sinais vermelhos.

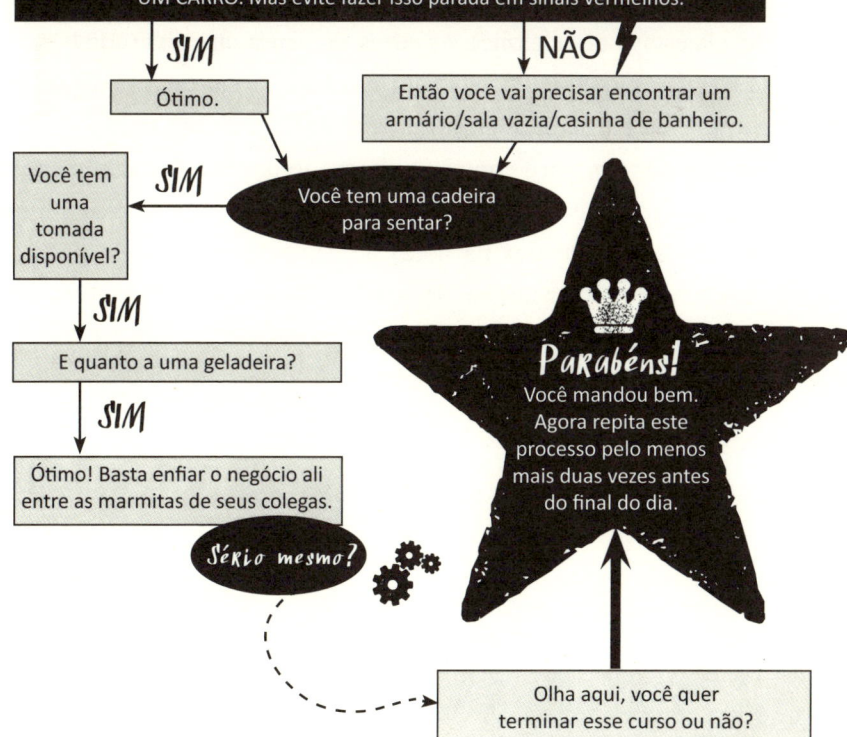

**SIM** → Ótimo.

**NÃO** → Então você vai precisar encontrar um armário/sala vazia/casinha de banheiro.

Você tem uma cadeira para sentar?

**SIM** → Você tem uma tomada disponível?

**SIM** → E quanto a uma geladeira?

**SIM** → Ótimo! Basta enfiar o negócio ali entre as marmitas de seus colegas.

*Sério mesmo?*

Olha aqui, você quer terminar esse curso ou não?

**Parabéns!** Você mandou bem. Agora repita este processo pelo menos mais duas vezes antes do final do dia.

Inimigo:
## O MINA-MINAS

O Mina-Minas vai consumindo pouco a pouco a sua paciência, e a sua reputação, reduzindo você ao seu sexo, à sua raça, ou à sua idade. Ele ensaia uma gastura cômica quando você pede educadamente para que não a interrompa ("*Nossa, mas como você é sensível!*") ou pergunta bem alto "como foi a hora do recreio?" quando a colega mãe de criança pequena chega tarde para uma reunião (e, na verdade, ela estava ao telefone). Às vezes ele pensa que está tudo bem em te tratar como "flor", "linda" ou "mocinha" – em uma sala cheia de gente –, ou em sempre errar feio a pronúncia do seu nome "étnico", até que por fim você começa a chamá-lo de "Brad" como resposta à altura (o nome mais estereotipado de funcionário branco em que você conseguiu pensar na hora). O comportamento dele pode ser maldoso ou não ter má intenção, mas, de qualquer modo, para você dá no mesmo: ele está minando sua autoridade.

## TÁTICAS DE COMBATE

### 👊 Protetor de ouvido
Se for coisa de uma ou duas vezes: ignore-o. Como um irmão menor que te belisca até ver uma reação, certos Mina-Minas estão querendo apenas isto: uma reação sua. Não lhes dê esse gosto.

### 👊 Pense na motivação dele
É mais fácil de confrontar o Mina-Minas – ou de planejar sua réplica – se você souber de onde provém a conduta dele. Ele tem inveja do seu poder? Ele não é mau, mas é sem noção? Reaja conforme o caso.

### 👊 Dê o papo reto
Se ele for seu supervisor, ou um colega com quem você trabalha, é bem provável que seja do interesse dele que você seja bem-vista. Explique isso. "Chris, estou tentando fortalecer a nossa equipe, mas me parece que você nos sabota quando me chama de 'mocinha'." Ou tente uma abordagem direta: "Geoff, você me chamar de 'querida' me desautoriza. Pode parar com isso?"

### 👊 Entre de sola
Se ele for simplesmente um colega detestável e sabotador – e se puxar o tapete desse Mina-Minas não for te prejudicar – então mande a boa educação passear. "Meu 'rostinho bonito' fez três vendas a mais que você no mês passado. Mas *obrigada por perguntar*." "Acho que em vez de 'lindinha' você deveria dizer 'primeira-em-comando'. É assim que se fala com uma líder mulher hoje em dia."

## Inimigo:
## O "MENINA NÃO ENTRA"

Na Kleiner Perkins, a empresa de investimentos onde trabalhava Ellen Pao (e depois processada por ela), o "Menina não entra" veio na forma de um sócio que organizou uma excursão de esqui com a empresa toda, mas excluindo as mulheres, e, depois, um jantar só para homens com o ex-vice-presidente norte-americano Al Gore porque, segundo o tal sócio, as mulheres iam "cortar o clima". Se nem todo "Menina não entra" é descarado a esse ponto, há muitos que pecam pela falta de noção: organiza-se um jantar para meia dúzia de funcionários em uma conferência, mas se esquecem de convidar a única mulher presente; rumam para o bar com os parças depois do trabalho sem se incomodar em convidar a única mulher da equipe. O objetivo de promover "funções sociais" no ambiente de trabalho é forjar intimidade, unir a equipe, quebrar o gelo – mas o "Menina não entra" acaba fazendo o oposto: faz pessoas se sentirem excluídas (e as priva de um valioso tête-à-tête).

CONHEÇA O INIMIGO

## TÁTICAS DE COMBATE

👊 **Seja uma agitadora social**

Dê uma espiada no calendário de eventos da empresa (se existir um). Nele consta uma cervejada? Uma aula de tiro ou *paintball*? A grande maioria dos funcionários vai querer participar dessas coisas? Não? Experimente uma abordagem direta: "Que tal se fizermos o próximo retiro da empresa no ___? Acho que assim seria um incentivo maior para as mulheres aparecerem." Ou uma indireta: "Óóóh! Olha que ___ maravilhoso! Vamos pensar nele para nossa próxima atividade externa?" Ah, e um breve conselho óbvio: se você fizer parte de uma área famosa pelo desequilíbrio entre gêneros, em uma empresa sendo processada por machismo, por exemplo, talvez dar uma festa com tema de "trote universitário" não seja a melhor ideia. (Estou falando de você, Twitter.)

👊 **Convite aberto**

Convide-se para as coisas – e pense seriamente em se obrigar a ir. Sarah, uma advogada de 33 anos da Filadélfia, percebeu que os

### CALENDÁRIO DE EVENTOS DA EMPRESA

| SEG | TER | QUA | QUI |
|---|---|---|---|
| 10H REUNIÃO | 10H REUNIÃO | 10H CAFÉ DA MANHÃ | 10H REUNIÃO |
| 13H ALMOÇO | 14H ~~SQUASH~~ | 11H REUNIÃO | 13H *SESTA DA TARDE* ♡ |
| 16H ~~CERVEJA~~ SEMINÁRIO SOBRE MENSTRUAÇÃO | SESSÃO DE DIÁRIO DE UMA PAIXÃO | 19H ~~BOATE DE STRIP-TEASE~~ AULA DE CULINÁRIA VEGANA | |

sócios homens de seu escritório reforçavam a broderagem mútua falando sobre o time de futebol fantasia da empresa. Ela não havia sido convidada para a tal liga, de forma que se autoconvidou – e começou a acompanhar seus times furiosamente. "Todos me olharam como se eu fosse doida, mas não podiam me expulsar", disse ela. Valeu a pena: ela obteve um valioso tête-à-tête com os chefes – e, além disso, ganhou o campeonato.

## 👊 Mulheres: o comparecimento é obrigatório!

Trabalhar duro é excelente, mas não subestime o valor dos *relacionamentos*. Um exemplo disso é uma moça chamada Adina, que estava começando sua vida universitária e estagiava em uma empresa de investimentos durante as férias de verão. Quase sempre, ela ficava até tarde da noite trabalhando, enquanto seu colega de cubículo homem ia tomar umas e outras com os sócios. Enquanto ela ficava até tarde no escritório vazio, ele socializava com quem estava no poder. Não, talvez você não esteja com vontade de ir para a happy hour dos brothers. Talvez você nem beba álcool. Peça uma água tônica com uma rodela de limão e leve uma amiga. Quanto mais mulheres forem a esses programas de macho, menos eles serão "de macho".

## 👊 Marque com as amigas

Marque sua própria saída. Sim, quando os homens estiverem de saída para jogar squash na hora do almoço, você já estará se divertindo com as colegas de escritório na [complete aqui com sua atividade preferida]. Logo os homens vão estar implorando para entrar no seu grupo. Se não estiverem, convide-os! A única coisa que homens (bem, alguns deles) gostam mais do que passar tempo uns com os outros é passar tempo junto com mulheres.

## Inimigo:
## O MANJA-DECOTE

Ele aparecia na minha mesa feito um relógio – o chefe que conseguia inventar uma penca de motivos para conversar comigo sobre política, o tempo, esportes... Pelo que entendi, seu principal objetivo era espiar casualmente o meu decote. O Manja-Decote é uma versão castrada do mão-boba tarado da era *Mad Men* que sua mãe e sua avó tiveram que encarar – e se por um lado ele não *chega* a passar dos limites, ele está sempre à beira de te passar uma cantada (e se não fosse pelos departamentos de RH e pelas políticas antiassédio sexual, é o que ele provavelmente faria). De qualquer forma, ele te incomoda e te constrange – e você só quer que ele suma de vista.

*(Ilustração de um despertador com pensamentos ao redor:)*
- SERÁ QUE NA VERDADE NÃO MEREÇO SER PROMOVIDA?
- ELE ESTÁ ME OLHANDO ESTRANHO?
- SERÁ QUE ELE PENSA QUE ESTOU FLERTANDO C/ELE?
- AI, SERÁ QUE É PORQUE ELE ESTÁ A FIM DE MIM?
- VIVA! FUI PROMOVIDA!
- PERAÍ, AS PESSOAS ACHAM QUE É PORQUE ELE ESTÁ A FIM DE MIM?

TRABALHAR TENDO UMA VAGINA
& UM CHEFE HOMEM

## TÁTICAS DE COMBATE

### 👊 Crie uma paredinha
Um livro de 1967 contendo conselhos para mulheres que trabalhavam fora, *Secretaries on the Spot*, conta a história de uma mulher cujo chefe "tinha o hábito de se debruçar sobre sua escrivaninha" e apoiar "seu braço sobre o ombro dela". Discretamente, ela empurrou sua mesa contra a parede, de forma que só pudesse ser abordada por um lado – depois, formou uma pilha de papel bem alta ao lado para ele não poder mais alcançá-la.

### 👊 Chame reforços
Há uma boa chance de que, se esta pessoa estiver te incomodando, haja mais gente também se sentindo incomodada, e sempre é mais eficaz abordar um problema em grupo. Outras mulheres perceberam aproximações incômodas? Conseguem conversar sobre isso? Se houver uma política coletiva de tolerância zero a estas coisas, nenhuma vai ficar vulnerável, nem se sentir isolada.

### 👊 Dê um gelo
Evite contato desnecessário. Quando o Manja-Decote estiver nas imediações, não se disponibilize para conversa fiada. Ponha fones de ouvido. Olhe para o lado oposto. Ligue para a sua própria caixa de mensagens do celular. Se precisar interagir, não prolongue a conversa e diga que precisa voltar a trabalhar.

### 👊 Se vir alguma coisa, fale
Tome nota de cada uma das interações desagradáveis, com horário, data e circunstâncias. Caso a situação persista, denuncie-o ao RH – ou à pessoa mais antiga na empresa com quem você estiver trabalhando.

## Inimigo:
## O MEIA-BOCA

George chegava sempre tarde ao escritório e visivelmente chapado. Depois ele passava mais ou menos seis horas digitando pequenas quantidades de informação em planilhas do Excel e planejando cuidadosamente o que ia pedir de almoço. Por volta das 15 horas, ele dava uma discreta saidinha. Ninguém sabia aonde ele ia, e nenhum dos chefes chegou a perceber de fato, mas todos os funcionários abaixo deles percebiam sua demora. Ele tinha 25 anos, 1,88m, com um corte de cabelo nem comprido nem curto, todo arrepiado, que parecia gritar *Cara, decide de uma vez qual comprimento você quer*. (Mas numa coisa ele era bom: em recomendações gastronômicas.) George era um Meia-Boca: um sujeito que não sofre quaisquer consequências aparentes por não fazer absolutamente nada, mantém o emprego, e às vezes até é promovido (chamávamos isso de "ser um fracassado de sucesso"). O Meia-Boca pode assumir diversas formas, mas todos eles têm algo em comum: alimentam-se de uma autoconfiança cega, que só faz crescer, pois muita gente tem dificuldade em discernir *competência* (ser bom mesmo no trabalho) de *confiança* (agir como se fosse bom). Some-se a isso o fato de que homens têm maior chance de perceber seu trabalho como melhor do que realmente é (enquanto as mulheres percebem seu trabalho como pior), além do fato de o Meia--Boca ser um mestre na arte da embromação, deixando-nos boquiabertas e impotentes perante o seu sucesso.

## TÁTICAS DE COMBATE

### 👊 Diagnostique

Antes de cair matando em cima dele, veja bem se seu diagnóstico está correto. É *possível* – improvável, mas possível – que o que você julga ser embromação seja apenas hipereficiência. Observe-o bem e tire suas conclusões. E aí, se ele de fato consegue terminar todo o trabalho *e* ainda ter tempo para jogar umas partidas de *Candy Crush* no decorrer do dia, então aproveite para copiar alguns macetes dele.

### 👊 Não encubra a folga dele

Não, você não precisa ser dedo-duro, mas perceba que, em parte, o Meia-Boca sobrevive sem fazer nada porque ninguém nunca o acusa. Se o Meia-Boca tentar delegar trabalho a você (Meias-Bocas adoram delegar trabalho que não estão a fim de fazer), não caia nessa. Se um chefe vier procurá-lo, não diga que você "acha que ele foi almoçar" quando sabe que ele na verdade está nos fundos do prédio fumando um baseado. A maior dependência do Meia-Boca é de colegas que evitam confrontos a todo custo.

### 👊 Ataque a embromação

Se você tem que trabalhar com essa pessoa, e ele tem alguma qualidade redentora que o torna *minimamente* indispensável, então pense se não vale a pena criar algum sistema que o torne mais eficiente. Talvez ele precise de prazos frequentes e constantes. Talvez ele esteja mesmo simplesmente no mundo da lua. Fique em cima dele, e peça atualizações frequentes sobre seu progresso no trabalho.

## ✊ Leve o problema ao chefe

Determine como (e se) o Meia-Boca está afetando o *seu* trabalho. Se ele estiver simplesmente te irritando, tente ignorá-lo – há batalhas mais importantes por travar. Mas, se ele estiver dificultando a sua vida, se ele estiver prejudicando o trabalho que *você* faz, então considere a possibilidade de falar do problema (com ele ou direto com seu chefe). Você precisa de um registro concreto, sem especulações, do mau comportamento do Meia-Boca e, quando for soltar a bomba, é melhor ir em grupo: uma delatora sozinha não passa de uma dedo-duro, mas todo um grupo apontando condutas ineficazes está agindo em defesa dos interesses da empresa.

# VOCÊ DOMINA O JARGÃO ESPORTIVO?

## Driblando o aficionado do escritório

O Aficionado por Esportes do escritório te parabeniza por sua "cesta de três pontos" na apresentação, diz que a equipe precisa "tocar a bola pra frente" e oferece uma estratégia para "não pisar na bola" com um cliente. Ele existe na forma do juiz da Suprema Corte norte-americana, John Roberts, que, durante a audiência de sua nomeação, declarou que "meu trabalho é apitar o jogo, não bater bola". Ele vem até mesmo na forma de *Barack Obama*, que, quando lhe pediram para articular os princípios de sua política externa, respondeu: "Às vezes você chega à primeira base; às vezes, à segunda; muito raramente você vai marcar um *home run*."

Há Aficionada por Esportes também: não vamos cometer o erro de pensar que *só* homens gostam de esporte (participar de atividades atléticas, aliás, ajuda a *cultivar* líderes mulheres). Mas são as mulheres, não os homens, que dizem se sentir excluídas pela linguagem "dos brothers", e portanto sentem que precisam aprendê-la para poderem se enturmar.

Se as poderosas chefonas do CLF dominarem esse idioma a ponto de dar cartadas de mestre, os Aficionados por Esporte do escritório logo vão estar com *dois cartões amarelos*. Mas até lá, segue um teste para ajudar você a vencê-los no próprio jogo:

## Faça a correspondência entre a expressão e sua definição

### 1. Saber bater um escanteio

A. Acertar a bolinha de papel no cesto de lixo, quicando primeiro no canto da baia
B. Moer de pancada a impressora do canto do escritório se ela não funcionar
C. Dominar a lida básica do dia a dia

### 2. Andar com a barreira

A. Puxar a cadeira de baixo da pessoa enquanto ela está sentando
B. Mudar a meta estipulada para um projeto depois que o projeto já começou
C. Mudar a disposição das mesas do escritório durante o recesso de fim de ano

### 3. Cesta de enterrada
A. Quando alguém da empresa é enterrado pelos colegas na areia da praia numa sexta-feira
B. Quando o vaso de samambaia do escritório despenca e derrama terra no cesto de lixo
C. Ideia ou atitude tão boa e facilitadora que é considerada genial

### 4. Ganhar no tapetão
A. Fazer uma reunião de trabalho informal com todos sentados em um tapete
B. Obter resultado favorável para si recorrendo a um superior, depois de tudo já ter sido decidido pelos canais normais
C. Ganhar um tapete persa muito grosso numa rifa e colocá-lo no escritório

### 5. Deixar na boca do gol
A. Abandonar o colega de trabalho à própria sorte com os objetivos da equipe
B. Fazer aviãozinho com a comida em direção à própria boca
C. Deixar tudo pronto para o outro chegar e fazer sua parte do trabalho

### 6. Pole position
A. Estar na melhor posição possível em relação aos concorrentes
B. Quando alguém bebe todas na festinha do escritório e faz *pole dancing*
C. No quartel dos bombeiros, o lugar mais perto do cano que desce para o caminhão de incêndio

### 7. Tática do tudo ou nada
A. Tentativa desesperada de mudar um resultado desfavorável, com pouca chance de sucesso
B. Jogar cara ou coroa para saber quem vai ficar até tarde sozinho terminando o trabalho
C. Jogar toda a verba mensal da empresa num único número da roleta

---

### RESPOSTAS DO TESTE
1. C     4. B     7. A
2. B     5. C
3. C     6. A

UMA MONTANHA
DE TAREFAS

Parte dois

## CONHECE-TE A TI MESMA

# AUTOSSABOTAGEM
## Feminina

É muito estranho ter a crença e a sensação, no seu âmago, de que se é boa em alguma coisa – e ainda assim, ao mesmo tempo, duvidar que isso seja verdade. Não me lembro de ter me sentido assim durante o colégio, e nem mesmo na faculdade. Mas seis meses depois de ter começado no primeiro emprego, a sombra da dúvida começou a pairar, até se tornar uma voz de fundo permanente. E, em pouco tempo, ela já parecia estar me dominando.

Tudo começou quando vi os rapazes do meu estágio obrigatório serem promovidos a repórteres contratados, enquanto eu continuava como funcionária temporária em meio período, babá do filho do meu editor nos fins de semana e trabalhando à noite em um bar. Continuou depois que fui contratada permanentemente e comecei a avançar na carreira, mesmo se tivesse um ritmo melhor do que o dos caras que mencionei. Às vezes era só uma pergunta que eu me fazia em voz baixa: *Será que você é boa o suficiente?* Mas a vozinha me levava a gaguejar em reuniões, com a certeza de que estava soando idiota, ou a me oferecer para ir pegar o café ou tomar notas – pelo menos assim eu estaria dando alguma contribuição visível.

De certa forma, tive sorte: eu sabia que não estava sozinha, porque dentro do Clube havia outras se sentindo assim também. Isso veio à luz em uma reunião em que Shauna, uma roteirista de televisão cheia de garra, descreveu a reunião de *pitching* de seu primeiro piloto para uma emissora de TV. A emissora disse que adorou a ideia – o único problema era que eles precisavam de algo um pouco mais "masculino" para o público deles (a protagonista do programa era mulher). O choque de Shauna foi tão grande que ela perdeu a fala, sem conseguir emitir a resposta arguta que sempre tinha engatilhada. Ela ficou pensando se eles estariam de brincadeira, se tinham mesmo dito aquilo, em voz alta. Quando percebeu que não era brincadeira nenhuma, educadamente agradeceu e foi embora. Ela passou os meses seguintes morrendo de raiva de si mesma por não ter defendido mais o seu roteiro.

O problema se manifestava de forma diferente no caso de outras mulheres. Amanda, uma assistente de pesquisa em uma organização sem fins lucrativos, contou que compareceu à sua sessão de análise de desempenho laboral e ouviu dizerem que estava fazendo um trabalho *fantástico* – o que teria se seguido, ao que tudo indica, por um aumento de salário, se ela não tivesse interrompido o chefe na mesma hora para dizer: "Se vocês estão satisfeitos comigo, então *nem precisam me dar um aumento.*" (É sério, ela disse mesmo isso.) Nell, uma comediante de stand-up, observou que tinha ficado tão acanhada ao receber elogios de outro humorista que admirava, depois de um show recente, que fingiu ter que atender seu celular. Alicia, outra mulher do grupo, brincou que estava pensando em fazer um corte chanel no cabelo comprido (ou em prendê-lo todo dia), porque ficava tão nervosa enquanto falava em reuniões que tinha adquirido o costume de enrodilhá-lo entre os dedos.

O que estava *acontecendo* com a gente? Por que não conseguíamos transmitir nossas ideias com convicção, aceitar elogios ou aguentar ser o centro das atenções? Havíamos anunciado uma regra logo no começo de nossas reuniões: você podia reclamar o quanto quisesse, desde que também contasse vantagem. Se não fosse se gabar de algo que você tivesse feito, então que se gabasse por algo que outra

**CLUBE DA LUTA FEMINISTA**

tivesse feito. Mas estávamos fazendo o contrário de contar vantagem. Em vez de clube da luta, nosso jantar tinha virado uma desesperançada terapia em grupo – em uma edição com feministas tristonhas e autossabotadoras.

Em 1963, Betty Friedan publicou *Mística feminina*, em que descrevia uma sensação que muitas mulheres de sua época vivenciavam, mas não era descrita em voz alta: um mal-estar, uma sensação de vazio, uma sensação de que – embora tivessem lares espaçosos, lava-louças de primeira, filhos, maridos (tudo o que uma mulher poderia desejar!) – havia alguma coisa... *faltando*. Tratava-se de um problema de brancas de classe média alta, na maior parte dos casos: nem todas tinham o luxo de sentir o tal vazio. Não obstante, foi o começo de uma revolução. Friedan chamou isso de "o problema sem nome".

Talvez o problema sem nome de hoje emerja dos restos fragmentados da sensação daquela época. Não há mais o vazio – permite-se que mulheres tenham suas próprias carreiras –, mas ele foi substituído pela sensação de que ainda assim não merecemos estar ali. Ela se desenrola de grandes e pequenas maneiras: é aquela voz insegura na sua cabeça que fica minando sua confiança; a sensação de que, mesmo quando você obtém a promoção, não tem mérito, não está preparada, vai fazer tudo errado; ou a sensação de que um minúsculo errinho quer dizer que você deve *simplesmente desistir de tudo, você simplesmente não foi feita para esse trabalho*. É a modéstia ao receber um elogio. É dizer sim quando na verdade você quer dizer não. Retorcer as pernas e comprimir ao máximo a postura para não ocupar espaço demais. Baixar a cabeça e trabalhar duro, presumindo credulamente que você será reconhecida por sua diligência hipersilenciosa.

*Por que* esse conflito interno todo? Um dos motivos é histórico – isso é fruto de séculos de sermos vistas como "sexo frágil", de ouvir dizer que ali não é nosso lugar, e por fim acabamos com essa sensação saturada em nossas psiques, até nos ossos. Outro é a confusão: ouvimos que podemos realizar *tudo aquilo a que nos lançarmos!* – e depois perceber que não é bem assim sempre (e não por questão de mérito). Mas é também a pressão: de sairmos vitoriosas aproveitando a base construída com tanto esforço pelas gerações de mulheres anteriores. Ser impecável, perfeita, e tudo sem nenhuma manifestação externa de esforço – sabendo que nossos lapsos serão notados e lembrados por mais tempo do que os de nossos colegas homens.*

Todos nós nos autossabotamos de vez em quando – homens também. O essencial é reconhecer quando está acontecendo e tomar consciência disso para podermos encontrar uma saída – ou nos impedir de pular no abismo.

---

* FATO.

## Sabotadora:
## A MÃEZONA DO ESCRITÓRIO

Ela se oferece para organizar a arrecadação de cestas básicas pro Natal, gere o programa de mentores da empresa e fica até tarde para planejar a festa de fim do ano da firma mesmo quando já está mais que sobrecarregada. (Às vezes, você a surpreende *literalmente* fazendo uma faxina na copa.) Ela é a Mãezona do Escritório, e você já deve ter conhecido uma: estudos e mais estudos descobriram que as mulheres assumem a maioria esmagadora do chamado "trabalho doméstico de escritório", e muitas vezes não recebem nem o crédito por realizá-lo. Isso é mais acentuado ainda no caso das mulheres negras e latino-americanas, que vivem denunciando como os colegas homens as pressionam a assumir mais tarefas administrativas como organizar reuniões e preencher formulários. Claro, uma Mãezona do Escritório pode não *se importar* de fazer essas tarefas... às vezes. Mas a questão não é essa. A questão é que esse tipo de trabalho não vai beneficiá-la profissionalmente do mesmo jeito que beneficia os homens.* De fato, os homens que realizam a mesma quantidade de "tarefas domésticas de escritório" que as mulheres têm mais chances de ser recomendados para promoções, projetos importantes, aumentos e bônus.

---

\* Pois é. Um estudo da Universidade de Nova York descobriu que um homem que se oferecesse para ficar até mais tarde no trabalho era avaliado 14% mais favoravelmente do que uma mulher que se oferecesse para fazer o mesmo – porém, quando tanto o homem quanto a mulher se recusavam a dar ajuda, a mulher era penalizada por isso, recebendo uma avaliação 12% menor.

## TÁTICAS DE COMBATE

### 👊 Fuja da mãe

Fuja de tantas tarefas "maternais" quanto possível. Ou seja: tomar notas, mexer com correspondência, encomendar o almoço, planejar festas, e tudo o mais que você sabe que não seria pedido para um homem fazer. Se você tem a sensação de que sempre te pedem essas coisas, e tiver algum poder para isso, peça a outros para contribuírem também (ou pergunte a quem te pediu se por acaso se importaria de pedir ao *João*, porque agora "você está muito atarefada"). Avalie a situação e considere dizer não ou pedir algo em troca. Lembre-se: se você agir como voluntária, há grandes chances de você ser tratada como uma.

### 👊 De olho no relógio

Anote quanto tempo você passa fazendo essas atividades – tendo em mente que não são o tipo de trabalho que vai te fazer ser notada (pelo menos não do jeito que resultará em uma promoção). Mesmo que jamais precise utilizá-lo, um registro por escrito lhe permitirá explicar – caso surja a oportunidade – quanto tempo exatamente você passa cumprindo tarefas que podem até beneficiar a empresa, mas não estão beneficiando sua carreira.

## ✊ E.T.E. - Explanando o Trabalho Extra

Garanta que o trabalho que você está fazendo, mesmo que seja coisa pequena, esteja sendo *visto* pelos que precisam vê-lo (em outras palavras, não caia na armadilha de pensar que "se uma árvore cai no meio da floresta, alguém ouvirá o som"). Estudos mostram que, quando homens se oferecem para ajudar, têm maior probabilidade de fazê-lo *em público* – garantindo que sejam observados no ato –, enquanto as mulheres o fazem por trás dos panos, sem alarde. Então, tudo bem se você não achar ruim dobrar guardanapos depois do fim do seu turno ou tirar fotocópias para uma reunião de manhã cedo. Mas faça-o em uma área com grande fluxo de pessoas, para que todos a vejam fazendo esse esforço extra. E se você vir uma colega mulher fazendo mais que a parte que lhe cabe, elogie-a em alto e bom som para ajudá-la a ficar com o crédito.

## ✊ Não tema criar um sistema

Institua um sistema rotativo para não acabar sempre com o grosso das tarefas domésticas e de secretariado na mão. Seja por meio de uma planilha, um convite no calendário compartilhado da empresa, ou um sorteio de nomes numa tigela, se você tiver o poder de criar um sistema, crie-o – e se não tiver esse poder, faça de tudo para descobrir quem está fazendo mais do que sua porção justa de trabalho (e, quem sabe, até ofereça ajuda a ela).

**CLUBE DA LUTA FEMINISTA**

> ÓTIMO trabalho!

> ~~Eu não poderia ter conseguido se não fosse por...~~ Obrigada!

## Sabotadora:
## A REJEITA-CRÉDITO

Peça para um homem explicar o seu sucesso e ele falará de suas qualidades e habilidades inatas. Pergunte o mesmo a uma mulher e ela irá atribuir o sucesso dela a coisas como "trabalho duro", "ajuda de alguém" ou "sorte". A Rejeita-Crédito sabe que não pode haver ego numa equipe – mas muitas vezes esquece que há individualismo em "eu mereço um aumento", "eu liderei aquele projeto" e "eu quero uma promoção". Isso é fruto de séculos (se não milênios) de negação de crédito a mulheres por suas conquistas (ver o Bropropriator, página 47) – e também de inculcar nelas que sejam "modestas". Assim, a Rejeita-Crédito hesita em falar de suas conquistas e até mesmo estima para menos sua competência em relação aos homens. A Rejeita-Crédito comete o erro de pensar *demais* na equipe, não levando o crédito individual mesmo quando o merece – sabotando assim sua competência.

## TÁTICAS DE COMBATE

### 👊 Pare de dar crédito a "gratidão"

Você conhece esse tipo de crédito: você se diz "grata" por toda a ajuda que teve de sua equipe, em vez de simplesmente aceitar o crédito. As mulheres já cedem mais crédito do que o necessário – e do que é real – aos colegas ("Sem o Samuel, eu não teria conseguido!"), chegando até, em alguns casos, a apontar suas próprias qualidades negativas só para se desviar do agradecimento. O primeiro passo para não deixar outros assumirem o crédito pelo seu trabalho é não cedê-lo. Não distribua crédito como se fosse bala.

### 👊 Fique com o crédito quando merecê-lo

Faça questão de que os outros conheçam sua contribuição *individual* quando estiver trabalhando com uma equipe – especialmente se houver homens na sua equipe. Pesquisas demonstram que, se as mulheres recebem crédito mais ou menos igualitário quando trabalham junto de outras mulheres ou sozinhas, quando trabalham com homens estão em desvantagem – porque os homens recebem o crédito pelo trabalho da equipe automaticamente.

### 👊 Aceite os elogios

Empregue o seguinte método simples, porém radical de autocuidado: responda "Obrigada" da próxima vez que alguém elogiá-la pelo seu trabalho.

**CHEFE:** Hoje você arrasou naquela apresentação!
**VOCÊ:** Obrigada! ~~Mas na verdade quem fez tudo foi o Harold.~~

**CHEFE**: Mandou bem na proposta; percebi que você trabalhou muito nela.
**VOCÊ**: Obrigada! ~~Não foi tanto assim.~~ (Talvez acrescentar: Caprichei mesmo.)

**COLEGA**: Parabéns pela promoção.
**VOCÊ**: Obrigada. ~~Dei muita sorte.~~

## Dê o close certo

Há uma cena em *Noivo neurótico, noiva nervosa*, de Woody Allen, em que Alvy, o personagem de Allen, tenta entender por que sua relação com Annie (Diane Keaton) deu errado. Cada um está em um divã de terapeuta, os quais lhes perguntam com que frequência fazem sexo. "Quase nunca. Talvez três vezes na semana", responde Alvy. "Toda hora. Eu diria que três vezes por semana", diz Annie. É um perfeito exemplo de como é importante *dar o close certo* em qualquer comunicação que se fizer. Eis como isso acontece no ambiente de trabalho:

**ENTREVISTADOR**: Falem de sua experiência.
**STEVE**: Eu já tenho seis meses de experiência, e...
**WILLA**: Eu só tive seis meses de experiência, mas...

Não seja como a Willa!

## QUERIDA, NÃO SE DIMINUA! COMPLETE AS LACUNAS COM O CLF

Eu, _____ [seu nome], começarei a aceitar o crédito pelas minhas vitórias.

Eu, _____ [seu nome], não "tive sorte". Não foi _____ [escolha um dentre: "ah, grandes coisas", "um servicinho de nada", "mérito do Kevin"].

Meu/Minha _____ [tarefa no trabalho] ficou/foi _____ [adjetivo positivo]. Trabalhei _____ [escolha um advérbio e acrescente um "pra caralho"] para isso.

_____ [pronome da primeira pessoa do singular] não teria conseguido sem a ajuda de _____ [nomes de outros que merecem crédito], e _____ [pronome da primeira pessoa do singular] estou muito orgulhosa do que _____ [pronome da primeira pessoa do plural] conseguimos.

_____ [pronome da primeira pessoa do singular] estou _____ [adjetivo positivo], _____ [adjetivo positivo], e _____ [adjetivo positivo].

Eu sou a _____ [feminino de rei] da cocada.

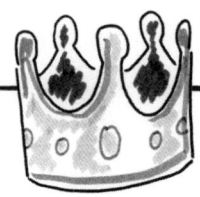

## Sabotadora:
## A MULHER-CAPACHO

Ela tem medo de dizer não, mesmo quando tem vontade, e acaba ficando sobrecarregada e exausta de tanto trabalhar – colocando as necessidades alheias acima das próprias. A Mulher-Capacho se difere da Mãezona do Escritório porque não está sendo encarregada apenas de tarefas maternais, e sim sendo deixada para resolver *absolutamente tudo* – e infelizmente para ela a solução não está simplesmente em dizer não mais vezes. Não é que a Mulher-Capacho seja uma mosca-morta, embora provavelmente saiba que há uma *expectativa* implícita de que ela diga sim por ser mulher – portanto pensa no comunitário, é cordata e prestativa! –, e nisso ela está certa. Quando homens recusam trabalho adicional, somos compreensivas (ele deve estar ocupado!), mas quando mulheres recusam, são penalizadas: recebem avaliações de desempenho piores, são menos recomendadas para promoções, e são menos estimadas pelos colegas. Então como dizer não sem ser penalizada – ou, pelo menos, quando é que a pena vale a pena?

## TÁTICAS DE COMBATE

### 👊 Saiba qual é seu patamar

Avalie o seu lugar na organização geral da empresa. Você é estagiária? Assistente? É o seu trabalho fazer horas extras e bater perna por aí? Sim? Então talvez não seja uma ótima ideia começar a se recusar a fazer isso. Em todo caso, avalie sua posição na hierarquia – e quem está lhe pedindo para fazer aquilo. É alguém acima, ou o colega estagiário na baia vizinha à sua? Assim como com todos os conselhos deste livro, confie em seu instinto – e em seu bom senso.

### 👊 Avalie o custo

Pondere sobre a tarefa – ou a "oportunidade", se for o caso – antes de se comprometer. Quanto tempo ela vai consumir? O que você vai ganhar com isso? É uma tarefa apropriada de se pedir a você – ou seja, "me ajude a verificar os fatos deste documento, por favor" – ou você é gerente e seu superior pediu para pegar as roupas dele na lavanderia? Traga tudo isso para o contexto: você gosta, respeita ou trabalha diretamente para a pessoa que lhe pediu? Essa pessoa *sempre* pede ajuda ou é algo raro? Eles fariam o mesmo por você? Você na verdade até *gosta* de fazer essa atividade? Nenhuma dessas perguntas é do arco-da-velha, mas vale a pena ter estratégia. Se revisar o relatório de alguém vai te fazer cair nas graças dessa pessoa, faça-o. Não é necessariamente ruim dizer sim, mas tenha em mente que as pessoas geralmente o fazem por pura obrigação.

### 👊 Negue e pronto
Tente separar recusar de rejeitar. Tanto mulheres quanto homens tendem à culpa quando precisam dizer não, mas as mulheres sentem *mais* culpa que os homens. Lembre-se de que você está dizendo não ao *pedido*, não à pessoa. Pense nos custos associados a *não* dizer não – como menos tempo dedicado a um trabalho mais importante, com que você se sente realizada ou, simplesmente, tempo fora do escritório. Lembre-se: é impossível agradar a todos o tempo todo. Se você é uma funcionária, e não uma voluntária que ajuda crianças doentes, ser legal não é sua prioridade número um.

### 👊 Prometa a menos, realize a mais
Pesquisas mostram que esperamos que mulheres digam sim com mais frequência do que homens (droga de patriarcado, hein!). Mas os estudos também mostram que quem pede a ajuda na verdade estima *para menos* a probabilidade de a pessoa dizer sim (em outras palavras: as pessoas podem estar mais preparadas para ouvir um "não" do que você imagina). Em certas circunstâncias, é seguro presumir que quem pediu não está esperando que você diga sim tanto quanto você pensa.

### 👊 Toma lá, dá cá
Não é só dizer não que causa a desigualdade – é não pedir algo em troca quando você diz sim. Quando estiver pesando se fará a tarefa ou não, pergunte-se: O que posso ganhar com isso?

## Como dizer não

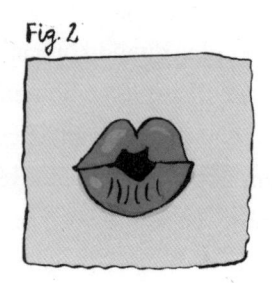

Fig. 1   Fig. 2

SITUAÇÃO: Você está mesmo sem tempo
EM VEZ DE: "Impossível encaixar essa tarefa."
DIGA (SE FOR SEU CHEFE): "Agora estou atolada de trabalho, mas quero ajudar. Me ajuda a estabelecer a prioridade?"
DIGA (SE FOR SEU COLEGA): "Qual é o prazo? Agora estou com algumas coisas pra resolver."

SITUAÇÃO: Você discorda do pedido
EM VEZ DE: "Não acho que isso seja certo."
DIGA: "Tenho outra ideia aqui..."

SITUAÇÃO: Você não quer fazer (mas não tem uma boa desculpa)
EM VEZ DE: "Não."
DIGA (SE FOR UM COLEGA): "Claro, faço sim. Você se importa de fazer [algo igualmente ruim/chato/tenebroso] para mim em troca?"

SITUAÇÃO: O pedido é ridículo/inadequado
EM VEZ DE: "Vai se foder."
DIGA (SE FOR UM COLEGA): "Infelizmente, não vou poder." (E pare por aí mesmo, evitando dar explicações. Esse negócio de se justificar não vai funcionar com babacas, mesmo.)

## Sabotadora:
## A CONTORCIONISTA

Ela é a aluna que dobra as pernas para trás no assento, encurva o tronco inteiro, e ergue a mão com nervosismo, como se tivesse medo de ocupar muito espaço. Por que ela está assim, tão retorcida? As teorias variam bastante: está tentando ficar menor; está protegendo fisicamente seus órgãos; está tentando não parecer ameaçadora. O que está claro é que ela é *mulher* – homens não se contorcem para parecerem menores – e que está se sabotando ao fazê-lo. Pesquisas revelam que até 93% da informação que auferimos de outros é não verbal, ou seja, o velho adágio de que não é *o que* você diz, mas *como* você diz, é real.* A Contorcionista pode até dizer a frase mais inteligente da aula, mas vamos estar por demais distraídos pela debilidade de seus membros redobrados para ouvir o que é.

---

\* Num estudo de 185 apresentações de ideias em rodadas de financiamento de negócios, a doutoranda do Boston College Lakshmi Balachandra descobriu que coisas como "calma", "contato visual" e "estar à vontade" – noutras palavras, o carisma – eram melhores indicadores de quem recebeu investimentos do que o conteúdo real das propostas.

## TÁTICAS DE COMBATE

### ✊ Tamanho é documento

Ocupe o seu real espaço. Sente-se com as costas retas, tenha postura, aperte as mãos em punho como argumento visual, apoie as solas dos pés inteiras no chão, e, se estiver com frio, leve um casaco, para não se encolher toda embaixo de um xale. A professora Amy Cuddy, de Harvard, aconselha as alunas a elevar o máximo possível o assento ajustável de suas carteiras na universidade, mas ainda mantendo as plantas dos pés pousadas no chão (evitando também ficar de pernas penduradas como as de uma menininha), e diz que muitas delas relatam que é uma técnica eficaz em entrevistas de emprego. Passar autoridade através da linguagem corporal é uma excelente técnica para as mulheres, em parte porque não tende a passar as mesmas implicações negativas de tantas outras atitudes assertivas que tomamos.

### ✊ Mulher-objetos

Use objetos como complementos para evitar se remexer enquanto fala: pode ser uma caneta, uma caneca, qualquer coisa que ocupe suas mãos, de forma que te impeça de mexer no seu cabelo ou em suas joias enquanto está falando. Experimente também fazer o "campanário": pressione as pontas dos dedos de ambas as mãos uma contra a outra em frente ao busto, formando uma espécie de letra "A" – isso lembra um campanário de igreja, o que projeta confiança.

## 👊 Espalhe-se bem

Aprenda a ocupar bastante espaço. É sério, obrigue-se a fazer isso: mulheres tendem a ocupar menos espaço em público do que homens, fechando as pernas mais estreitamente e juntando mais os braços ao corpo. Experimente sentar se espalhando, como os homens costumam fazer – estenda a ponta do sapato para fora de sua mesa como se estivesse querendo passar rasteira em alguém (mas, hum... não faça isso pra valer). Finja que há uma régua encostada em sua coluna e sente-se ereta – é provável que, assim, te achem mais confiante. Se você estiver se sentindo muito motivada, experimente a Reclinada dos Brothers: o encosto da cadeira reclinado bem para trás, mãos apoiadas atrás de sua cabeça, pés apoiados sobre a mesa. (Só tome cuidado para a Reclinada dos Brothers não virar a Despencada dos Brothers.)

## 👊 Siga o chefe

Tome como modelo para sua linguagem corporal (e sua linguagem *verbal*, também, aliás) a pessoa mais confiante da sala – ou aquela a quem você pretende impressionar. Ela levanta da cadeira quando começa a falar para todos? Experimente isso também. Se você estiver com dificuldade em segurar a atenção das pessoas durante uma reunião (casual), esse é um jeito de mantê-la em alta.

# POSTURAS PODEROSAS

Muitas pessoas seguem rituais antes de fazer um pronunciamento importante. Falam consigo mesmas no espelho. Tomam um Frontal. Ouvem Bach, ou Janet Jackson ("Rhythm Nation", claro). Quando estou prestes a entrar para falar, pego uma caneca de café para impedir que minhas mãos tremam, e entro ainda segurando-a – é uma injeção de cafeína e, ao mesmo tempo, resolve meu problema de não saber o que fazer com as mãos.

Se você for como minha amiga Sally Kohn, porém – uma lésbica progressista de 1,85m entrando para debater política com um conservador branco na Fox News –, você fará o seguinte: entre no banheiro, num corredor, ou num canto – basicamente qualquer lugar em que possa ficar sozinha por algum tempo. Separe os pés, aprume a coluna, e coloque as mãos nos quadris.

## POSTURAS POTENTES

**MULHER-MARAVILHA**
(SEMPRE LEVE A FANTASIA COM VOCÊ, SÓ PRA GARANTIR)

**GIGANTE SENTADA**

**A DONA DA MESA**

**LUGAR ESTRATÉGICO**

Erga o queixo, respire bem fundo, e mantenha essa posição por cerca de dois minutos – depois disso, seu nível de testosterona aumentará e sua cortisona irá cair, tornando-a imediatamente mais confiante e menos ansiosa. Então alise sua blusa, ajeite o cabelo, e entre em cena como a dona da porra toda. Fácil, não?

Sally aprendeu esse truque com Amy Cuddy, psicóloga de Harvard cujo TED Talk sobre a *"power pose"* obteve consagração global. O grande atrativo do trabalho de Cuddy reside no fato de que ele é extremamente fácil de implementar. Há posturas "potentes" – que aumentam a sua confiança – e posturas "impotentes", que a reduzem. Portanto, invoque a sua Mulher-Maravilha interior e faça uma pose poderosa agora mesmo.

## POSTURAS IMPOTENTES

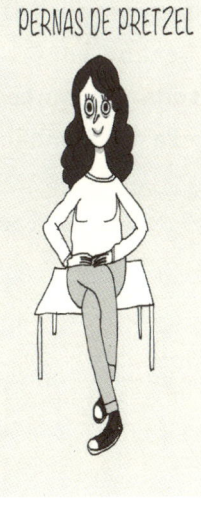

A CORCUNDA DO SMARTPHONE

PERNAS DE PRETZEL

UM ESCORREGADOR NA CADEIRA

A ALUNA TÍMIDA

## Sabotadora:
## A ETERNA ASSISTENTE

Certa vez, o presidente de uma instituição de ensino profissionalizante de Nova York deu um conselho a suas alunas: que *não* aprendessem taquigrafia – porque, em suas palavras, a "menina inteligente" que anotava ditados era "tão preciosa" que talvez se visse para sempre presa ao lado do chefe, com o bloquinho de taquigrafia na mão.

Hoje a taquígrafa é tão coisa do passado como o telefone de discar, graças a Deus, mas a Eterna Assistente continua existindo. Ela é tão boa em organizar a vida do chefe que ele não consegue viver sem ela. Ela corta um dobrado para fazer os colegas a enxergarem como algo além da auxiliar de escritório. É paciente e leal, e espera – não: presume – que realizar um bom trabalho a ajudará a ascender na empresa. Mas por algum motivo ela continua sem sair do lugar. Existe sim um problema com ser *boa demais* em seu emprego de assistente – pelo menos quando você não quer mantê-lo.

"Não permita que sempre te coloquem para fazer a ata das reuniões. Senão, você vai continuar transcrevendo a tarde toda enquanto os outros estão se adiantando na tarefa em função da qual a reunião foi convocada."
   - Helen Gurley Brown, editora da *Cosmopolitan*

## TÁTICAS DE COMBATE

### 👊 Faça-se notar

Pegue outras tarefas para fazer, do tipo que possam ampliar suas habilidades; se for uma opção, arrume tarefas extras ou trabalho externo que possam te ajudar a ser notada. Se você for apontada para um projeto de alta visibilidade, aceite. O escritório não é que nem namoro – mas às vezes se parece um pouco: talvez não te notem até outro ter notado.

### 👊 Seja clara sobre prazos e prioridades

Um assistente de 23 anos em uma agência de talentos em Los Angeles me contou que fez questão de conversar com o chefe durante a entrevista que, se por um lado fazia horas extras e trabalhava duro sem reclamar, ele também estava interessado em avançar na carreira e tinha estipulado metas como parte de um plano de dois anos para a própria vida. Um plano de dois anos pode não ser realista em todos os casos, então aplique com cuidado esta tática de combate – mas o objetivo é deixar claro desde o começo que seu interesse principal é crescer.

### 👊 Se não vem promoção, peça demissão

Estipule um prazo para você mesma. Se, como no caso do homem da tática anterior, você fez um plano de dois anos e não parece estar nem perto de alcançá-lo, peça uma reunião para conversar sobre suas ambições pessoais e sobre o que você poderia estar fazendo melhor, levando-as em conta. A paciência vale ouro, mas saber quando deixar algo para trás também.

## HORA DE ABRIR UM "FUNDO DO FODA-SE"

```
Tess McGill                              055
1 Working Girl Way
Nova York, NY 00123        DATA  6/9/16

PAGUE À
ORDEM DE   FUNDO DO FODA-SE    $ 87,00

BANCO SEM NOME

OBS:  NÃO SUPORTO NEM MAIS UM MINUTO    assinatura
I:555555555I:  5555555555II'5555
```

O "Fundo do Foda-se" ("*Fuck-Off Fund*") é um fundo de emergência para quando você não aguentar mais - um emprego, um relacionamento, uma situação de moradia ou similares. O termo foi cunhado pela jornalista Paulette Perhach - que chama o Fundo do Foda-se de autodefesa financeira. Seu Fundo não precisa começar com uma soma muito grande. Talvez ele seja uma pequena parte de cada salário que você separa e, com o tempo, se torne grande; talvez sejam apenas alguns reais na eventualidade de você conseguir poupá-los. Seja lá o que você conseguir juntar, a ideia é poupar dinheiro ativamente quando e como puder, afinal, ninguém sabe o dia de amanhã - especialmente quando se está começando a carreira. Também tem serventia em casos de relacionamentos naufragando, chefes tarados, *roommates* delinquentes e escritórios em que você literalmente não aguenta passar nem mais um minuto que seja.

## Sabotadora:
## "ELA É TÃO QUIETINHA!"

OK, PRECISO DE UM DESSES

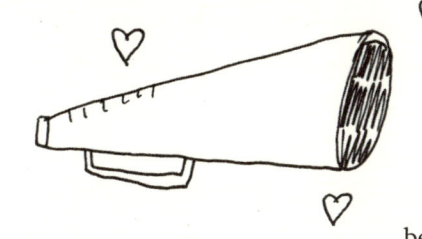

Esta moça é fácil de encontrar na sala de aula – erguendo a mão hesitante, só por um momento, antes de baixá-la de novo correndo porque não está 100% segura de que sabe a resposta. Ela também se encontra no escritório, falando baixinho de trás de uma mesa, com medo de acharem que ela está falando *alto demais* se falar em tom normal, ou encolhida no canto da sala de reuniões, apresentando relutantemente uma proposta, depois se preocupando por ter demorado demais em sua fala. As mulheres têm maior probabilidade do que os homens de receber o feedback de que não "se pronunciam" em reuniões, e quanto menor seu número em relação ao dos homens, menos elas falam. Este comportamento é uma reação, claro: a interrupções constantes (veja o Manterrupter, página 43), ao medo da pecha de egoístas e convencidas (ver a Ostentadora Tímida, página 113), ao fato de especialistas mulheres terem menor *influência* em grupos de gênero misto, ao medo de estarmos erradas – e a saber que seremos julgadas de forma mais dura se realmente estivermos. Mas o resultado disso é que nossas ideias não chegam sequer a ser ouvidas.

## TÁTICAS DE COMBATE

### 👊 Pare de "ficar de segredinho"

Saiba que este hábito leva a vida inteira para se desenvolver. Desde o pré-escolar, as meninas costumam ter uma ou duas amigas próximas com quem cochicham e "ficam de segredinho" – enquanto meninos têm grupos de amigos com quem brincam e a quem gritam ordens. Não é a maior das surpresas, portanto, que, depois de crescidos, esses meninos fiquem à vontade ao falar para grupos grandes – bradando respostas – enquanto mulheres continuam preferindo interações cara a cara ou em pequenos grupos.

### 👊 Não entre de fininho: entre de sola...

... na conversa. Um estudo da *Harvard Business Review* descobriu que, enquanto os homens falam em reuniões como se estivessem conversando, as mulheres preferem ser mais formais (e mais preparadas). Mas a verdade é que nem sempre você consegue planejar o momento de entrar na conversa – às vezes simplesmente precisa cair dentro. Tenho uma amiga, editora de revista, que se obriga a propor duas ideias por reunião e se concede meio ponto toda vez que consegue opinar sobre a ideia de outra pessoa. Outra mulher que conheço faz questão de fazer perguntas – direcionadas – porque acredita que seja uma forma mais fácil de falar espontaneamente.

### 👊 Pré-reunião

Pesquisas revelam que, se por um lado as mulheres são altamente eficientes em reuniões de trabalho – usando o tempo de forma eficiente –, os homens têm maior chance de passar um tempo travando relações uns com os outros *antes* para testar suas ideias (e angariar apoio). Entre nas reuniões antes de começarem, mesmo que seja simplesmente aparecendo mais cedo e contando sua ideia a quem quer que lhe dê ouvidos. Pode te ajudar a conquistar aliados, e você vai se sentir mais preparada e apoiada quando for sua vez de falar.

## Fale com confiança

Eu juro que, mesmo que você sinta que está falando pelos cotovelos – ou mesmo que você ache que *ela* está falando pelos cotovelos –, a real duração da fala deve ser menor do que você pensa. É por isso que, em grupos de gênero misto, a percepção é de que as mulheres falaram mais do que realmente falaram; suas contribuições verbais são vistas como "equivalentes" quando na verdade falaram 25% do tempo ou menos, e há a percepção de que "dominaram a conversa" quando falaram apenas de 25% a 50% do tempo. É uma situação que parece a história do ovo e da galinha: trata-se de tomar a palavra mais tempo e mais vezes enquanto simultaneamente se muda a percepção de que estamos falando demais. Mas quando todas as mulheres do recinto estiverem falando, isso será simplesmente *o normal*.

## Zele pelo equilíbrio

Aumente o equilíbrio entre gêneros em suas reuniões – isso vai estimular as mulheres a falarem mais. Perceba quanto tempo homens e mulheres em suas equipes passam falando, e estimule os(as) funcionários(as) mais calados(as) a contribuir. O ex-presidente Obama é conhecido por chamar a pessoa mais calada da reunião para falar – por que você não experimenta fazer o mesmo?

**CLUBE DA LUTA FEMINISTA**

SEJA FANFARRONA
ORGULHE-SE DE VOCÊ & SUAS CONQUISTAS
EIS COMO: SEJA FRANCA E HONESTA / AMOR-PRÓPRIO
NÃO SEJA HUMILDE demais

PODE-SE ELOGIAR!
USE A PALAVRA
NÓS
PELA EQUIPE

MEU NOME É OSTENTAÇÃO

NÃO
EU EU EU EU
EU EU EU EU

## Sabotadora:
## A OSTENTADORA TÍMIDA

Quando ganha a bolsa integral, ela se diz #abençoada; quando é promovida, fica "agradecida" (e "surpresa!"); e ao faturar um prêmio de prestígio, ela diz "que sorte!" em vez de "isso me deixa *orgulhosa*". O que ela está tentando fazer é informar suas conquistas ao mundo – noutras palavras, autopromoção. E por que não deveria promover suas conquistas? Ela tem orgulho delas. O problema da Ostentadora Tímida é que ela tem medo de ostentar diretamente suas conquistas, mascarando o orgulho das próprias conquistas sob uma falsa modéstia. Por quê? Talvez ela nem sequer tenha consciência disso, mas a Ostentadora Tímida sabe que ninguém gosta de mulheres que se elogiam; ela não quer ficar com fama de mascarada ou arrogante. Mas ela sabe também que ser modesta no esquema "que-é-isso-não-foi-nada..." vai sabotá-la. Então, ela criou um sistema: se elogiar sem se elogiar, se promover sem se promover, atribuir suas conquistas à #sorte – e assim vamos continuar gostando dela. O que não teria nada de errado caso funcionasse – e não funciona.

## TÁTICAS DE COMBATE

### 👊 Não ostente pela metade

Narcisismo pode dar má impressão, mas falsidade é pior ainda: não só te torna menos afável do que simplesmente demonstrar que tem orgulho de algo, como também é ineficaz – é visto como detestável *e* falso ao mesmo tempo. Mas há um modo de se elogiar que não é autopromoção, não é *necessariamente* insincero, e não vai te deixar malvista como ostentadora: elogiar em prol de outrem. Portanto, explique por que o que você fez foi incrível – e depois explique como isso ajudou as outras pessoas (sua equipe, sua empresa).

### 👊 Não baixe a bola

Um estudo descobriu que as pessoas que se elogiavam abertamente ("Sou a alma da festa") na verdade eram mais estimadas do que as que praticavam a autodepreciação ("Eu *nunca* sou a alma da festa"). As mulheres já estão com a bola muito baixa. Deixe a autodepreciação para os homens, que podem bancar isso.

### 👊 Simplesmente os fatos

Enuncie fatos, e não opiniões, quando estiver falando de si mesma. É bem mais difícil de acusar alguém de – ou de perceber alguém como – ostentadora quando ela está fazendo uma afirmativa indiscutível. Exemplo: "este mês, programei 79.387 linhas de código", em vez de "sou uma ótima programadora". Aproveite para estruturar suas conquistas de forma a comparar você com você mesma – e não você com outra pessoa. Assim: "Este mês, programei 79.387 linhas de código, 10 mil a mais do que no trimestre passado" e *não* "programei 79.387 linhas de código este mês, 10 mil a mais do que a Sasha, que está ali". Mais uma vez: é a ciência que diz.

## 👊 Encontre uma coostentadora

Ela é sua fábrica de *hype* em forma de mulher. Ela te elogia por você, você a elogia por ela, e o fato de uma estar elogiando a outra deixa ambas melhor na fita, e sem que nenhuma das duas pareça estar se gabando de seus próprios feitos. E não, isso não é invenção minha: uma pesquisa mostra que se alguém te elogia, isso surte efeito mesmo se essa pessoa for claramente tendenciosa (sua mãe, por exemplo). E se você estiver elogiando a outra? Também faz bem para sua imagem, pois você demonstra ser boa em trabalhar em equipe. Além disso, de qualquer forma não é sempre mais fácil elogiar em causa alheia?

> **Coostentadora / s.f.**
> Ela e você têm um acordo não verbalizado: ela te elogia, você a elogia. Outras incumbências dela são: memorizar como você gosta do café e honestidade absoluta em provadores de lojas.

Sabotadora:
## A FIDELÍSSIMA

"A questão não é de fato pedir um aumento", disse Satya Nadella, o CEO da Microsoft, "mas sim saber e *ter fé* de que o sistema vai lhe conceder o aumento *correto*." Nadella falava para uma plateia de mulheres na Convenção Grace Hopper, em homenagem às mulheres que trabalham com tecnologia. O público ficou de cara. Hã... como assim, *ter fé*?

Empresa não é convento e nem centro de cientologia. Até onde sei, fé nunca pagou as contas nem a próxima rodada de cerveja de ninguém. Ainda assim, a Fidelíssima existe mesmo: aquela mulher que crê que, baixando a cabeça e trabalhando direitinho, sendo leal à empresa, simplesmente tendo *fé* no sistema, vai ter êxito. É a funcionária que não corre atrás de outra oferta de emprego porque quer demonstrar comprometimento, mas depois nunca recebe aquela promoção que estava esperando. Às vezes você recebe algo por mérito, sim. Mas sejamos claras: a Providência Divina não existe no trabalho. Você só ganha o que você pedir.

## TÁTICAS DE COMBATE

### 👊 Lealdade não paga o aluguel

... e, ainda assim, mulheres têm menor probabilidade de sair de um emprego após alguns anos nele do que homens. Claro, é fácil pensar em motivos para você ficar: talvez você tenha visto a empresa crescer, talvez você adore seu(sua) chefe, talvez tenha feito grandes amigos – e talvez você sinta culpa. Não sinta. Se você tem mesmo um(a) chefe tão bom(boa), ele(a) deveria estar preocupado(a) com a sua satisfação.

### 👊 Peça o que você quer

E não a versão contemporizada e cheia de cortes que você acha que consegue obter. As pessoas – especialmente as mulheres – não costumam pedir o que querem, o que é um dos motivos pelos quais a diferença entre salários masculinos e femininos (entre outras coisas) ainda existe. Simplesmente *cogite* pedir aquilo que você realmente quer (um aumento! Um dia de férias a mais! Uma cadeira ergonômica porque suas costas estão doendo pra cacete!), exatamente do jeito que você quer.

### 👊 Perca sua fé

Registre suas realizações de forma que sua fundamentação repouse sobre fatos – não em fé – quando você for pedir o que quer. Mesmo que você ainda não esteja pronta a jogar a toalha, tome nota de suas conquistas para tê-las em mãos quando sua fé incondicional chegar ao fim.

Sabotadora:
# A INI-MINA

"Há um lugarzinho especial no inferno", disse Madeleine Albright, "para a mulher que não apoia as outras mulheres." Claro, se isso fosse mesmo verdade, muitas (a maioria?) de nós estaríamos ardendo naquele mármore.

Eis aí a Ini-mina – também conhecida como Falsiane, Menina Malvada e Fogo (Nada) Amigo. A Ini-mina comete o sororicídio, voltando suas armas contra as irmãs de trincheira; enxergando as soldadas a seu lado como inimigas, e não aliadas.

```
So-ro-ri-cí-dio / s.m. O pior crime de guerra de
todos, na visão do CLF: voltar suas armas contra
as irmãs de trincheira.
```

A Ini-mina aprende a agir assim desde cedo, ensinada – desde que chega à puberdade – que precisa competir com outras mulheres (pela atenção dos... homens). Mais tarde, quando essa mulher ingressa no mercado de trabalho – que ainda tende, infelizmente, a ser gerido por homens –, ela sente que precisa competir de novo, desta vez para provar seu valor, distribuindo cotoveladas às mulheres que estiverem por perto para obter seu cupom dourado (ou segurar seu posto naquele setor). De certa forma, é algo fácil de se entender: se existem apenas algumas vagas no topo, e apenas algumas mulheres "só pra constar", então por que você não veria suas irmãs como concorrentes? Até mulheres que tentam ajudar suas companheiras de gênero podem ser castigadas por isso, recebendo mais avaliações de desempenho negativas do que mulheres que não ajudam.

A Ini-mina pode assumir diversas formas:

**A MELHOR AMIGA DO HOMEM**, que acredita que, para ter sucesso, ela precisa se distanciar, ou minar, as outras mulheres.

**A MINA BROTHER**, que pode despender esforços inacreditáveis para se encaixar no grupo dos homens, fechando os olhos para o mau comportamento deles – ou agindo como se fossem engraçadíssimos, ha! ha! ha! – para provar que é uma deles.

**A MARIA MAIS OU MENOS**, que vê toda e qualquer mulher como concorrência – presumindo que toda mulher a mais na sala quer dizer *um lugar a menos para ela*.

**A VINGADORA DAS GERAÇÕES PASSADAS**, que acredita que, porque *ela* teve de sofrer na mão do patriarcado de eras anteriores, você também tem que sofrer. (Ela também vem na forma da colega mais jovem que pensa que "ter chefe mulher é pior do que ter chefe homem".)

**A MARIA VAI COM AS OUTRAS**, ou a mulher que trafega pelo mundo empresarial como um zumbi, indo atrás do que o grupo pensa e perpetuando os estereótipos refletidos nas massas.

É fácil desdenhar dessas mulheres – ou jurar que não somos nem um pouco parecidas com elas. E, ainda assim, 95% das mulheres no mercado de trabalho se sentiram sabotadas por outra pelo menos uma vez durante suas carreiras – o que quer dizer que a maioria de nós ou conheceu uma delas ou *foi* uma delas.

## TÁTICAS DE COMBATE

### 👊 Ação afirmativa

Lembre-se da regra nº 3 do Clube da Luta Feminista: lutamos contra o patriarcado, não uma contra a outra. Ao entrar para o CLF, você jurou ajudar as outras mulheres. E isso não significa ajudá-las só da boca pra fora – quer dizer passar o currículo delas para quem importa. Contratar mulheres. Promover mulheres. Ser mentora de mulheres. *Não* chame um homem para uma palestra, apresentação, reunião, telefonema, ou qualquer tipo de atividade profissional até você ter chamado um número igual de mulheres. Se você estiver contratando para uma vaga em aberto e só houver candidatos homens, insista em entrevistar o mesmo número de mulheres qualificadas. O único jeito de realmente interromper essa tendência de mulheres competindo umas contra as outras é *colocar mais mulheres em posições de poder.*

### 👊 Aliadas, não inimigas

Isso mesmo: mesmo que você não goste dela, mostre que está lhe dando mais apoio do que um sutiã com arame. Se você vir que entrou na mira dela, trate diretamente do conflito. Será que vocês começaram com o pé esquerdo? Chame-a para tomar um drinque depois do expediente. Diga-lhe que você quer ficar no mesmo time que ela. Pergunte se podem dar uma trégua e começar de novo. Faça dela uma aliada em vez de inimiga.

### 👊 Se ela brilha, você brilha

É o que as amigonas Ann Friedman e Aminatou Sow, que apresentam o podcast *Call Your Girlfriend,* chamam de "*Shine Theory*" (Teoria do brilho) – a ideia de que o sucesso (ou brilho) de outra mulher te faz parecer mais brilhante quando comparada, e não mais apagada. Então, em vez de competir com mulheres incríveis ou ter inveja de seu sucesso, cerque-se delas – e tome banho desse brilho coletivo.

## Briga de mulher não é pior

Aquela síndrome de Falsiane? E se eu te dissesse que isso é uma falácia? Que, na verdade, não é que mulheres sejam piores umas para com as outras do que os homens uns para com os outros, mas sim que o conflito entre mulheres é percebido de forma diferente do que o conflito entre homens (ou até mesmo entre homens e mulheres)? Quando mulheres entram em conflito, isso é visto como briga séria – algo irreparável, um manancial de rancor –, mas quando há homens envolvidos, trata-se de um simples desconcerto, de "coisas que acontecem" no trabalho e que podem ser superadas.

## Massa clitórica

A verdade é que, quanto mais mulheres no seu escritório, melhor você vai estar. Empresas com mais mulheres em seus quadros têm mais executivas mulheres; mais CEOs ou presidentes mulheres significam mulheres na liderança – e líderes mulheres mais bem pagas, por sinal. E quanto mais líderes mulheres houver, mais as mulheres antigas e novas na empresa sentem-se apoiadas. Entendeu? O problema não são as *outras mulheres*. Trata-se de um sistema que nos joga umas contra as outras.

# Os Dez Mandamentos da Ação Afirmativa*

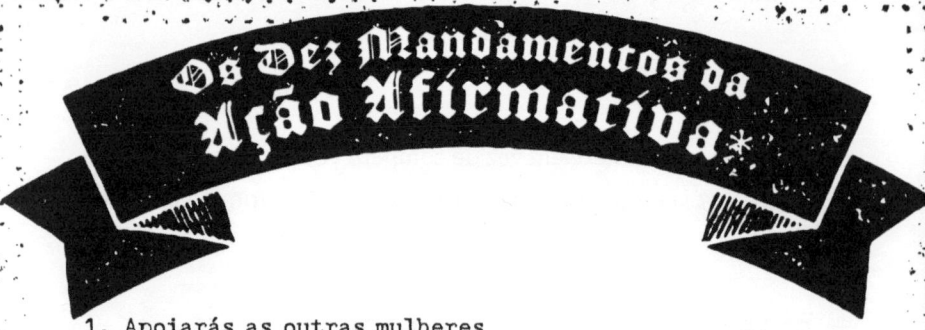

1. **Apoiarás as outras mulheres**
   Dê as boas-vindas e dê-lhes o maior apoio.
2. **Ganharás forças com o grupo**
   Quando você começar a ver todas as mulheres como irmãs de trincheira, vai começar a se sentir invencível.
3. **Empregarás uma política firme de "primeiro as vaginas"***
   Contrate mulheres. Seja mentora delas. Apoie as ideias delas. Você não precisa ser antipênis, mas deve sempre pensar *primeiro* em uma mulher.
4. **Serás do jeito que o Clube da Luta pensa que és**
   Forte, confiante, impetuosa. Que os vivas de suas companheiras de luta se tornem sua voz interior.
5. **Vós vos afirmareis umas às outras**
   Seus deveres: elogiar moças incríveis, apoiar publicamente uma mulher com uma ótima ideia, e bater muitas palmas.
6. **Investirás em amizades com mulheres**
   Só tem uma coisa melhor do que uma mulher confiante: um exército delas.
7. **Pedirás ajuda**
   Use o potencial do seu grupo. Ele está aqui para te apoiar.
8. **Respeitarás as mais velhas**
   Se chegamos até aqui, foi nos apoiando sobre as ombreiras das mulheres que nos precederam.
9. **Impulsionarás as mais jovens**
   Passe sua sabedoria para a geração seguinte. Ajude-as a crescer. Aprenda com elas.
10. **Ajudarás uma irmã em apuros**
    Uma vez por mês, você PRECISA fazer algo para ajudar outra mulher.

---

*Também se aplica àquelas que não têm vagina mas se identificam como do gênero feminino.

## Sabotadora:
## A IMPOSTORA

"Quando um homem olha no espelho e imagina sua futura carreira, ele se vê como um senador. Uma mulher nunca teria essa presunção."

— Marie Wilson, criadora do "Dia de Levar sua Filha para o Trabalho"

Pouco depois de eu ter sido contratada como colunista para o site da *Time*, pediram-me para escrever sobre um livro chamado *A arte da autoconfiança* (*The Confidence Code*). Tendo sido recrutada e contratada como colunista, era de se presumir que eu seria capaz de certos feitos, tal como *escrever uma coluna*. Mas esta era minha primeira coluna sob o cargo oficial de "colunista", e eu estava nervosa. Avancei com dificuldade na minha introdução, escrevendo e reescrevendo, deletando e redigitando, cortando e colando, trocando frases de lugar, depois trocando mais um pouco, depois passando dez minutos dando *Control-Z* até retornar ao ponto de partida. Por fim, recurvada na minha patética escrivaninha (mesa de cozinha) no meu escritório (sala de estar), vestida com meu uniforme de profissional autônoma (pijama), decidi que eu não tinha nada que ter uma coluna. Na verdade, eu estava convencida de que meu novo contrato seria revogado até o fim da semana.

Não foi – mas a ironia foi que o livro que eu deveria comentar versava sobre "síndrome da impostora", ou seja, sobre aquela dúvida torturante sobre as próprias capacidades que muitas mulheres sentem frente a desafios, ou seja, *a própria coisa que estava me impossibilitando de concluir a tarefa que eu tinha para fazer*.

"Síndrome da impostora" só ganhou esse nome nos anos 1970, mas é seguro presumir que as mulheres sempre sentiram isso: a sensação incômoda de que, mesmo depois de ter feito algo *excelente*, talvez você não tivesse mérito real para obter aquela consagração. A síndrome da impostora atinge desproporcionalmente as minorias: mulheres, minorias raciais, a população LGBT – ou, como explica Valerie Young, autora de um livro sobre o assunto, *Os pensamentos secretos das mulheres de sucesso*, pessoas que sentem pressão para "conquistar primeiros lugares". É algo comum entre pessoas que realizaram grandes feitos, artistas e estudantes, e que persiste na faculdade, na pós-graduação e no ambiente de trabalho.

Eis alguns *tipos* de síndrome da impostora:

- **Ter 100% de certeza absoluta de que vai fracassar retumbantemente.** Até mesmo Sheryl Sandberg, a implacável diretora de operações do Facebook, disse que vive se sentindo assim. (É sério, essa mulher é boa *em tudo*. É um absurdo.) Conforme ela descreveu em seu livro, *Faça acontecer*: "Toda vez que me chamavam na sala de aula, eu tinha certeza de que ia passar vergonha. Toda vez que eu fazia uma prova, eu sabia eu tinha ido mal nela. E toda vez que eu não passava vergonha – ou até mesmo me sobressaía –, eu pensava que tinha enganado todo mundo de novo. Porém, mais cedo ou mais tarde, a casa ia cair."

- **Sentir-se uma fraude completa.** Ou de tempos em tempos, até mesmo quando "tivemos sucesso", por algum motivo somos incapazes de nos livrar daquela sensação de que é tudo ilusionismo, de que ainda estamos enganando a todos, de que a qualquer momento vão nos descobrir e acusar. Três dias antes do prazo final para mandar este livro à editora, eu estava sozinha no meu apartamento, insone, e lembro que entrei no banheiro pensando: *por que alguém haveria de querer ler sobre essas experiências que, no fundo, são só... coisas minhas?* Minha editora me respondeu o seguinte: "Eu vivo me fazendo essa pergunta sobre os livros que edito."

- **Desvalorizar-se – até mesmo quando tem outra pessoa ativamente te apoiando.** No meu caso, isso se manifestou recentemente quando tentei convencer alguém a *não* me dar dinheiro para trabalhar. "Por que não faço de graça?", ofereci. Ao ouvir isso, um amigo meu – que por acaso estava no recinto quando eu atendi o telefone – quase teve que me chacoalhar. "Jessica! Aceita esse dinheiro e pronto!", disse ele. (E aí eu disse sim.)

- **Subestimar sua experiência ou conhecimento.** Estava falando sobre isso outro dia mesmo, com uma amiga que é professora, e logo ela estava me contando sobre um emprego que queriam lhe oferecer, seguido por: "Mas sei que não tenho qualificação para isso." (Eles a tinham *recrutado*!) Outra mulher que entrevistei – uma pós-doutoranda em engenharia chamada Celeste – me contou que, enquanto ela trabalhava como engenheira mecânica, certa vez um supervisor observou num relatório de desempenho que ela relutava em se intitular engenheira. "Eu não percebia que eu dizia aos meus colegas que não era engenheira, mesmo sendo uma", disse Celeste. "E acho que, para mim, era uma defesa para o caso de eu vir a cometer algum erro."

## TÁTICAS DE COMBATE

👊 **Encontre uma "parceira no crime"**
Converse com uma colega ou amiga: será que ela já se sentiu uma impostora? Saber que isso é uma coisa que outras pessoas também sentem te ajudará a ver que é só isso mesmo: uma *coisa*, não *a sua* coisa. Se você sentir a vozinha da dúvida começar a se insinuar em sua cabeça, repita: "Não sou eu quem está falando; é a síndrome da impostora."

👊 **Sufoque a vozinha negativa interior**
Pergunte-se sinceramente quais provas existem de que você seja *menos* qualificada do que qualquer outra pessoa para fazer aquele trabalho. Agora se pergunte quais provas existem de que você é *igualmente* qualificada – ou até mesmo, ouso dizer, *mais* qualificada – para o trabalho. Liste pelo menos dez coisas.

👊 **Fracassar não te transforma numa fraude**
Quando as mulheres mandam mal, elas questionam suas habilidades ou qualificações. (O que foi que *eu* fiz de errado?) Mas quando homens mandam mal, culpam a má sorte, o trabalho malfeito ou a falta de ajuda dos outros – em outras palavras, *forças externas*. Lembre-se disso: até os melhores atletas mandam mal, assim como os melhores advogados perdem casos e os melhores atores estrelam filmes-bombas. Não deixe o fracasso destruir sua confiança.

👊 **Fortaleça sua psique**
As palavras que você diz a você mesma podem de fato mudar a forma como você se vê – aumentando a confiança durante uma ocasião de grande estresse. Então escreva um Post-it para você mesma ou converse consigo em frente ao espelho. *Diga a si mesma* que você é tão ou mais fantástica que seus colegas homens, e

*proíba-se* de recorrer a desculpas como "sorte" para explicar seus êxitos com fatores externos.

## 👊 Visualize o sucesso

Atletas olímpicos fazem isso; militares também. Visualize precisamente como você vai passar pela situação – com êxito – antes de chegar a hora.

## 👊 Prepare-se a mais

Para a tarefa que vem por aí – para assim prevenir qualquer possível insegurança ou sensação de ser uma fraude. A chanceler alemã Angela Merkel disse que faz isso para superar suas inseguranças. A diretora-executiva do FMI, Christine Lagarde, reconhece que se prepara a mais com frequência. Conforme explica Lagarde: "Quando trabalhamos em uma questão específica, vamos percorrer o caso por dentro, por fora, de lado, de trás para diante, histórica, genética e geograficamente. Queremos estar em cima de todo e qualquer lance, queremos entender tudo, e não queremos ser engabeladas pelos outros."

## 👊 Demita a dúvida nociva

Em seu livro *Originais*, o professor Adam Grant descreve dois tipos de dúvida: duvidar *de si mesmo* – o que provoca paralisia – e duvidar *de sua ideia*, o que pode de fato motivar as pessoas a batalhar para refinar, testar ou experimentar uma boa ideia. Tente transformar a dúvida sobre você mesma em dúvida sobre uma ideia, dizendo-se: "Não é que eu não preste, é que os primeiros rascunhos de qualquer ideia nunca prestam mesmo, e ainda não cheguei lá."

## IMPOSTORAS FAMOSAS

**TINA FEY**

"O bonito na síndrome da impostora é que você vacila entre a egomania extrema e uma sensação aguda de 'sou uma fraude! Ai, meu Deus, já estão todos desconfiando! Sou uma fraude!'."

*UMA FRAUDE*

**SONIA SOTOMAYOR**

A juíza da Suprema Corte norte-americana falou que, em Princeton, ela se sentia como se alguém estivesse prestes a cutucar-lhe o ombro e dizer: "Seu lugar não é aqui!"

*NÃO É SEU LUGAR*

**MAYA ANGELOU**

Sim, ela mesma. A premiada autora disse, depois do décimo primeiro livro publicado, que toda vez que publicava um novo, pensava com seus botões: "Epa, agora eles vão descobrir. Agora essa tapeação vai acabar."

*VÃO ME PEGAR*

**KIRSTEN GILLIBRAND**

A senadora não teve confiança para se candidatar até ter passado dez anos como voluntária na campanha de outras pessoas. Por que tanto tempo? "Será que sou boa o suficiente? Durona o suficiente? Forte o suficiente? Inteligente? Qualificada?"

*DESQUALIFICADA*

## CONHECE-TE A TI MESMA

**JODIE FOSTER**
*FOI UM ERRO*

A atriz disse que achava que tinha entrado em Yale por pura sorte – e pelo mesmo motivo, havia ganhado seu Oscar. "Eu achava que em algum momento iam descobrir, e que iam tomar de volta o Oscar. Eles viriam até minha casa e bateriam à porta: 'Com licença, a gente devia ter dado isso para outra pessoa. Isso devia ter ido para a Meryl Streep.'"

**MERYL STREEP**
*AMADORA*

Quando um entrevistador lhe perguntou se ela seria atriz para sempre, a mulher com o maior número de Oscars na história respondeu: "Você fica pensando: 'Por que alguém quereria me ver de novo em um filme? Não sei atuar mesmo, então por que estou fazendo isso?'"

**MICHELLE OBAMA**
*INFERIOR*

Quando era jovem, a advogada e ex-primeira-dama ficava acordada de noite pensando: "Será que falo alto demais? Ou tempo demais? Sonho grande demais?" "Por fim, acabei cansando de sempre me preocupar com o que todo o mundo pensava de mim. Então decidi não dar ouvidos."

## Sabotadora:
## A PERFECCIONISTA

Em Stanford, chamam isso de "a síndrome do pato": lá está você, deslizando aparentemente sem esforço sobre a água, e no entanto, lá embaixo você está pedalando freneticamente para continuar na superfície. Na Estadual da Pensilvânia, chamam de "cara de Penn" aos que dominam a arte de parecer felizes e seguros, mesmo que estejam cheios de problemas ou estressados. Em Duke, o fenômeno já foi chamado de "perfeição sem esforço" – ou seja, a pressão sentida pelas universitárias para serem "inteligentes, realizadas, magras, belas e populares", tudo isso sem qualquer "esforço visível".

A semente da Perfeccionista talvez seja plantada na adolescência, brote na universidade, mas continua a crescer vida adulta afora, quando os erros das mulheres são mais notados e lembrados por mais tempo (e julgados ainda mais severamente caso ela seja uma mulher negra). A Perfeccionista exerce uma pressão imensa, quase insuportável, sobre si mesma, estipulando metas astronômicas – quase impossíveis – para si própria, sem sequer considerar a possibilidade de um revés (fracassar não é uma opção). Mas quando a meta de autorrealização é tão alta, tão irreal, a autocrítica paralisante é algo inevitável. Assim, ao primeiro sinal de uma lombada no caminho, a Perfeccionista muitas vezes desiste. Isto se ela não tiver um esgotamento nervoso primeiro.

## TÁTICAS DE COMBATE

### 👊 Dê uma volta olímpica

Se a autocrítica é uma constante para a Perfeccionista, raramente ela se concede tempo para celebrar suas *vitórias*. Então estoure um champanhe de vez em quando e se congratule um pouco – e esteja ciente até daquelas pequenas realizações que te aproximam, pouco a pouco, da sua meta.

### 👊 Passo a passo

Isso não significa baixar seus padrões, mas estipular alvos *graduais* – assegurando-se de que eles sejam específicos – de forma que você tenha certeza quando os tiver atingido. Pense nisso como uma torre de Lego em construção. Toda vez que você alcança um pequeno objetivo, encaixou mais uma peça nela. E se seu décimo bloco por acaso cair no chão, o resto da torre continua de pé.

### 👊 Peça ajuda

Você não precisa fazer *tudo* sozinha – pedir ajuda te faz parecer *mais* competente, e não menos. Permita-se pedir ajuda.

### 👊 Saiba quando jogar a toalha

É provado que ter garra – ou seja, agarrar-se a uma meta de longo prazo até ela acontecer – pode ser um caminho para o sucesso. Mas *recusar-se* a desistir de um objetivo inalcançável também pode causar um estresse gigantesco. É ótimo ter ambição, mas também há momentos em que você precisa reconhecer quando uma meta é simplesmente irreal. Tente perceber quanta pressão você está se impondo – e se é o momento de tentar algo diferente.

Sabotadora:
## A ANSIOSA VERBORRÁGICA

A Ansiosa Verborrágica não necessariamente é *tagarela*. Numa conversa normal, ela não fala sem parar. Mas quando está sob pressão – numa apresentação, negociação, qualquer coisa em que a responsabilidade seja grande – seus nervos ficam à flor da pele e ela simplesmente *não. consegue. parar. de. falar.* Ela fala rápido, insere palavras desnecessárias, para na metade da frase, depois se repete até que a mensagem se perca no meio da bagunça. Todas nós já vivemos algo assim: no momento em que saímos de uma situação muito tensa, ficamos nos perguntando que diabos nós acabamos de dizer – mas a Ansiosa Verborrágica fala como se o microfone estivesse para ser arrancado de suas mãos a qualquer momento.

## TÁTICAS DE COMBATE

### 👊 Até 140 caracteres

Certo, não exatamente assim – mas ao responder uma pergunta ou apresentar uma ideia, tente confinar sua resposta ao formato de um tuíte clássico e categórico (talvez dois). Assinale para si mesma uma palavra ou expressão que sinalize quando você precisa concluir sua fala. Seja lá qual for o limite escolhido por você, o objetivo é se forçar a ser sucinta e *aí parar de falar*. Se te fizerem novas perguntas depois dessa, claro, continue a falar. Se não houver perguntas: *cale a boquinha*.

### 👊 Vigie seus "excessos de informação"

Se, depois de uma entrevista ou apresentação importante, você se arrepender de ter falado demais, anote e tente entender o que precipitou isso. Da próxima vez, detenha-se antes de incorrer no mesmo erro.

### 👊 Respire fundo

Quando as pessoas estão nervosas, tendem a falar mais rápido. Respirar fundo diz a seu sistema nervoso simpático – a rede de nervos que controla nossa reação de lutar ou fugir – para se acalmar, e a seu cortisol (o hormônio do estresse) para dar um tempo.

### 👊 O silêncio é seu melhor amigo

Ninguém gosta de um silêncio constrangedor, mas ele também pode ser um instrumento poderosíssimo. Lembre-se desses fatos sobre pausas longas: elas te dão tempo para respirar. Deixam o impacto de suas palavras ressoarem no ar. Podem forçar a outra pessoa a falar primeiro. Então tente aceitar o silêncio quando for o momento certo – e deixe que a outra parte comece a tagarelar.

Sabotadora:
## A ESGOTADA

A Esgotada existe em um mundo que muitas vezes requer das mulheres uma energia sobre-humana, e no entanto, quase nenhuma de nós (talvez nenhuma) realmente a possui. Homens também se sentem esgotados, mas não tanto: em um estudo com pessoas de 18 a 44 anos, mulheres tinham chance quase duas vezes maior do que homens de dizer que se sentiam "muito cansadas", "exaustas" ou esgotadas na maior parte dos dias. Além disso, trabalhar demais afeta negativamente a saúde das mulheres mais do que a dos homens. E quanto às mulheres com filhos? Quando termina o primeiro turno, começa o segundo: crianças, lavar roupa, fazer jantar, dever de casa – todas as coisas que até hoje ainda são jogadas desproporcionalmente nas costas das mulheres. Você não estaria esgotado se fosse com você?

## TÁTICAS DE COMBATE

### 👊 Proibido celular

"Se você não se policiar, vai trabalhar 24 horas por dia, 365 dias por ano", disse a produtora de Hollywood Shonda Rhimes. Então, estabeleça limites: quando você sair do escritório, é o horário em que vai parar de olhar o e-mail. Se você tiver essa capacidade, declare publicamente estes limites para as outras pessoas. A assinatura do e-mail de Rhimes declara o seguinte:

*Observação*: não dou atenção a e-mails de trabalho após as 19h ou nos fins de semana.
CASO EU SEJA SUA CHEFE, SUGIRO QUE DEIXE SEU TELEFONE DE LADO.

### 👊 Previna-se quanto às horas extras

Muita gente faz hora extra até tarde como forma de demonstrar seu comprometimento com o trabalho – na esperança de uma recompensa a longo prazo. Mas todas essas horas extras não necessariamente compensam para as mulheres, em parte porque elas também costumam ficar com o grosso do trabalho doméstico: um estudo descobriu que, em ambientes de trabalho que valorizam muito "horas extras", na verdade as mulheres têm maior probabilidade de serem avaliadas negativamente e menor de receber oportunidades de promoção.

## ✊ Acelere, depois relaxe

A maior diferença entre o tempo que homens e mulheres passam em casa é que os homens têm mais tempo de *lazer* do que elas – cinco horas a mais por semana, segundo o instituto de pesquisas Pew. Quanto menos tempo você se conceder para se recuperar, para esfriar a cabeça, simplesmente *relaxar*, maior será seu risco de esgotamento. Portanto, marque esse tempo em sua agenda. Ou melhor ainda: limpe tudo o que está nela, e pouco a pouco recoloque as coisas importantes. Pare de sentir culpa ao dar um passeio em seu horário de almoço. Separe tempo para *você* – e para as coisas que te ajudem a manter seu nível de estresse sob controle.

## ✊ Priorize impiedosamente

Pare com os "eu deveria", "eu poderia", "se eu pudesse". Se você se vê a caminho do esgotamento, seja impiedosa ao selecionar os *sim* que você vai dizer. Tente fazer o seguinte: diga *não* a tudo o que não te der em troca algo crucial – então pare com os "deveria", e permita apenas "preciso" e "quero" (e, às vezes, é preciso até economizar nos "quero"). Ou seja, o coral para o qual você entrou, a liga esportiva do escritório na qual você aceitou entrar por pressão, ou o turno extra que você concordou em pegar para substituir um colega em viagem – nada disso fica! Quando você não estiver à beira de um ataque de nervos, pode voltar a essas coisas. Mas, por ora, os "deveria" estão totalmente fora de cogitação.

**CONHECE-TE A TI MESMA**

## TIRE SUA SESTA... SEM CULPA!

Em seu livro *A terceira medida do sucesso*, Arianna Huffington descreve um estudo de Harvard que apontou a falta de sono como "fator significativo" no desastre do *Exxon Valdez*, na explosão do ônibus espacial *Challenger*, e nos acidentes nucleares de Chernobyl e Three Mile Island. Dormir o tempo necessário é importante, especialmente para as mulheres: pelo menos um estudo descobriu que as mulheres sofrem mais do que os homens – mental e fisicamente – quando não dormem de forma adequada, e que também, em geral, precisam de mais tempo de sono que os homens (ora, as mulheres têm que dar duro em dobro, não é?). Então experimente seguir esse conselho avalizado pelo CLF: não deixe de dormir bem! Se estiver em dúvida – ou se sentindo preguiçosa, culpada ou com muitos afazeres pendentes – lembre-se: Winston Churchill, John F. Kennedy e Leonardo da Vinci são alguns dos mais famosos tiradores de soneca da história. Approprie-se *disso*!

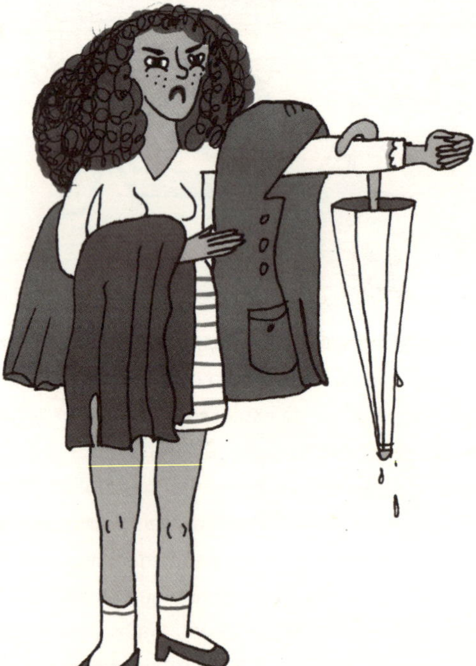

Parte três

# CAMPO MINADO PRAS MINAS

## ESTEREÓTIPOS NO TRABALHO: DESATIVE esta BOMBA

Pois é, olhando de longe até *parece* glamoroso: Smita acabava de retornar de uma temporada de um mês na Europa, onde havia filmado um piloto para uma série de televisão em treze cidades diferentes. Mas não é como se ela estivesse atravessando o Mediterrâneo montada numa Vespa e bebericando água Pellegrino em Paris no pôr do sol. Ela passou meses vendendo a ideia, escalando o elenco, e reescrevendo o roteiro até obter uma pequena soma de uma produtora nova-iorquina para filmar o piloto, demitindo-se de seu emprego seguro e pedindo dinheiro emprestado para poder realizar a filmagem. Trabalhou 14 horas por dia no exterior, amontoando-se com sua equipe em quartos de hotel baratos a fim de fazer render a verba, e sua meta era cobrir sete países em quatro semanas. Mesmo na melhor das circunstâncias, seria um cronograma pesadíssimo.

E aquelas não eram exatamente as melhores circunstâncias. Apesar de ser uma produtora tarimbada – ela já havia trabalhado em meia dúzia de estúdios de TV, gerido enormes equipes profissionais, e sido assistente de cineastas importantes – aquela era a primeira vez em que Smita era diretora sozinha. A equipe que ela recebeu era de oito homens: dois tinham problemas com álcool, três tinham o costume de usar anfetaminas, todos os oito eram terrivelmente difíceis de controlar (e não apenas porque *nunca* conseguiam chegar no horário).

Não foi exatamente a melhor viagem do mundo. Smita ficou à beira de um ataque de nervos.

Ela experimentou todas as táticas em que conseguiu pensar para fazer sua equipe andar na linha. Pediu que opinassem sobre o script, para tentar fazê-los se envolver – e experimentou devidamente as sugestões recebidas, mesmo quando sabia que não iam funcionar. Ela tentou agradar – perguntando o que poderia fazer para facilitar o trabalho deles, levando-lhes café pela manhã para tirá-los da cama. "Percebi que não estava dando certo", disse ela, rindo, "porque eles não paravam de me dar seus bloquinhos e casacos para eu segurar, nem de me pedir para ir pegar coisas na van."

Ela tentou outra tática, a de fingir que estava de bem com tudo. Quando eles decidiam fazer do jeito *deles* – no set *dela* –, ela tentava demonstrar entusiasmo em suas reações iniciais: "Excelente!", trinava ela, "Mas vamos tentar desse jeito antes!". Eles fingiam não escutar. A seguir, ela experimentou um tom queixoso, apelando à culpa deles – "*Pooooxa*, gente, *por favor*, será que podemos tentar ser pontuais amanhã?". Mas isso foi interpretado como "encheção de saco".

Por fim, ela parou com as amabilidades e deu sua carteirada de chefe. Exigiu pontualidade. "Que tal se fizéssemos assim?" foi substituído por "A gente não tem tempo pra isso. *Segue a porra do roteiro*".

Deu certo... mais ou menos. Obedeceram, embora com desdém. No encerramento dos trabalhos, eles partiam para o bar para fugir dela. Ficou todo mundo rabugento. Por fim, ela estava conseguindo produzir o programa dos seus sonhos – mas sua equipe mal falava com ela (ou um com o outro).

Então um dia, em seu último país, a Alemanha, na última semana de filmagem, um câmera local chegou no set com uma caixa de nacos de carne-seca – aparentemente, uma especialidade regional. Ele pôs a caixa no chão, e Smita falou para seu ator principal: "Se você disser suas falas como pedi, você ganha um!", brincou ela, balançando um enorme naco de carne-seca na cara dele.

Para surpresa dela, ele falou do jeito que ela queria. E, de repente, os outros homens do set perguntaram: podemos ganhar uns pedaços de carne-seca também?

Foi como se ela tivesse decifrado um código secreto.

"Agir como um deles não deu certo. Tentar conversar sobre mulheres não deu certo. Ser maternal não deu certo. Nada funcionava", relembrou Smita durante uma sessão de reclamação vespertina em minha sala. "Tentei me embonecar, tentei me enfear. Passei um dia inteiro fingindo não ser vegetariana porque pensei que talvez fosse *por isso* que não me aceitavam. Mas, no final, foi a carne-seca. A carne-seca funcionou."

A visão reducionista desta parábola seria, é claro, a de que homens podem ser treinados tal e qual golden retrievers, comportando-se apenas em vista de um delicioso petisco. E isso pode ser verdade... até certo ponto (a não ser, claro, que os homens de seu escritório sejam veganos).

Mas falando sério: a questão não é a carne. A questão é que ser chefe de qualquer jeito é difícil, mas ser chefe *enquanto mulher* mais se parece com uma corrida de obstáculos – um labirinto de estereótipos, armadilhas, e minas explosivas surpreendendo você a cada passo. Ah, ela te pediu alguma coisa duas vezes? Está *enchendo o saco*. Fez alguma exigência? Mas que *prima-dona*. Falou um pouco mais alto? Só pode ser por descontrole e *nervosismo*.

E além disso há o desafio de simplesmente tentar encontrar um estilo de liderança funcional: não autoritário demais, ou você será tachada de masculinizada, mas também sem ser feminino demais – se for mulheril demais, aí você é sensível, dramática, incapaz de tomar decisões difíceis, e vira uma babá incumbida de segurar os casacos de seus subordinados.

E assim por diante, nessa toada...

Se as mulheres tivessem aprendido a falar baixinho e carregar um grande porrete (e um pacotinho de carne-seca), talvez a revolução já tivesse acontecido. Mas enquanto isso – ou até aquela carne-seca alemã chegar aos Estados Unidos –, o melhor que podemos fazer é aguçar o olhar para perceber as armadilhas, os estereótipos e os preconceitos ocultos que temos estatisticamente alta propensão a enfrentar. E talvez criarmos um plano alternativo ao da carne-seca.

## Armadilha:
## "DETESTO TER CHEFE MULHER!"

Você pode pensar que ela se encaixa no estereótipo da chefe fria, mas provavelmente você é o colega ou subordinado que na verdade é mais crítico (e exigente) com ela pelo mero fato de ela ser mulher* – com a expectativa de que ela preencha os papéis de chefe, mãe e melhor amiga em uma só pessoa, mandando no pedaço com autoridade e dignidade enquanto ao mesmo tempo é terna, doce e compreensiva (e, de quebra, tem uma boa aparência). Não é uma *in*verdade que chefes mulheres possam exigir mais de mulheres só porque elas são uma – mas com toda a certeza é verdade, estatisticamente, que seus funcionários são mais duros com elas também só porque são mulheres.

---

* Isso mesmo: pesquisas confirmam que funcionárias medem suas chefes mulheres por padrões diferentes do que os de chefes homens.

## O TRUQUE

👊 *Femilumine-se*
Sim, os norte-americanos podem achar que preferem chefes homens – em média 33% a mais, não importando seu nível de educação, conforme estudos recentes. (Ai!) Mas ao se aprofundar nesses dados, você vai encontrar uma ressalva importante: a de que a maioria das pessoas que diz preferir chefe homem na verdade nunca chegou a ter uma chefe mulher. De fato, os que já haviam trabalhado para mulheres preferiam responder a uma chefe. Então dê uma mãozinha à causa feminista e conceda à chefe o benefício da dúvida – e lembre seus colegas de fazerem o mesmo.

**CLUBE DA LUTA FEMINISTA**

## AMBICIOSA DEMAIS

HILLARY CLINTON
CANDIDATA À PRESIDÊNCIA NORTE-AMERICANA

## A BRIGONA DA TRIBUNA

DIFÍCIL
GROSSA

SONIA SOTOMAJOR
JUÍZA DA SUPREMA CORTE NORTE-AMERICANA

## VACA CONVENCIDA

CONDOLEEZZA RICE
EX-SECRETÁRIA DE ESTADO NORTE-AMERICANA

## TEIMOSA MANDONA

RUTH BADER GINSBERG
JUÍZA DA SUPREMA CORTE NORTE-AMERICANA

## Armadilha:
## MANDONA, RECLAMONA, AMBICIOSA

No começo de 2016, se você jogasse no Google "Bernie Sanders" e "ambição", encontraria uma série de artigos sobre seus "planos ambiciosos", ensaios sobre suas "ambiciosas metas para a Saúde", e uma porção de postagens sortidas elogiando sua determinação profissional. Mas a mesma pesquisa na web para Hillary Clinton renderia bem o oposto. De mais de 1 milhão de resultados, os principais se concentrariam na sua ambição *pessoal* "vitalícia": "desabrida", "implacável", até mesmo "patológica". Numa palavra: desagradável.

Eis aí a grande armadilha para mulheres no poder: se correr o bicho pega, se ficar o bicho come. Para fazer sucesso, uma mulher deve ser apreciada, mas para que a apreciem, ela não pode fazer sucesso demais: sua capacidade de ser apreciada é prejudicada por seu status profissional. Talvez todos saibamos – ou pelo menos gostemos de dizer que sabemos – que as mulheres são líderes perfeitamente capazes. Ainda assim, em um nível profundo, inconsciente, até hoje achamos a imagem de uma mulher ambiciosa difícil de engolir. O motivo disso é compreensível: por centenas de anos, a cultura nos inculcou a imagem de homens liderando e mulheres acalentando. Então quando uma mulher vira e exibe traços "masculinos" – ambição, assertividade, às vezes até agressividade – de alguma forma a vemos como masculina demais, não achamos que "fica bem", e gostamos menos dela.

## OS TRUQUES

### 👊 Perceba e coíba o seu machismo
Todos nós – isso mesmo, todos nós – somos um pouco machistas (racistas também). É o que os estudiosos chamam de "viés inconsciente", e todos nós temos algum: é o resultado de atalhos cognitivos tomados pelos nossos cérebros. A boa notícia é que, se reconhecermos nosso machista interior, podemos controlá-lo. Então, da próxima vez que uma mulher ambiciosa lhe parecer pessoalmente ofensiva, pergunte-se: será que eu gostaria menos dela se ela fosse homem?

### 👊 Judô de gênero
Pesquisas de Amy Cuddy, professora de Harvard, demonstram: ser "afável" ajuda a desmantelar a armadilha de parecer "ambiciosa demais", porque contraria o estereótipo de mulheres ambiciosas como bruxas maléficas querendo poder a qualquer preço. Não, não deveríamos ter que fazer isso, mas trata-se daquilo que a professora de direito Joan C. Williams denominou "judô de gênero" – ou de conjugar comportamentos comunitários como simpatia, humor, empatia ou gentileza (a doçura) com agressividade ou ambição. Estudos mostram que funciona. Se você pensar nisso, a maior parte dos melhores líderes do mundo é mestre nessa arte: podem ser durões, mas também são conhecidos por seu carisma e humor.

### 👊 Que mulheres poderosas sejam o normal
Como me disse a economista Sylvia Ann Hewlett certa vez, o problema não são *as mulheres* – mas o fato de ainda definirmos liderança em termos masculinos. Então use sua doçura, sua ambição ou uma combinação das duas para *chegar ao bendito poder de uma vez por todas*. Torne a ambição um traço *feminino*. Vá trincando aquele teto de vidro aos poucos sem pedir desculpas. E quando você tiver ascendido ao topo de modo brilhante, lembre-se do seu dever de integrante do CLF: o de levar outras mulheres junto com você.

## Armadilha:
## BOAZINHA DEMAIS PARA LIDERAR

Ebonee era tudo o que uma campanha política poderia desejar em matéria de estagiária. Era inteligente: singrou o mar da graduação em três anos, formando-se como a melhor de sua turma. Tinha comprometimento: oferecia-se para ficar até tarde e ajudava os outros a terminarem seu trabalho. Era atentíssima: quando eleitores passavam pelo comitê de campanha, ela os chamava pelo nome. Mas quando foi anunciado que a campanha contrataria como funcionário um de seus estagiários, Ebonee não ficou com o cargo. O gerente de campanha justificou dizendo: "A Ebonee é boazinha demais. Não dá para levá-la a sério."

Ser boazinha *não deveria* afetar negativamente a percepção da competência de uma pessoa, porém, quando se trata de mulheres, tendemos a enxergar os dois traços como inversamente proporcionais – e quando alguma mulher tem muito de um, acreditamos que ela tem a menos do outro. Assim, quando uma mulher é simpática e legal, ou simplesmente é *descrita* desta forma, presumimos que ela seja burra, tonta ou mosca-morta – quando na verdade não temos nenhuma informação a respeito de suas habilidades.

## OS TRUQUES

### 👊 Doce como arsênico

Use a candura a seu favor – dominando a arte de ser legal e durona ao mesmo tempo. Embale suas exigências em doçura, mas faça suas exigências. Torne-se mestra em dar ordens ou pedir aquilo de que precisa em um tom agradável. Não se torne a psicóloga dos dramas do escritório e nem a Mãezona do Escritório (veja a página 89). É possível ser legal e ainda assim ser levada a sério.

### 👊 De olho no seu vocabulário

Extirpe do seu vocabulário a palavra "legal" – juntamente com todas aquelas palavras açucaradas usadas para descrever mulheres ("boazinha", "ajuda as pessoas", "sabe trabalhar em equipe"). As mulheres não só têm maior chance de serem descritas com essa linguagem, como a mesma pesquisa descobriu que essas palavras as levam a serem vistas como menos qualificadas – sendo percebidas como moscas-mortas incapazes de chefiar uma equipe. Então, da próxima vez em que você tiver a gana de descrever sua colega mulher como "simpática", experimente substituir isso por uma dessas palavras masculinas: independente, confiante, inteligente, justa.

**REPITA COMIGO:**
Só porque sou **LEGAL** não quer dizer que eu seja uma **MOSCA-MORTA**

(COPIE ISSO E PREGUE NA PAREDE DA SUA BAIA)

## Armadilha:
## VOCÊ NÃO TEM *CARA* DE ENGENHEIRA

Não demorou muito para a engenheira de software Isis Anchalee Wenger, de 22 anos, sentir a ira da internet em sua vida. Em 2015, pediram à moça, natural de San Francisco, que aparecesse em um anúncio de recrutamento de sua empresa. "Adoro minha equipe, lá todo mundo é inteligente, legal e engraçado", dizia o anúncio, junto da foto dela, que apareceu em alguns ônibus de sua cidade. O único problema foram os usuários do transporte – ou pelo menos, a parte deles que decidiu viralizar a imagem dela –, que acharam que Wenger era bonita demais para ser engenheira "de verdade". Ou talvez mulher demais. Afinal, embora muita tinta já tenha sido gasta contemplando o fato de que pessoas bonitas de ambos os gêneros ganham mais dinheiro do que a pessoa de aparência mediana, uma mulher não consegue mudar o fato de que ela provavelmente se parece... com uma mulher. Enquanto homens dominarem determinadas indústrias, ser mulher nunca será a norma.

## O TRUQUE

### 👊 Sambe na cabeça dos inimigos

Justin Trudeau é "bonitinho" – será que alguém acha que isso faz dele um político pior? Há quem diga que Mark Zuckerberg não é bonito – e ele vale US$ 35 bilhões. Você acha que algum deles precisa responder perguntas quanto a sua competência devido à aparência que têm? Isis Wenger lançou uma *hashtag*, #ILookLikeAnEngineer (#TenhoCaradeEngenheira), e centenas de engenheiras postaram fotos de si mesmas segurando cartazes que diziam: "Essa é a cara de uma engenheira." Adivinhe só: *todas elas tinham aparências díspares entre si.* Se alguém achar que você não tem cara de [preencha a lacuna], ignore-o – e continue a falar. No fim das contas, ele vai ser obrigado a ouvir as palavras que saem de sua boca em vez de te julgar pela sua aparência.

# DE 9 AO CINTO: FEMISTÓRIA DA ROUPA DE ESCRITÓRIO

Lápis de cor não incluídos.

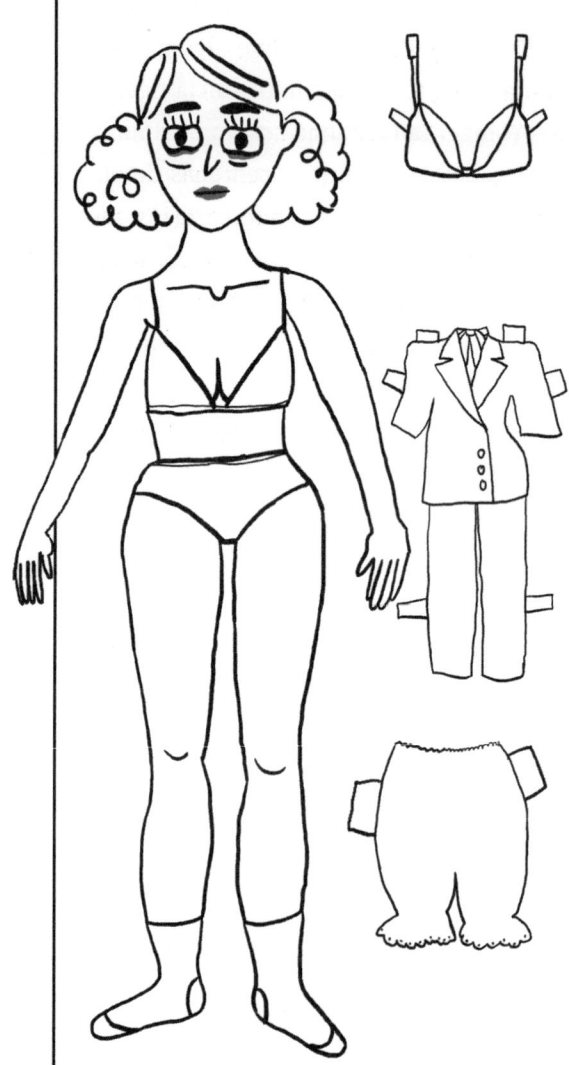

### Sutiã
Na década de 1970, a fabricante de roupas íntimas Bali lançou um "sutiã suave" cujo slogan era: "Use sutiã sem sentir que está usando." Como disse um executivo da indústria de lingerie, foi uma "atitude de peito".

### Tailleur de corte reto
Ombreiras e gravatinha tornaram-se ícones da androginia corte reto da década de 1980, pensada para disfarçar as formas da mulher, que assim não prejudicariam sua ascensão na hierarquia empresarial.

### Calçolas tipo bombacha
O nome delas em inglês (bloomers) vem de Amelia Bloomer, funcionária do correio e sufragista. Esse tipo de calçola permitiu que as mulheres se movimentassem com maior liberdade – deixando de lado as saias pesadas e as anáguas engomadas.

### Calças culotte

Parecem saias, têm caimento de saias, mas, na verdade, são... calças! As culottes surgiram no início do século XX em reação à mania de ciclismo da época. (Experimente só andar de bicicleta com uma saia de dez quilos com aro.)

### Calças

Só após 1973 as secretárias da Casa Branca dos EUA tiveram permissão para usar calças – quando a crise de energia levou a termostatos mais baixos e escritórios mais gelados.

### Minissaia

Credita-se à modista Mary Quant o pioneirismo desse estilo de saia, sendo ela famosa por comentar que a moda da década de 1960 deveria ser "agressiva, arrogante e sensual".

### Maxissaia

A maxissaia até a canela era a queridinha das donas de casa classe média dos anos 1950 para refeições ao ar livre, mas quando ressurgiu nos anos 1960 como roupa de trabalho, foi um pandemônio: os homens reclamaram de que ela acabaria com o prazer estético de olhar pernas de minissaia; um executivo de uma empresa de cosméticos ameaçou demitir uma funcionária que usava maxissaia; e um político do Sul dos Estados Unidos anunciou que expulsaria qualquer mulher que estivesse usando saia longa da sede do governo estadual.

### Saltos altos

Seus usuários originais eram os homens (aristocratas europeus, entre outros, como sinal de status), mas as mulheres adotaram os saltos no começo do século XVII como maneira de apropriar-se do poder (garotas espertas!).

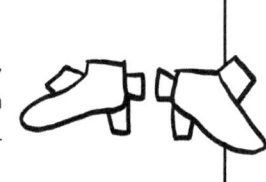

## Armadilha:
## "COMO ELA ME AZUCRINA!"

Uma das maiores conquistas políticas do movimento feminista foi a passagem da Décima Nona Emenda à Constituição norte-americana, em 1920, que concedeu direito de voto às mulheres. E mesmo naquela época, a presidente (mulher) de um grupo contrário ao voto feminino comentou que permitir que a mulher votasse seria "endossar oficialmente a *azucrinação* como política nacional". Seria até engraçado – não fosse pelo fato de que, cem anos depois, o estereótipo da mulher que azucrina, amola e "enche o saco" ainda persiste – e não apenas no lar. Um homem pede alguma coisa duas vezes no escritório? Nossa, ele deve estar precisando mesmo. Mas quantas vezes você já viu uma mulher ser chamada de "cobradora" e "insistente" por fazer exatamente a mesma coisa?

## OS TRUQUES

👊 **Encontre uma coamoladora**
Nomeie uma amiga para contribuir na cobrança. Se você conseguir que *ela* acompanhe as coisas pequenas – e fizer com que as cobranças venham de várias direções –, é uma garantia de que você não pareça estar "enchendo a paciência" de ninguém.

👊 **Cobrança multimídia**
Mude a forma como você inspeciona o trabalho dos outros. Você já mandou dois e-mails? Então tá – passe a mão no telefone e ligue para a pessoa. Se não atenderem a ligação, passe na mesa dela. É mais difícil ignorar alguém que está bem na sua frente.

👊 **Todo dia uma amoladinha**
Lembre-se: é impossível ser demitida por cobrar as pessoas (em especial se seu trabalho for *justamente* cobrar desempenho delas). Então se há uma tarefa pendente, e a pessoa que deveria estar cuidando dela não está fazendo isso, comunique prazos, indique quais as consequências por desobedecê-los, e por fim, exija que sejam cumpridos. Se você não estiver em posição de exigir, e está com vergonha de pressionar de novo, empregue o mantra que discutiremos na parte seis: OQJF: O que Josh faria em meu lugar?

## Armadilha:
## "QUE LOUCA!"

*FALA ALTO*
*NÃO SORRI*
*TEM OPINIÕES*
*DIAGNÓSTICO:*
*HISTÉRICA*

"Histeria" já foi o diagnóstico médico generalizado para uma mulher com "problemas" – usado para "explicar" qualquer coisa, desde ansiedade e insônia até falta de desejo sexual.* No entanto, o tropo da mulher "louca", "desequilibrada", "emotiva", "destemperada" e "histérica" persiste: é uma resposta machista padrão para aquela ex que parou de te ligar, a mulher que ousou dar uma ordem no escritório, ou qualquer uma em Hollywood que – nas palavras de Tina Fey – "não para de falar, mesmo depois que ninguém mais quer trepar com ela". Não há provas conclusivas para a teoria de que mulheres sejam *de fato* mais emotivas no trabalho. Mas há pesquisas que indicam: a emoção feminina é *percebida* de forma diferente do que a masculina.

---

* Em certos casos, os médicos homens "resolviam o problema" estimulando as mulheres com um vibrador rudimentar. Ah, a "ciência"!

## OS TRUQUES

### 👊 "Como é que é?"

Eu diria para respirar fundo e tentar se acalmar, mas é justamente essa a questão: isso acontece quando as mulheres *estão absolutamente calmas*. Então, da próxima vez em que um colega insinuar que uma mulher é "louca", faça-se de sonsa. Diga: "Não entendi por que esse comentário. Me explica?" e jogue no colo *deles* o ônus de se embolar com a explicação.

### 👊 Diagnóstico: paixão pelo trabalho

Pesquisas mostram que, quando uma mulher expressa emoção no trabalho, as pessoas presumem que seja "culpa dos hormônios", enquanto os homens simplesmente são interpretados como "apaixonados" pelo trabalho. Se você *estiver* emotiva – não digo no sentido de "estar menstruada e chorando no escritório", mas exprimindo sentimentos legítimos sobre algo que aconteceu no trabalho –, tente explicar o *motivo* daquela emoção (literalmente: "Estou com raiva porque você fez a maior merda no projeto"). Isso faz com que a emoção seja vista como proveniente do *trabalho*, não de você.

## Armadilha
## "VOCÊ ESTÁ MUITO ALTERADA!"

Nos Estados Unidos, o estereótipo da Negra Mal-Humorada é um tropo constante: ela é hostil, estridente, autossuficiente até demais. Ele existe na cultura pop, em nossos escritórios, e até mesmo na vida pública. Você se lembra do grupo de mulheres afro-americanas expulsas de um tour de vinhos no Vale Napa por falarem "alto demais"? E quanto ao perfil de Shonda Rhimes no *New York Times*, no qual a autora ponderava se a titã televisiva aplaudida por suas personagens negras fortes poderia intitular sua autobiografia de *How to Get Away with Being an Angry Black Woman* (*Como ser uma negra mal-humorada impunemente*)?

A ameaça desse estereótipo é redobrada: se elas já são percebidas como "mal-humoradas" – e pesquisas mostram que são* – então as negras são mais passíveis de serem vítimas da armadilha da "agressividade exacerbada", sendo penalizadas pelo mesmo comportamento que é recompensado nos homens. Conforme a jornalista Huda Hassan explicou num artigo para o BuzzFeed, "enquanto mulher negra, quando estou em público fico hiperpreocupada com meus atos, tom e palavras, por medo de parecer brava demais".

---

* Em um estudo realizado pela psicóloga Roxanne Donovan, pediu-se que universitários brancos descrevessem a típica mulher negra e a típica mulher branca a partir de uma lista de adjetivos fornecida. Digamos que "estridente", "tagarela" e "durona" só se aplicavam a um dos grupos.

## OS TRUQUES

### 👊 Deixe registrado
No caso de Rhimes, houve um grande clamor para que o *Times* se retratasse pelo artigo, mas ela preferiu deixá-lo como registro – como uma espécie de documento histórico. "Nesse mundo que percebemos como tão igualitário entre os gêneros, e [em uma sociedade] tão pós-racial (...) esse é um excelente lembrete do racismo casual e de uma bizarra misoginia por parte de uma mulher em um jornal que costumamos considerar tão esquerdista", disse ela.

### 👊 Tenha uma boa resposta na ponta da língua
Chame isso de abordagem Amandla Stenberg: quando a atriz adolescente foi chamada de "brava demais" no Twitter, ela respondeu o seguinte: "Sou uma pessoa com opiniões fortes. Não brava." O que ela talvez tenha empregado sem saber foi o truque aconselhado pela professora de direito Joan C. Williams em seu livro *What Works for Women at Work*: que, para desmantelar o estereótipo da mulher brava descontrolada, pode ser uma boa tática reenquadrar a emoção como algo que não raiva (ou justificá-la com bons argumentos). Stenberg reenquadrou seu comportamento como "ter opinião"; já no escritório, Williams aconselha atrelar toda emoção a uma meta profissional coletiva. Então, se ele disser: "Não entendi por que você ficou tão *brava*", você diz: "Não estou *brava*. Estou *preocupada* com nosso progresso no cronograma do projeto."

## ✊ Não se zangue: se vingue

Quer dizer, tenha um número justo de mulheres negras em seu escritório, na proporção da população. Quer isso signifique fazer circular um bom currículo ou fazer um esforço para apoiar moças negras, essa tarefa não deve caber apenas às minorias do escritório. Quanto mais diverso for seu escritório, melhor ele vai ser – e, de repente, ser "brava" vai passar a ser visto pelo que é: na verdade, ninguém ali está nem um pouco "alterada".

## Armadilha:
## "SORRIA!"

Breve histórico de caras pedindo a moças para *dar um lindo sorriso*: Hillary Clinton, depois de uma importante vitória nas primárias. ("Sorria", tuitou o apresentador da MSNBC Joe Scarborough, "você acabou de ter uma ótima noite.") Serena Williams, depois de uma partida extenuante no U.S. Open (Repórter: "Você acabou de ganhar o jogo. Normalmente a pessoa sorri quando ganha... o que você tem?"); e, provavelmente, em algum ponto da vida, *você*. Pode te surpreender, mas não é *obrigatório* as mulheres sorrirem todos os minutos de todos os dias (e nem sempre estamos tão felizes assim). Ainda assim, há uma ideia persistente de que, se não estivermos sorrindo, algo deve estar muito mal. (Será que ela está brava? Chateada? De TPM? Ou será que simplesmente é alguém que tem aquela Cara de Emburrada?)

**CLUBE DA LUTA FEMINISTA**

## O TRUQUE

A abordagem da série *Broad City*:

**ELE:** Sorria!

**VOCÊ:** [Põe um dedo do meio em cada canto da boca e estica os lábios para cima.]

CAMPO MINADO PRAS MINAS

# PROCURA-SE
## MULHER NÃO SORRIDENTE

P 2481

P 2481

MULHER NÃO SORRIDENTE
IDADE: 28
ALTURA: 1,66m
OLHOS: CASTANHOS
EXPRESSÃO: AMUADA

VISTA PELA ÚLTIMA VEZ: OLHANDO FEIO PARA COLEGA DE TRABALHO HOMEM
CRIME: TER CARA DE EMBURRADA

SE VOCÊ TIVER QUALQUER INFORMAÇÃO QUE LEVE A ESTA SUSPEITA, FAVOR LIGAR PARA O RH IMEDIATAMENTE

## Armadilha:
## "NÃO HAVIA CANDIDATAS QUALIFICADAS"

A esta altura, você já me viu dizer: ser uma mulher que trabalha significa ter que trabalhar o dobro e ser boa em dobro apenas para ser vista como equivalente a um homem no mesmo nível da hierarquia que ela. Mas ser mulher não branca é enfrentar uma ameaça dupla: os ônus do gênero e os da raça, combinação com a qual as chances de ficar para trás em relação a um homem triplicam, quadruplicam ou quintuplicam. Estudos mostram que mulheres negras, hispânicas e asiáticas são, na verdade, *mais* ambiciosas do que as brancas – e ainda assim, não param de relatar suas frustrações quanto ao progresso na carreira. E como não estariam frustradas? As barreiras começam antes que tenham *sequer chegado à porta*, pois candidatas a emprego com um "nome que evoca negritude" tinham que ter *oito anos de experiência a mais* para poder obter o mesmo número de empresas interessadas que alguém com um currículo idêntico, mas com um nome que "parece de branco".

## O TRUQUE

👊 **Procure mais**

Para as chefes: não fiquem paradas falando sobre diversidade – recrute-a. Ou, melhor ainda, criem um processo de seleção às cegas. A comediante Samantha Bee usou um para seu programa de fim de noite, e o resultado foi uma equipe inicial cuja metade era feminina e tinha 30% de não brancos (e, além disso, um programa excelente). J. J. Abrams, diretor do último *Star Wars*, instituiu uma política em sua produtora que requer que qualquer grupo de roteiristas, diretores, atores ou produtores represente a distribuição de gêneros e raças nos Estados Unidos – o que significa cerca de 50% de mulheres, 12% de negros, 18% de hispânicos, e 6% de asiáticos. "Não há candidatas qualificadas" deixou de ser uma desculpa válida.

## Armadilha:
## A ÚNICA MULHER DA SALA

"Às vezes as pessoas me perguntam: 'Quando? Quando você acha que vai ser suficiente? Quando vamos ter um número suficiente de mulheres no tribunal?' E eu respondo: 'Quando elas forem nove.'"

— Ruth Bader Ginsburg, juíza da
Suprema Corte norte-americana

As ex-vice-chefes de gabinete da Casa Branca Nancy-Ann DeParle e Alyssa Mastromonaco chamavam isso de "síndrome de Smurfette": trabalhando na Casa Branca de Obama, brincavam que se achavam as "Smurfettes" da administração, com base na única personagem feminina do desenho animado *Smurfs*, criada por acidente e habitante de uma aldeia só de Smurfs machos. Mas, na vida real, essas solitárias Smurfs fêmeas – mesmo que você não seja literalmente a única – são um fato significativo, pois pesquisas mostram que é necessário certo número de mulheres para se obter impacto em uma sala de maioria masculina. Sem esse número? As mulheres falam menos, têm menos influência, e as pessoas tendem a pensar que, porque estão falando *enquanto* mulheres que são, estão falando por *todas* as mulheres. Sem pressão, não é?

## O TRUQUE

👊 **Apoie sua sororidade local**
Ou seja, a que existe em seu escritório. Olhe ao redor. Quantas mulheres você vê? O objetivo é chegar, *no mínimo dos mínimos*, a um terço. Este é o ponto da "massa crítica", nos termos de alguns estudos de psicologia, em que a perspectiva de uma mulher tem maior probabilidade de ser ouvida e suas opiniões menos chances de serem percebidas como representantes de todo o seu *gênero* (ou de seu gênero *e* raça), em vez de como opinião dela. Lembre-se: homens brancos são apenas 31% da população norte-americana. Não há situação na qual eles devam constituir a maioria de pessoas numa sala. Portanto, seja informando seus chefes, seja fazendo circular o currículo de outra mulher, seja afixando de forma anônima uma lista de motivos pelos quais um escritório equilibrado entre gêneros é de fato *melhor* (consulte a página 28) – faça o que estiver ao seu alcance para passar a seus superiores o recado de que precisam se esforçar mais.

## Armadilha:
## EM BUSCA DE UM MENTOR

"Você não precisa ter mentores parecidos com você. Se eu ficasse à espera de uma mentora negra especialista em União Soviética, estaria esperando até hoje."

— Condoleezza Rice

Ter alguém te aconselhando sobre carreira é importante para todos – mas para mulheres costuma ser crucial, porque desde a largada já estão em desvantagem. Mas há uma crise de abastecimento no que diz respeito a orientadores desse tipo para as mulheres, e não apenas porque dois terços dos executivos homens hesitam em ter reuniões a sós com mulheres subordinadas ou mais jovens (porque isso pode ser mal interpretado). As mulheres tendem a buscar outras mulheres como mentoras, o que é ótimo – exceto pelo fato de muitas de nós ainda trabalharmos em locais em que, na maior parte dos casos, os homens estão no comando.

## O TRUQUE

👊 **Conselho administrativo personalizado**

"Mentor" pode ser o jargão de negócios queridinho do momento, mas as pessoas não *estreiam* no mercado já tendo mentores – essas são relações que se desenvolvem com o tempo. O que fazer então se você está só começando? Uma ideia: funde um grupo de mentoras. Uma amiga tem um, que chama de seu "conselho administrativo personalizado", em que todas ponderam e dão conselhos sobre as decisões e dilemas umas das outras. Um conselho administrativo pessoal (*ou um Clube da Luta Feminista, aliás*) não requer que você procure alguém específico para "ser seu mentor" – e é uma tarefa menos pesada: você está repartindo os conselhos (e dando alguns em troca também).

# MULHER BUSCA CONSELHO ADMINISTRATIVO PARA CONSELHOS CASUAIS E MENTORIA

**okcupid**

♡ Combinações [1]
💬 Mensagens [0]
👥 Visitantes [3]
⭐ Combinações instantâneas [1]
📅 Eventos

Jessica
34 anos,
Brooklyn, NY
Jornalista

Procura:
Mulheres ou homens
Idade: 18-100
Área: 3.200 km
Para: Conselhos profissionais casuais

**OPORTUNISTA IGUALITÁRIA**
Procuro diversidade de raça, orientação sexual e gênero. Sem preferências etárias.

**NÃO PROCURO AMIZADES**
Precisa saber dar conselhos pragmáticos sobre diversos tópicos profissionais.

**RELAÇÃO NÃO EXCLUSIVA**
Saiba que você não é a única pessoa no meu conselho pessoal.

**DEFININDO A RELAÇÃO**
Não pedirei para você usar uma aliança, mas quero que esteja tudo bem em te pedir conselhos com uma frequência semirregular.

**PROIBIDO TOMAR CHÁ DE SUMIÇO**
É importante manter contato.

**RELAÇÃO RECÍPROCA**
Quero retribuir o favor – ajudando você sempre que precisar. O que diferencia um membro de conselho pessoal de um mentor é que vocês costumam se aconselhar *mutuamente*.

**SEM FOTO DE PINTO**
Vamos manter a classe, né?

## Armadilha:
## "MULHER ADORA FOFOCAR!"

Claro, às vezes as mulheres se aglomeram ao redor da cafeteira ou sentam para bater um papo na sala de reuniões. Sim, em certas ocasiões, elas podem estar conversando sobre coisas não relacionadas a trabalho. Isso não é errado – socializar é essencial para a carreira. No entanto, são mulheres, e não homens, que costumam ficar malvistas por "papearem demais" no trabalho,* e basta vê-las juntas para já presumir, de alguma forma, que a conversa "não é tão séria" (ou que estão prestes a se engalfinhar numa briga). No contexto do escritório, até mesmo atitudes inocentes como dar telefonemas frequentes – ou se aglomerar próximo ao bebedouro – têm maior chance de serem chamadas de "fofoca" se forem realizadas por mulheres.

## O TRUQUE

SOBRE O QUE AS MENINAS ESTÃO FOFOCANDO?

NOSSA, VOCÊ OUVIU QUE A SHARON LEVOU PRA CASA... UM BÔNUS POR TER DOBRADO AS VENDAS NO TRIMESTRE PASSADO?

FOFOCA QUENTE!

---

* A ironia é que, na verdade, os *homens* falam mais.

## Armadilha:
## "SERÁ QUE ESTOU CONFIRMANDO O ESTEREÓTIPO?"

Você é contratada por uma empresa que vive propalando seu compromisso com "diversidade", mas você é uma das poucas mulheres na equipe. Dia após dia, você se vê em salas de maioria masculina e branca, passando por eles nos corredores, ouvindo pedidos para ajudá-los em seus projetos, e de repente você começa a pensar se estão te olhando estranho, te escrutinando, porque você é a única *diferente* no recinto. Um dia, um deles questiona seu trabalho. Outro pergunta, inocentemente ou não, "Você nasceu aqui ou é *de fora*?". A pressão vai aumentando e você começa a duvidar de si mesma. Você está brava, irritada, mas também aflita: *simplesmente não pode errar, ou vai provar que o estereótipo está certo*. Você precisa ser *invencível*. Aí comete um pequeno erro e começa a espiral de preocupação. É uma espécie de síndrome de Estocolmo institucional, só que pior: uma mistura de síndrome da impostora (fenômeno no qual mulheres e minorias de ótimo desempenho sentem que não fazem parte de um lugar), incluída aí a ameaça do estereótipo (medo de confirmar o pior estereótipo que têm sobre você – e por isso seu desempenho acabar caindo); assim como machismo e racismo *reais* (sim, muitas vezes mulheres e minorias *são mesmo* cobradas conforme um padrão mais exigente – seus erros são mais notados e mais lembrados).

## OS TRUQUES

👊 **Caratê verbal**
Arme-se de fatos. Equipes diversificadas dão mais lucro, produzem mais e colaboram mais. Isso não é especulação e sim ciência: a sua própria *presença* fortalece a equipe como um todo.

👊 **Acredite no seu próprio *hype***
Especialmente se você não estiver recebendo a afirmação externa que você merece. Uma das formas de se fazer isso é escrevendo afirmativas – comprovadamente, isso aumenta a confiança e melhora o desempenho. Anotar seus sucessos também é um bom método – de forma que você possa contemplá-los sempre que sentir uma pontada de insegurança. É essencial se recordar das coisas fodas que você fez para acabar com a vozinha da negatividade em sua cabeça (ou, conforme diz minha amiga Tanya Tarr, *coach* de carreira: "A voz da negatividade não paga seu aluguel, então chuta essa parasita pro olho da rua!").

## 👊 Feminspiração

Tenha uma foto (ou cinco) de uma mulher que seja seu modelo de vida, especialmente se tiver formação e histórico parecidos com o seu. Não, não precisa fazer a bizarrice de puxar uma foto amarrotada da bolsa – guarde-a no seu celular. Olhe para ela antes de entrar naquela reunião importante ou naquele evento que causa tanta ansiedade: este truque simples pode ajudar mulheres a melhorar suas falas em público e seu desempenho.

## 👊 Foi subestimada? Use a seu favor

Toda e qualquer estimativa para menos do seu talento pode ser usada a seu favor. Mande muito bem ao cumprir a tarefa, vença a negociação de goleada, coloque seu oponente intelectualmente no chinelo enquanto ele estiver atônito, tentando recuperar o fôlego. Se te subestimam, que isso vire sua arma secreta. Depois, basta rodopiar sua cadeira de escritório, olhá-los nos olhos e dizer, com toda a educação: "Rá!" (Além disso, anote bem todas as vezes em que você mandou muito bem, de forma que, se seu chefe não tiver certeza de que você está pronta para ser promovida, basta anexar o arquivo para comprovar. Escreva no "Assunto": Mulher é destruidora mesmo!)

## Armadilha:
## "ESTÁ VELHA DEMAIS"

"Tenho tantas questões quanto a envelhecer enquanto mulher", disse, no palco, a comediante Jena Friedman. "Tipo, como é que vou poder chamar um táxi quando eu ficar... *invisível*?" A lógica da Mulher Invisível existe pelo seguinte: vivemos num mundo onde as mulheres ainda são vistas como objetos sexuais; onde a aparência rende benefícios no escritório (para mulheres e homens); e onde a *juventude* parece ser o requisito básico da beleza (por que mais gastaríamos tanto com botox?). O preconceito etário afeta ambos os gêneros – porém mais as mulheres. (Por que homens com cabelo grisalho são considerados "distintos", enquanto as mulheres são simplesmente vistas como velhas?) É por isso que atores homens têm o pico da carreira aos 46 anos, enquanto que atrizes são vistas como acabadas aos 30, e por isso contratantes dizem abertamente que hesitariam em contratar um candidato "qualificado, mas visivelmente mais velho" (especialmente se for uma candidata). Tudo isso deixa as mulheres, conforme disse Deborah Rhode, professora de direito de Stanford, "não apenas eternamente preocupadas com a aparência, como também preocupadas com sua preocupação".

**CLUBE DA LUTA FEMINISTA**

NÃO CONDIZ COM A MINHA IDADE?

QUE **MERDA** SEM SENTIDO!

'CONDIZER COM IDADE'

QUE IMPORTA MINHA IDADE?

O MAR É VELHO PRA CACETE

AINDA ASSIM TE AFOGA FÁCIL, FÁCIL

## O TRUQUE

👊 **Ligue o foda-se**
Dever de casa: assistir ao esquete de Amy Schumer, "*Last Fuckable Day*", em que Tina Fey, Julia Louis-Dreyfus e Patricia Arquette comparecem ao funeral da vagina de Julia (e, portanto, de sua empregabilidade). É uma paródia, claro, da forma como tratamos as mulheres de uma certa idade. Mas, infelizmente, para as outras mulheres, não é uma opção real virar um copo de sorvete derretido goela abaixo, deixar os pelos pubianos crescerem, e sair remando em direção ao pôr do sol. Não há um jeito fácil de dissipar a questão etária baseado em gênero, e o pior é que ele está muito enraizado. Mas a boa notícia é que, com a idade, vem a confiança: talvez, ficar livre e não dar a mínima para o que as outras pessoas pensam. Quanto ao resto de nós, não esqueça: nossa base é o esforço das mulheres que nos precederam.

## Armadilha:
## O TOMBO DO "PRECIPÍCIO DE VIDRO"

Carly Fiorina assumiu a Hewlett-Packard pouco antes do estouro da bolha das empresas de tecnologia. Anne Mulcahy teve a chance de ser a primeira presidente mulher da Xerox – justamente quando a empresa estava sendo investigada pela comissão de valores mobiliários dos Estados Unidos. O que essas líderes têm em comum? São mulheres. E elas receberam responsabilidades exatamente quando a coisa começou a feder. Ou seja: quando fracassaram – um fracasso quase inevitável –, o problema virou "culpa delas", não das circunstâncias.

Trata-se de um fenômeno psicológico conhecido como "precipício de vidro", em analogia com o "teto de vidro": a noção de que as mulheres e pessoas não brancas têm maior chance de receberem cargos de liderança quando uma organização está com problemas, e depois de não conseguirem resolver o problema, são criticadas ou demitidas do cargo (com mais frequência, e num tempo menor, do que seus colegas homens e brancos). Os estudos sobre o precipício de vidro tratam apenas de executivas, mas é possível ver como essa armadilha pode afetar também mulheres em pontos mais baixos da hierarquia. Os caras de vendas não decidiram o que pedir pro almoço, e agora estão todos famintos e mal-humorados? Bota uma mulher pra consertar! O relatório de marketing está ilegível? Chamem uma mulher! Uma mulher não apenas sinaliza uma mudança de direção para uma missão problemática, como também nós somos as *melhores* em arrumar a bagunça que outros fizeram (né não, meninas?). E quando não conseguimos transformar esse "pepino" em uma bela salada – é claro –, vão pôr a culpa em *nós*, não no contexto problemático.

## TRUQUE

👊 **Use paraquedas**

Seja a motorista do ônibus, não a pessoa atropelada por ele. Responsabilize-se pelos erros que acontecerem com você no comando – mas *não* se responsabilize pelos que não forem sua culpa. Pesquisas mostram que mulheres têm maior probabilidade de assumir a culpa de qualquer modo; que somos julgadas com mais severidade do que os colegas homens quando as coisas dão errado; que somos consideradas "boas" em assumir a culpa porque somos mulheres. Não ceda nesse ponto. Negocie metas claras antes de aceitar qualquer cargo ou missão, de forma que você saiba exatamente o desempenho e resultados que as pessoas esperam de você. Guarde comprovação detalhada – anotações, estatísticas, e-mails – que possa ser usada para contar como a história aconteceu *de verdade*, e não se esqueça: algumas das provas podem ser *anteriores* à sua chegada (é a abordagem Chris Christie: "Você tinha que ver esse lugar *antes de eu chegar aqui!*"). Quanto mais você coletar dados objetivos e quantificáveis, mais será capaz de formular uma defesa impecável em caso de "insucesso". E se de fato você chegar a fracassar, concentre-se em achar soluções: "Sim, isso aconteceu, eis o porquê, e é assim que vamos consertar."

## MENINAS CRESCIDAS NÃO CHORAM?
### Claramente foi um homem que escreveu essa música.

"As regras mudaram. Você PODE chorar no trabalho - na verdade, precisa chorar no trabalho. Na verdade... faça o favor de pensar nisso como 'dia de levar suas lágrimas para o trabalho'. Oras, já que estamos falando disso, '#diadetrazersuavaginaprotrabalho' é todo dia. Você vai precisar dela."

— Jill Soloway, criadora de *Transparent*

Alguns lugares em que chorei recentemente:

- Na cama. Essa você já conhece.
- No banheiro do meu escritório *coworking*, de cócoras, no chão.
- Em um telefone público que cheirava a mijo.
- Em frente ao espelho, tentando aplicar maquiagem, mas chorando todas as vezes em que o pincel tocava o olho, produzindo borrões negros que tinham um quê de sombrio e sensual.
- Assistindo a um vídeo no YouTube que depois percebi ser um *conteúdo patrocinado* encomendado pela Microsoft. Aí fiquei mais deprimida ainda.
- Em todo tipo de transporte público: aviões, carros, trens, metrôs, ônibus, táxis. E também caminhando e pedalando de bicicleta.
- Do lado de fora do consultório do meu terapeuta, que fica ao lado de uma clínica de DSTs, o que sempre me pareceu uma declaração pública e tanto.

- No chuveiro, sentada, pensando se ia pegar alguma infecção vaginal terrível por me sentar no chão de azulejo.

Naturalmente, já que não só sou de chorar com frequência (tive um término de relacionamento traumático, tá?), mas também jornalista por profissão, comecei a perceber e a tomar nota de tudo o que consegui encontrar sobre choro. Em que locais as pessoas choravam em público. Se as outras as encaravam durante o choro. Onde era socialmente aceitável chorar. A história do choro (você sabia? O ser humano é uma das poucas espécies que chora lágrimas de emoção). E, é claro, o debate interminável sobre se é adequado ou não mulheres chorarem no trabalho.

Existem muitos "conselhos" por aí sobre o assunto: a maior parte é especulativa, poucos têm base em dados concretos, a maioria diz que você precisa evitar as lágrimas se não quiser passar a impressão de ser totalmente patética. "Ao chorar, você está abrindo mão do seu poder", disse a apresentadora Mika Brzezinski, recordando ao *Huffington Post* em 2014 que havia chorado ao ser demitida da CBS. Ou, como disse Frances Hesselbein, antiga presidente das Girl Scouts: "Lágrimas devem ficar só na família."

Mas devem mesmo?

Há algumas razões na história antiga para ser socialmente aceitável que os *homens* chorem: lágrimas de fervor religioso, heroico ou patriótico (diz-se que membros do Parlamento Britânico choraram tanto que mal conseguiam falar). Ainda assim, as lágrimas *das mulheres* é que são vistas como problemáticas: manipuladoras (Públio Siro, autor latino, observou: "As mulheres aprenderam a derramar lágrimas para melhor poderem mentir"); como ferramenta no arsenal de astúcias femininas (dizia um antigo provérbio: "Uma mulher usa suas lágrimas como se fossem joias"); ou como sinal de que somos incapazes de aguentar as pressões que vêm com o poder.

Até hoje, não tem cenário em que a gente vença. Chore demais e você vira "a emotiva", a moleirona cuja acurácia intelectual e comercial é empanada pela emoção. Mas se algo triste acontecer e você *não* chorar... eita. Que vaca sem coração. Se você conseguir de alguma forma ficar no meio-termo... bem, *uma vez*, Hillary Clinton conseguiu isso. Quando seus olhos marejaram de lágrimas em New Hampshire em 2008, depois de lhe perguntarem como ela estava se sentindo, ela venceu naquele estado. Mais de um "entendido" no assunto atribuiu a vitória à sua demonstração de emoção "pouco característica".

Mas é fácil ver que isso foi um golpe de sorte. De algum modo, por acidente, Hillary acertou no alvo quase impossível do "socialmente aceitável" em matéria de choro de mulher (que chegou até a merecer estudo científico). Entre as características: ela estava chorando, mas sem fungar e soluçar; derramou lágrimas, mas não mais que uma ou duas. *Tecnicamente*, ela estava no trabalho – afinal, ela é política – mas suas emoções não *diziam respeito* tanto ao trabalho, mas sim a algo *pessoal*. Além disso, o choro acabou rápido; ela não estava chorando durante uma reunião ou análise de desempenho (ufa!); e o choro não foi disparado por pressão profissional imediata (nem por um desacordo com um colega).

Essas coisas podem ser, pois é, meio difíceis de alcançar quando você está vivendo o momento, e por isso é que existem tantos conselhos sobre como supostamente *impedir* o choro de começar: projetar o seu queixo para fora, mastigar um chiclete, beber água, se aplicar beliscões (sério?), ou até mesmo fazer abdominais. Tudo bem, mas, *na verdade*, o que isso quer dizer é que vamos terminar nos escondendo no banheiro ou agachadas embaixo de um lance de escadas. Colocando óculos escuros ou fingindo que tomamos chuva. Pondo a culpa em nossa alergia. Ou simplesmente vamos correr lá fora e fazer o que minha amiga Alfia chamava de "tirar uma lágrima do joelho" – bem rapidinho –, depois voltar e fingir que não aconteceu nada.

Ou... vou dar uma ideia bem louca: que tal se simplesmente *chorássemos*?

Poderíamos chorar porque, às vezes, acontece, porque todos podem superar tamanho acontecimento, porque somos mulheres adultas e profissionais que têm um histórico de bom trabalho a seu favor, e porque as outras mulheres do escritório certamente já se esconderam no banheiro pra chorar também.*

Poderíamos chorar porque chorar *faz bem*: baixa o colesterol e melhora a pressão alta, ajudando o sistema imunológico *e* o humor. Poderíamos chorar porque, se por um lado a frequência com que choramos talvez seja culturalmente instilada – quando pequenos, meninos e meninas choram de forma equivalente, o que pode nos levar a crer que é só *depois* que meninos aprendem que *não devem* chorar que passam a se cercear – de qualquer modo, ainda somos nós as que mais choramos. (Segundo William Frey, pesquisador de lágrimas – sim, isso existe! –, as mulheres choram quatro vezes mais do que os homens, em média cinco vezes por mês. Além disso, choram por mais tempo.)

Poderíamos chorar porque – adivinhe só – nossos malditos *canais lacrimais* são anatomicamente mais rasos, levando a um transbordamento que deixa nossas lágrimas mais *visíveis* (e, presume-se, bem mais difíceis de suprimir).

Ou poderíamos chorar porque às vezes chorar é nosso jeito de exprimir frustração, e porque o trabalho pode nos decepcionar, e porque quando os *homens* ficam frustrados no trabalho, eles ficam *bravos* – e ninguém escreve artigos sobre isso.

Então digo a você para *chorar mesmo*. E chorar em público! Listo aqui alguns dos lugares preferidos para fazer isso.

---

* Ideia para programa de TV de minha amiga Hillary Buckholtz: um talk-show tipo *Oprah* filmado em compartimentos de banheiros empresariais. Não é preciso uma produtora correndo atrás de participantes: basta entrar a qualquer momento no banheiro para encontrar uma mulher chorando sentada no vaso sanitário (geralmente, no compartimento para deficientes). Hillary está disponível, contratem-na!

## Uma análise do CLF:
## OS MELHORES LUGARES PARA CHORAR EM PÚBLICO

### EM DESFILES

Desfile da Parada do Orgulho LGBT. Desfile de Sete de Setembro. Desfile de bloco de Carnaval. "Qualquer que seja o desfile, lá estou eu assistindo nas laterais, de óculos escuros, discretamente enxugando lágrimas do rosto", diz Sarah Jayne, fundadora de uma *start-up*. Se você por acaso cruzar com algum desfile no caminho para o trabalho, abrace o momento.

### EM TRANSPORTES PÚBLICOS

"Aviões parecem muito românticos, mas trens também podem ser ótimos", revela uma amiga. "Terminei um relacionamento de seis anos e me meti num trem para Nova Jersey. Solucei tanto que fiquei sem fôlego. Ninguém nem pareceu perceber!"

### NA ACADEMIA

Hoje em dia o fluxo de lágrimas na academia é livre, e ele pode até se intensificar durante sua aula de spinning aquático, numa espécie de coreografia sincrônica. "Já tive aulas onde as pessoas choravam enquanto se exercitavam de quatro", me disse recentemente Taryn Toomey, executiva de moda que virou instrutora de ginástica. "É um fenômeno em toda parte." Então suba nessa esteira ou monte nessa bicicleta ergométrica e se debulhe em lágrimas à vontade.

### NA YOGA (MELHOR AINDA: NA BIKRAM YOGA)

"Exercícios para abrir o quadril são feitos para mexer com nossas emoções, pois os *yogis* creem que nossa bagagem emocional se acumula em nossos quadris", disse a instrutora de Yoga Kristin Esposito. E se for "bikram yoga"? Melhor ainda. Você já estará basicamente suando pelos olhos.

### EMBAIXO DE MONUMENTOS PÚBLICOS

Um ótimo local para você fingir que simplesmente foi tomada por um fervor patriótico, se, por acaso, tiver algum desses a uma curta distância de sua mesa.*

### NO SEU CARRO

"Tenho muita inveja de gente que mora em cidades onde se precisa ter carro, como Los Angeles, onde todas podem desfrutar de uma bela chorada cruzando a estrada 405, o sonho de muitas mulheres", diz Kerry O'Brien, curadora do *NYC Crying Guide*, blog praticamente autodescritivo – um guia de lugares para se chorar em Nova York. (Vá conferir, caso ainda não o conheça: cryingnewyork.tumblr.com.)

### NO CHUVEIRO

Talvez o local para chorar mais romântico de todos, e ainda que possa não ser de grande valia se você sentir vontade de chorar em público, o chuveiro possui um quê de emo. O objetivo é ser a capa do álbum da sua própria infelicidade.

---

\* Aviso, no entanto, que provavelmente você estará chorando aos pés de um homem. Em 2011, das 5.193 esculturas expostas em público a céu aberto nos Estados Unidos, somente 394, ou menos de 8%, eram de mulheres.

MAIS BAIXO!
MAIS ALTO!
MENOS AGUDA!
MAIS ROUCA!
AINDA NÃO CONSIGO TE OUVIR!

Parte quatro

# APRENDENDO A FALAR BEM

*Ou: Os desafios de FALAR SENDO MULHER*

Bill Hoogterp me propõe uma brincadeira com bebida. Ele diz para escolher meu refrigerante preferido, encher um copo pela metade com ele, e encher a outra metade com água. "Prove só", diz ele, durante o intervalo de seu curso prático sobre como falar em público. Provo. É um gosto horrível, de refrigerante dormido e choco, cujo gelo já derreteu.

Bill explica que a gente se parece com uma Pepsi aguada quando salpicamos nosso discurso com expressões fracas como "tipo" e "hã...". Isso dilui a força de nossas palavras. Nos 15 minutos seguintes, toda vez que eu usar alguma palavra ou expressão fraca – "tipo", "cê sabe", "sei lá, né", "então", "efetivamente", "só", "quer dizer" (noutras palavras, *todo o meu vocabulário*) –, vou ter que tomar um gole. "Não sei se eu gostei dessa...", começo falando. *Beba um gole!* (A expressão-muleta "não sei se".) "Peraí, mas o que se entende por 'muleta'..." *Beba outro!* (A muleta nesse caso: "peraí.") "Ah, cara, isso é meio que..." Eu me interrompo antes que tenha que beber mais.

Bill me diz que a coisa mais importante que uma pessoa pode fazer para melhorar sua comunicação é eliminar a linguagem diluída. "Cortaria o tempo das reuniões pela metade", acrescenta ele.

Bill fundou uma organização chamada Own the Room [Domine o ambiente], que já orientou pessoas como a atriz Molly Ringwald, a presidente do conselho da Dreamworks, Mellody Hobson, e a autora de *Faça acontecer*, Sheryl Sandberg, quanto à arte de falar em público (juntamente com a linguagem corporal). Desde que fundou a organização junto de sua esposa, ex-engenheira, ele viajou o mundo todo realizando oficinas para mulheres e homens em centenas de empresas internacionais. Ele não começou a carreira como palestrante de oratória, mas como ativista – até que percebeu como poderia ser muito mais eficaz se aprendesse a projetar melhor sua voz (e sua mensagem).

"DESCULPE INTERROMPER, E DEVO ESTAR FALANDO BESTEIRA, MAS, TIPO, TENHO QUASE CERTEZA DE QUE MULHERES COMPORTADAS POUCAS VEZES FIZERAM HISTÓRIA."

– a historiadora LAUREL THATCHER ULRICH, reimaginada como uma millennial no mundo profissional

Peço a Bill que avalie na hora o jeito como falo em público, e ele me instrui a gravar no seu iPhone uma descrição do que faço da vida. Ele observa atentamente, e depois assistimos ao vídeo juntos. "Você quer a versão honesta ou a brutalmente honesta?", pergunta ele. Digo-lhe para ser brutal. "Você tem excelentes micropausas." (Fico lisonjeada, mesmo sem ter ideia do que é uma micropausa.) "Você quase não usa sua amplitude de volume, mas sua amplitude de velocidade é boa. Você não fala perguntando. Mas você também não fala com autoridade."

Ele faz uma pausa. "Quer saber qual é o seu problema?", pergunta.

"Hã, *sim*", respondo, enfiando mais uma palavra-muleta.

"O problema é que você está dirigindo uma Ferrari com o freio de mão puxado. Você tem mais potencial do que pensa."

Se o objetivo é a concisão, Bill está certo: provavelmente eu *poderia* passar mais confiança se cortasse minhas palavras-muleta. Ainda assim, eu meio que *gosto* do jeito como falo. Será que tenho que mudá-lo simplesmente porque não se encaixa no que foi decidido, de forma meio arbitrária, como padrão para o mundo profissional?

Em uma época em que dissecar o jeito como as mulheres falam parece ter se tornado um passatempo tão estimado – falam sobre nosso timbre, nossos pedidos de desculpa, até sobre nossa pontuação –, Bill faz parte do crescente campo de *coaching* e consultoria que ensina como passar efetivamente uma mensagem: abrir bem a traqueia, criar maior ressonância oral, cortar as palavras-muleta, usar o espaço e a linguagem corporal para transmitir autoridade e seriedade.

No entanto, em matéria de mulher e discurso, há um importante senão: o que foi apontado como *ideal* não combina necessariamente com a forma como as mulheres de fato *falam*. Então o que a gente ouve é como soamos inseguras quando falamos num timbre mais alto. Que deveríamos expurgar os "tipos" e "meios que" (e existem aplicativos para nos ajudar com isso), não falar usando tanto a laringe, e que devemos treinar até aprender nosso "melhor tom para falar em público".

Mas e se já tivermos encontrado?

Os linguistas dizem claramente: os padrões de fala masculinos e femininos sempre diferiram entre si. Mulheres tendem a ter padrões de entonação mais versáteis; enfatizam mais certas palavras; falam mais de tópicos pessoais. Enquanto o estilo masculino no trabalho é dar ordens – algo como "Eis o que temos que fazer" ou "Temos que fazer melhor" – o estilo feminino é persuasivo. "Tenho uma ideia que vale a pena, ouçam só". Ou ela coloca sua ideia feito pergunta: "O que vocês acham dessa abordagem?"

Há muito tempo existe o truísmo de que as mulheres lideram tendências linguísticas *populares*: criam novas palavras, brincam com os sons, criam atalhos verbais que depois entram no vernáculo (tenho certeza de que não foi um homem o primeiro a dizer *LOL*). Ainda assim, é o estilo masculino de falar – sucinto, franco, direto, confiante – que é associado a liderança e poder no mundo *profissional*. Ou seja, em matéria de trabalho, pede-se às mulheres que adaptem sua linguagem para que ela pareça mais masculina: falar feito mulher é algo percebido como insegurança, falta de competência, e às vezes torna o discurso até menos confiável. Não é de se admirar que Margaret Thatcher tenha contratado um professor de oratória para ajudá-la a soar menos "estridente".

Mas há ainda mais. Sim, mulheres podem se adaptar, mas que não se adaptem *demais* – senão vão soar masculinas! Em seu livro, *Talking from 9 to 5*, a linguista Deborah Tannen descreve uma mulher que recebeu feedback negativo quando tentou falar que nem seus colegas homens – mas conseguiu remediar a situação quando recolocou palavras como "desculpe" em seu vocabulário. Conforme Tannen observou depois: como alguém poderia *não* perder a confiança se o tempo todo tem alguém lhe dizendo que ela está fazendo tudo errado?

Então é a mesma velha história... aquele padrão desigual de sempre, aquele *se correr o bicho pega, se ficar o bicho come*: falar de forma suave enquanto se está tentando falar alto, tentar cortar os *desculpe* mas ainda assim soar modesta, evitar os "pelo meu ponto de vista" mas ainda falando de forma meiga. Moleza, né?!

No fim das contas, não existe jeito certo de falar – especialmente se você quer soar como você mesma. Mas há algumas armadilhas comuns contra as quais você pode querer se prevenir.

## Armadilha verbal:
**PEDIR DESCULPAS DESNECESSÁRIAS**

Breve listagem das desculpas mais idiotas que já pedi recentemente:

- Um "perdão, era um latte" ao barista da cafeteria do meu bairro, que *sempre* erra meu pedido, a quem eu *sempre* dou gorjeta, e a quem tive que corrigir quando – de novo – ele me deu a bebida errada.
- Um "ai meu Deus, desculpa!" ao homem que esbarrou em mim andando na rua, fazendo com que eu derramasse o dito café.
- Um "desculpe a confusão" ao semicolega que eu ia encontrar depois de pegar o café, por ter tido que remarcar uma vez – quando, na verdade, eu não sentia nem um pouco de remorso por isso.

"Percebi que tinha um péssimo hábito de pedir desculpas desnecessárias quando me vi pedindo desculpas ao meu namorado por um jantar que *ele* queimou", ponderou recentemente minha amiga Cristen Conger, apresentadora de um podcast chamado *Stuff Mom Never Told You*. Eu estava escrevendo uma coluna sobre mulheres pedindo desculpas e tinha lhe perguntado se ela exagerava nisso. "Pelo que as mulheres pedem tanta desculpa?", escrevi.

"Desculpe não ter respondido antes", respondeu ela, 45 minutos depois.

Antigamente, a palavra "desculpe" era reservada para coisas pelas quais uma pessoa podia de fato sentir remorso: derramar vinho em uma camisa branca nova de seda que você pegou emprestada sem pedir; devolver o carro da sua mãe com um novo arranhão; fazer alguma bobagem – uma bobagem *das grandes* – no trabalho. Hoje em dia, "desculpe" é mais como uma muleta: uma encheção de linguiça, uma escora, uma forma de entrar na conversa, emitir opinião, perguntar educadamente sem ofender, dizer "com licença", ou basicamente tudo que envolva falar em voz alta ou expor qualquer tipo de opinião.

Será que somos incapazes de bancar as desculpas – ou o insulto?

Há muitas ocasiões em que dizer "desculpe" é, de fato, eficaz. Mas se o seu público não for um indivíduo irritadiço e sim uma sala de conferências cheia, ou uma lista de e-mails, saiba disso: ao dizer "Desculpe interromper, mas acho que...", você soa assim: "Tenho zero confiança no que vou falar – por que você deveria ter alguma?"

**APRENDENDO A FALAR BEM**

# VEZES EM QUE PEDI DESCULPAS

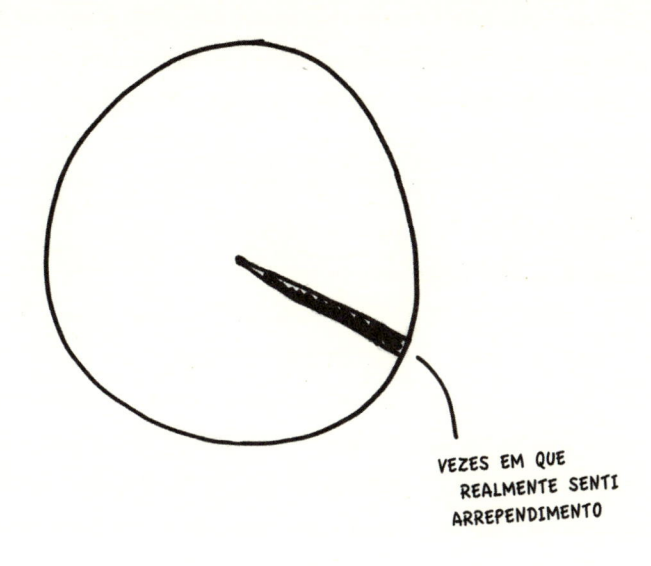

VEZES EM QUE REALMENTE SENTI ARREPENDIMENTO

## NÍVEL DE RISCO

### Quando você está arrependida mesmo

Vamos recordar os fundamentos de um "desculpe" bem pedido. Segundo o dicionário, um pedido de desculpas acontece quando uma pessoa percebe que fez algo danoso ou ofensivo a outra e quer fazer seu relacionamento voltar à calmaria anterior. A outra pessoa aceitou as desculpas? Ótimo! A relação voltará a florescer, sem problema (o que passou, passou).

### O "desculpe" equivalente a "com licença"

No uso indiscriminado atual, "desculpe" e "com licença" são formas de chamar atenção, que geralmente precedem um pedido ou ordem; é um jeito de pigarrear antes, mitigando uma situação desagradável ou uma solicitação que pode causar conflito (por exemplo: "Perdão, acho que você está no meu lugar" em vez da ordem: "Então, preciso que você saia do meu lugar"); e como um disfarce eufemístico para raiva e frustração, quando esperávamos que algo já tivesse sido feito e não foi (pelo menos não segundo nosso padrão).

### O "desculpe" dito por educação

Sim, às vezes "perdão" é simplesmente um "cumprimento linguístico", como chama Tannen, uma dentre várias amenidades sociais que ajudam a conversa a fluir. Quando você quer que alguém esclareça o que disse: "Desculpe, não entendi o que você disse." Quando você está interrompendo os outros para fazer uma pergunta: "Ah, desculpe, estou procurando tal pessoa, vocês a viram?" Quem nasceu na Grã--Bretanha – tanto homens quanto mulheres – usa *sorry* desse jeito o tempo todo, assinala Tannen, mas ainda assim ninguém acha que isso é sinal de insegurança nem que os condena a um futuro ingrato.

## Armadilha verbal:
## AFIRMAR PERGUNTANDO?

"A primeira vez em que notei essa tendência foi em minhas alunas de graduação mais brilhantes", disse Thomas Linneman, professor de sociologia no College of William and Mary. "Em apresentações para a turma, elas diziam: 'Eis os meus resultados? Eis o que eu descobri?' Era uma coqueluche."

Isso se chama afirmar perguntando, e além de terminar frases afirmativas em tom de interrogação ("Sim, com certeza?"), inclui acrescentar uma pergunta ao fim de uma afirmativa ("Entende o que quero dizer?", "Faz sentido isso?"). Tanto homens quanto mulheres falam assim (George W. Bush era conhecido por isso), mas mulheres o fazem com mais frequência; mulheres brancas são as campeãs da afirmação-pergunta; e, em um estudo sobre participantes do *game-show* televisivo *Jeopardy*, os pesquisadores descobriram que, quanto mais uma jogadora mulher obtinha êxito, mais ela afirmava perguntando, enquanto que, para os jogadores homens, valia o oposto.

**CLUBE DA LUTA FEMINISTA**

*"Eles me subestimaram?"*

GEORGE W. BUSH

APRENDENDO A FALAR BEM

## NÍVEL DE RISCO

### Para interromper um Manterrupter 💣
Há pelo menos um dado de pesquisa que confirma que alguns podem usar a afirmativa-pergunta como mecanismo de defesa para impedir interrupções por parte de outras pessoas. (Lembre-se, as mulheres têm o dobro de chance de serem interrompidas.) Aquele tom questionador em sua voz pode ter uma boa serventia, afinal de contas: ele indica que você ainda não terminou de falar.

### Para conferir 💣💣
Como se você dissesse: "Vocês ainda estão me ouvindo? Estão prestando atenção?"

### Para suscitar confirmações 💣💣💣
É ótimo obter confirmação para o que você diz, e às vezes um tom de interrogação pode conclamar palavras estimulantes: "Com certeza!", "Sim, concordo." Mas se sua intenção é de fato impressionar seu ouvinte, parece *talveeeez* um pouquinho arriscado apresentar sua declaração de um jeito que possivelmente pode meio que te solapar um pouco... hum-rum. Entende o que estou dizendo?

### Para transmitir confiança 💣💣💣
Em *Talking from 9 to 5*, Deborah Tannen conta de um presidente de empresa que explica como vive tendo que tomar decisões "em cinco minutos" sobre projetos em que seus funcionários podem ter trabalhado cinco meses. Ele usa essa regra: se a pessoa fazendo a proposta parece confiante, ele a aprova. Terminar suas declarações em tom de pergunta ou mesmo começá-las com um pedido de desculpas? Isso é o oposto de confiante.

## Armadilha verbal:
# FALAR COM RODEIOS

**PALAVRAS-RODEIO** (não exagere nelas!)

| MODALIZADORAS | MULETAS | RÓTULOS | INTRODUTÓRIAS |
|---|---|---|---|
| – Não sei se isso está certo, mas... | – hã<br>– tipo<br>– meio que<br>– parece que | – Faz sentido isso? | – só<br>– na verdade |

Certas palavras são consideradas marcadores da "encheção de linguiça", e existem vários subtipos delas. Há aquela modalização trêmula ("Não sei se isso está certo, mas..."), servindo para aplacar o medo de que aquela declaração esteja, na realidade, errada. Há palavras-muletas como "meio", "tipo", "parece que", "pelo visto" e outras, advérbios que contêm a sombra da sombra de uma opinião. Há as tentativas de confirmação chamadas de "rótulos" ("Faz sentido isso?"), bem como discordâncias veladas (*"Na realidade*, isso não é bem assim") e palavras introdutórias como "só" ("Eu só queria dar uma olhada...").

Pense nessas palavras como uma espécie de "talvez" performático, com um monte de E's ("talveeeeez..."). São palavras que pedem permissão: usadas para diminuir o impacto de uma declaração ou para qualificar uma afirmativa de forma a tornar sua fala ambígua. Embora sejam primas do "desculpe", essa categoria é diferente – não são tanto um pedido de desculpas direto, mas um jeito de pedir licença por quebrar o silêncio, de bater à porta timidamente, ou, como falou Ellen Petry Leanse, ex-executiva do Google, uma forma de "colocar o interlocutor na posição de 'pai' ou 'mãe', concedendo-lhe maior autoridade e controle".

Ela tem razão: tecnicamente, nossas frases soariam sim mais assertivas caso removêssemos tanto o "mas" quanto a modalização que o precede. MAS talvez esse seja precisamente o *porquê* de usarmos modalizadores afinal: para soar menos assertivas, mais suaves, menos agressivas, menos exigentes. Para criar o efeito de um pensamento ao qual nós dois, falante e interlocutor, chegamos juntos.

## NÍVEL DE RISCO

### Para enfatizar

"Aquela reunião foi *simplesmente* horrível." "Aquela comida estava *simplesmente* maravilhosa." Esses "simplesmente" não são incerteza, são ênfase.

### Para solicitar algo

"*Que tal se* a gente fizesse uma paradinha?" "*Será que posso* te fazer algumas perguntas?"

### Para ganhar tempo

Um "hã" ou "sabe" bem posicionados podem dar ao seu cérebro um momento para organizar seus pensamentos – outra versão da estratégia sazonada de dizer "é uma excelente pergunta, *Bob*", que de alguma forma mescla à perfeição condescendência e elogio.

### Rodeio da confiança extrema

Usado em contextos de escritório para *tapar o buraco* da sua falta de resposta a uma pergunta, mas ainda assim sem deixar de emitir sua opinião. "Ora, não sei quem *tem tempo* de saber tudo sobre [inserir assunto em discussão] – mas pelo que sei, sinto que deveríamos [inserir opinião assim mesmo]." Se você puder utilizá-lo, utilize-o. Os homens fazem isso o tempo todo.

## O "na verdade" agressivo

É o "fale com a mão" do mundo dos advérbios, segundo definiu a jornalista Jen Doll: uma palavrinha maliciosa usada para dizer "você está certa, eu estou certa", mas sem bancar que está retificando o outro pra valer. Observe: "Oi, Jennifer." "*Na verdade,* é Jessica." Ou: "A equipe está toda aqui." "Na verdade, estamos esperando a Ashley." O "na verdade" pode suavizar o golpe, mas também pode ser utilizado para soltar uma baita bomba. "O índice caiu 16%." "Não, NA VERDADE, subiu 5%." Só não se permita soar surpreendida por sua própria convicção.

## Armadilha verbal:
## "HOUSTON, I *FEEL* LIKE WE HAVE A PROBLEM"

Houve tempos em que "estou sentindo" indicaria sem dúvida que você *estava sentindo* algo – por exemplo, enjoo, empolgação ou culpa. Mas, hoje em dia, falar em sentimentos parece ter se tornado uma forma melosa e indireta de emitir uma opinião – "estou sentindo que poderíamos tentar fazer X", ou simplesmente outra forma de dizer "acho" ou "penso".

"Estar sentindo" começou a pegar na década de 1970 (uma era dos *mais diversos* sentimentos), mas ganhou impulso mesmo foi no começo dos anos 2000 – como a maioria das coisas linguísticas, entre jovens do gênero feminino. Fazia sentido: muitos desses padrões de fala remontam à nossa própria adolescência, quando as meninas faziam amigas com base no *compartilhamento* (de segredos, histórias, *sentimentos*), enquanto os meninos tendiam a brincar em grupos, bradando ordens. (Nada de sentimento aqui.) Depois que crescemos, porém, pelo visto continuamos a incorrer nesses padrões de fala aprendidos no parquinho – e no caso das mulheres, estranhamente, fazemos isso até *mais* quando há homens por perto, salpicando nossa fala de sentimentos.

Há casos em que expressar estes sentimentos pode ser útil: é menos arriscado dizer "pelo que eu sinto" do que dizer "eu sei" ou "eu acho" (e, às vezes, podemos usar essa nuance a nosso favor). Mas quanto do "estou sentindo" tem a ver com a expectativa de que mulheres devem fazer um papel maternal e *sentimental*, e que simplesmente *não podem* ser diretas? Estamos falando de negócios aqui – não de uma sessão de terapia de casal. "No trabalho, é algo débil, fraco, pusilânime", diz Phyllis Mindell, professora em Georgetown, em *How to Say It for Women*. "Descrever acontecimentos ou problemas em termos de 'sentir' põe baboseira sentimentaloide no lugar de ideias claras."

## NÍVEL DE RISCO

### Para ser educada 💣
Claro, em vez de dizer "Sinto que você não me entendeu", você pode dizer: "Você não me entendeu" – mas "sinto" suaviza o golpe.

### Para solucionar conflitos 💣
Se você disser que é por causa dos seus *sentimentos*, sua fala tem menor probabilidade de ser sentida como um ataque. Observe: "Eu me sinto frustrada com o seu progresso." Ou: "Estou desapontada com seu desempenho." É verdade que as mulheres são prejudicadas se as percebem como emotivas *demais* no trabalho. Mas também há uma pesquisa que prova que expressar emoções "abafadas" no trabalho, tais como "sinto que", pode ser uma forma incrivelmente eficiente de se comunicar. É só quando esses sentimentos ultrapassam o limite do aceitável e se tornam "desviantes" – chorar, berrar, demonstrar ira – que as mulheres são penalizadas.

### Falando em público 💣💣💣
Todos esses sentimentos consomem o tempo que você tem para *passar sua real mensagem*.

## Armadilha verbal:
### FALA SÉRIO, MIGAAAN!

*Aff, até parece!*

"Você fala feito patricinha de Beverly Hills", me disse o homem por telefone. "Quantos anos você tem? Treze?"

Eu não tinha 13, e sim 24 anos. E não ligava de Beverly Hills, e sim do escritório nova-iorquino de um jornalista investigativo para o qual eu trabalhava. O homem do outro lado da linha era um funcionário de alto nível da prefeitura (e parece que um babaca também, pelo visto), e eu me senti humilhada. Daquele momento em diante, fiquei insegura quanto à minha voz.

O jeito de falar das "patricinhas de Beverly Hills" ou *valley girls*, recheado de *tipo, meio, podiscrê, fala sério, mentira!* e *noooossa*, tem estado ostensivamente presente desde a década de 1970 – observado como uma espécie de dialeto adotado por jovens brancas do Vale de San Fernando (próximo a Los Angeles). Mas foi só depois da década de 1980 que o conceito adquiriu a dimensão de um verdadeiro fenômeno cultural, imitado em uma música de Frank Zappa cantada por sua filha adolescente falando desse jeito.

"Tipo, pelamordedeus."

"Tipo, com certeza."

"Tipo, eu aaamo entrar, tipo, em lojas e provar roupa e tal."

Na década de 1990, o dialeto da *valley girl* – e a moda e o comportamento que o acompanhavam – foi parodiado pela obra-prima feminista *existencial pacas* chamada *Patricinhas de Beverly Hills*, uma reinterpretação dos temas de *Emma*, de Jane Austen. No filme, a patricinha Cher (Alicia Silverstone) e sua melhor amiga, Dionne (Stacey Dash) enfrentam o ensino médio e tudo o que ele implica: status social, amizades, sexo.

Hoje em dia, o dialeto das patricinhas não mais se limita a mulheres que moram no Vale de San Fernando (e nem mesmo a mulheres: pelo menos uma pesquisa descobriu que os *homens* usam mais "tipo" que as mulheres), e ainda assim, a imagem de Cher, de saiote escolar, dizendo "até parece!" aos sujeitos que cruzam seu caminho, persiste. Junto com ela, segue o estereótipo: burra, imatura, rata de shopping, fútil.

# NÍVEL DE RISCO

## Tipo, a gente é evoluída, tá?

Esse argumento é o da linguista Robin Lakoff, que alega que muito do discurso "de patricinha" tão criticado, na verdade sinaliza uma forma evoluída de se comunicar, pois envia sinais para o interlocutor. Certos elementos desse discurso podem aumentar o engajamento, fazer as pessoas se sentirem incluídas, e até mesmo aumentar a confiança entre elas. "Esses elementos criam coesão e coerência", disse Lakoff. "É a principal incumbência de uma espécie capaz de socialização e articulação. Se as mulheres empregam mais essas formas, é porque somos melhores em ser humanas." Nhééé!

## "Tipo" como substituto de "disse"

Saiba a diferença entre o "tipo" de enrolação ("Tipo, tô morta de fome!") e o "tipo" que substitui "disse" ou "por exemplo" ("E aí ele tipo: 'A gente pode te dar esse aumento, sim'" ou "Vamos encontrar um jeito de resolver esse problema, tipo levando o cliente pra almoçar").

## A primeira impressão

O que sabemos com certeza sobre a fala "de patricinha" é que seus pais, ou seus colegas de outra geração, provavelmente não vão entendê-la. (Mas não podemos esquecer: eles tinham seus próprios modos de fala prafrentex.) Gostemos ou não, as pessoas julgam as outras com base em coisas superficiais – como a *forma* com que se fala em vez do conteúdo dessa fala. Então, até você ter tido a chance de mostrar que *sabe sim* do que está falando, pise em ovos.

# APRENDENDO A FALAR BEM

## Armadilha verbal:
## FALAR COM VOZINHA SEEEEXY

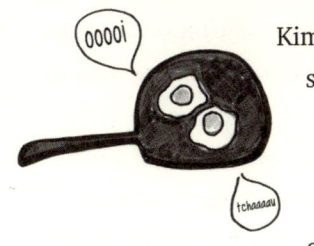

Kim Kardashian fez muito dinheiro em cima disso, mas a maioria de nós não vai fazer. Ela é a mulher que termina seus telefonemas com "Obriga-a-a-ada", calcando sua autoridade em um tom gutural. Mais especificamente, esse jeito de falar se chama laringealização – a rouquidão de oitavas baixas parece bacon fritando na frigideira e é obtida com as cordas vocais se roçando de forma atípica na garganta, tom usado tanto por homens quanto por mulheres. E, é claro, esse tom baixo pode ser sensual, pode ser bom para enfatizar algo, e é meio que divertido de fazer, mas liderança – para o bem e para o mal – está associada a tons mais ressoantes, impositivos e não laríngeos.

> La-rin-ge-a-li-za-ção / s.f.
>
> Termo comumente usado para descrever um estilo de fala que inclui alongamento de vogais, ou seja, "oooooooi" ou "obrigaaaaada", e um registro rouco ao fundo da garganta. Também conhecida como "voz chiada".

Os meios de comunicação vêm soltando reportagens e mais reportagens sobre a tendência à laringealização – ou "voz chiada", como também pode ser chamada – pelo menos desde 2011, quando (diz-se) as moças começaram a adotá-la para imitar as Kardashians, e estavam sendo rejeitadas no mercado de trabalho por isso (consideradas menos competentes, menos educadas, menos confiáveis, menos atraentes, e menos contratáveis, pelo menos segundo um estudo altamente polêmico). Na realidade, a laringealização data pelo menos de 1964, quando era usada por homens britânicos para – vejam só – passar a mensagem de que provinham de uma camada social *superior*. Ela ganhou popularidade nos Estados Unidos por volta de 2003, primeiramente, pelo que foi observado, entre mulheres falantes do dialeto chicano na Califórnia.

Em sua versão mais recente, porém, há um enorme e óbvio problema: homens e mulheres empregam a laringealização, mas só as mulheres parecem sofrer penalidades por isso. Parte desse fenômeno pode ter explicação científica – a laringealização está associada a uma súbita baixa no som, diz Lisa Davidson, linguista da Universidade de Nova York. Como as vozes masculinas em geral têm timbre mais grave, essa mudança pode ser menos perceptível. Claro, a laringealização *também* é considerada por muitos linguistas como uma tentativa de *antídoto* à tendência de afirmar perguntando (que termina com um tom mais alto). Então estamos, de fato, combatendo a inflexão tentando engrossar nossas vozes, mas aí chegamos ao registro laríngeo. Não temos como vencer, não é?

## NÍVEL DE RISCO

### Qualquer pessoa abaixo dos 40 anos

É sério. Em meio a toda a comoção ao redor da laringealização, uma linguista de Stanford decidiu fazer uma pesquisa entre seus alunos para descobrir se, tal como ela, eles também achavam o som irritante. Não achavam. Ela duplicou essa premissa em um estudo maior, com quinhentos adultos – e descobriu que eram apenas *aqueles com mais de 40 anos* que ficavam incomodados com laringealização. Nesse caso, você decide se inibe a voz gutural ou não, mas logo, logo, ela pode virar a norma.

### Em reuniões e entrevistas

Um estudo de 2014 simulou entrevistas de emprego nas quais os pesquisadores gravaram sete homens e sete mulheres dizendo "Obrigado(a) por pensar em mim para esta vaga" tanto na sua voz normal quanto na laringealizada – e depois pediram aos participantes do estudo para avaliar as falas. A amostragem era minúscula, mas o que descobriram foi que, comparadas a uma voz sem laringealização, vozes femininas laringealizadas passavam a impressão de uma falante mais burra, menos habilidosa e menos atraente para o ouvinte – e as maiores críticas eram as mulheres, não os homens.

### Mandar praquele lugar

Na categoria "incrivelmente satisfatório, porém perigoso": mandar as pessoas praquele lugar – *vá se fodeeer* (com ou sem laringealização) –, e seguir em frente falando do jeito que bem entender.

## Armadilha verbal:
## A BJOQUEIRA

Era uma vez uma conversa amigável que duas profissionais balzaquianas marcaram para trocar ideias. Uma colega colocou minha amiga Amanda em contato com uma produtora de Los Angeles. Elas papearam sobre seus respectivos projetos criativos, e sobre como poderiam colaborar mais adiante. No final, ambas prometeram manter contato.

No dia seguinte, assim que Amanda acordou, encontrou uma mensagem da outra mulher. "ADOREI nossa conversa ontem", escrevera ela, assinando: "bjs!".

"Que simpática, ela", pensou Amanda. "Depois respondo alguma coisa." Mas antes que ela tivesse a chance, veio um novo e-mail. O assunto: "Um abraço!!". Ela abriu o e-mail. Havia apenas uma linha:

*"Bjo bjo bjo bjo!"*

Amanda ficou de cara. "Nunca tinha recebido tantos beijos e abraços em qualquer tipo de correspondência, mesmo as de meus pais ou namorados", disse ela. "Ou seja: será que aquela pessoa na verdade estava apaixonada por mim? E se eu não respondesse com a mesma afeição, será que ela ficaria magoada?"

Beijos e abraços são expressões de afeto corriqueiras. No e-mail, as formas "bjo" e "abs" pegaram como assinatura, até em meios profissionais – não querem dizer que você *de fato* queira abraçar e beijar a pessoa, com quem talvez só tenha falado uma vez. Linguistas estudaram o uso de abreviaturas do tipo e adivinha o que descobriram? Exatamente: que são amplamente empregadas por mulheres.

## NÍVEL DE RISCO

### Para inspirar camaradagem 💣
O "valeu, mano" da sororidade profissional.

### O bjo preguiçoso 💣
Mais rápido que digitar "Espero que você esteja bem, foi ótimo conversar com você" para concluir um e-mail – mas você mandou esse beijo sinceramente?

### O *abs* passivo-agressivo 💣💣
"Preciso desse relatório na minha mesa e preciso *para ontem*. Abs"

### Para amenizar uma ordem 💣💣
Pense em todos os estudos que concluíram que as mulheres devem demonstrar autoridade no escritório e, ao mesmo tempo, simpatia. Nesse contexto, talvez os bjos e abs sejam uma forma sábia de negociar um padrão desigual persistente.

## Armadilha meio verbal:
### EMOJIMANIA

A coisa começou faz mais ou menos um ano, com uma carinha sorridente aqui e ali, um emoji de muque para simbolizar encorajamento, ou corações quando um amigo mandava fotos do bebê. Eu era fã especialmente do emoji "eita!" – aquela cara com um sorriso amarelo cheio de dentes, perfeita pra exprimir "Retida no metrô!" ou "Ai! Não acordei com o alarme e são 13h". Não demorou muito e eu estava substituindo palavras por figurinhas, mandando sequências complexas delas para minha mãe e usando um "polegar para cima" para indicar a uma amiga que eu não estava brava. Até que um dia eu me peguei quase chorando depois de passar dez minutos esquadrinhando meu iPhone em busca do emoji da rumbeira, sem parar, porque ele parecia ter desaparecido. Eu estava envolvidíssima nessa busca quando recebi a chamada de um contato de trabalho que eu queria muito que me ligasse. Naturalmente, apertei o botão "Ignorar".

As raízes dos emoticons remontam à década de 1880, enquanto que os primeiros emojis digitalizados surgiram no Japão, na década de 1990. Mas nos Estados Unidos a explosão atual é uma tendência do novo milênio, evidentemente. E se por um lado os emojis estão longe de estarem *limitados* ao uso feminino, por outro, como a maioria das coisas linguísticas, as mulheres estão à frente.

## NÍVEL DE RISCO

### Mandar emojis para o chefe 💣
Se seu chefe te mandar um emoji, não se acanhe e mande um de volta. Isso se chama "mimetismo comportamental", e, na verdade, tem o poder de aumentar a confiança mútua.

### Emojis como elogio 💣
Um 💯 é uma ótima maneira de dizer "Mandou bem!", enquanto que o 🔥 é um modo perfeito de dizer "As vendas estão pegando fogo esse mês!". Útil para qualquer situação festiva é a rumbeira 💃, que também, por acaso, vem a ser o emoji preferido da minha mãe.

### Regra de três 💣
Três carinhas sorridentes = divertido! Quatro carinhas sorridentes = que carência, hein...

### Não tente isso em casa 💣💣💣
Embora você mereça um aumento e definitivamente deva pedi-lo, o emoji 💰💰 provavelmente não deve ser usado no processo. Da mesma forma, se por acaso você estiver metendo o pau no seu chefe – ou se você for a ministra das Relações Exteriores australiana descrevendo Vladimir Putin – a carinha de diabo 😈 pode te deixar encrencada (esperamos que não a ponto de ser convocada a depor no Senado).

## SERÁ QUE ESSA DESCRIÇÃO É MACHISTA?

ISSO SE CHAMA A REGRA DA INVERSÃO. FUNCIONA ASSIM:

**1º PASSO:** INVERTA O GÊNERO DE SEU SUJEITO

**2º PASSO:** VERIFIQUE SE SOA ENGRAÇADO

**3º PASSO:** REPITA

Dicionário de

# DIFICULDADES MACHISTAS

Um guia quase de A a Z

Eis algumas palavras e expressões que eu preferiria não ter ouvido sobre mim: "agressiva", por correr atrás de uma promoção; "controladora", dita por um ex-namorado, quando eu tomava decisões relativas ao espaço doméstico; "louca", como me chamou uma editora que não gostava da minha conduta; "difícil", quando pedi mais dinheiro para fazer um frila para uma revista; "mal-humorada", quando recusei a pauta de outro jornalista.

Já me chamaram de "emotiva" por subir a voz, de "histérica" por ficar brava, e de "perseguidora" por ser persistente. Eu tinha um colega (homem) que vivia me dizendo para "não cansar minha belezinha" com as coisas e, há pouco tempo, uma jornalista (mulher) me perguntou meu estado civil para o artigo que estava escrevendo sobre *combate ao preconceito de gênero*.

Muitos de nós não ponderamos as sutilezas da linguagem. Ela simplesmente sai da nossa boca, e se às vezes nos arrependemos, na maioria das vezes seguimos com a vida. Mas em matéria de mulheres, as palavras importam mais do que poderíamos pensar. Lembra que, em 2008, quando um apoiador de John

McCain perguntou, referindo-se a Hillary Clinton: "Como a gente derrota essa bruxa?", McCain deu risada e fez um gracejo constrangido: "Excelente pergunta." Mas pesquisas mostram que até mesmo palavras sutilmente machistas – não apenas "bruxa", mas também, por exemplo, "escandalosa" – influenciam a probabilidade dos votantes apoiarem uma candidata, e de apoiarem quaisquer mulheres detentoras de cargos políticos.

Antigamente existiam guias para essas coisas, e tenho um deles bem na minha estante, roubado de uma velha biblioteca da *Newsweek* de onde só fora retirado uma única vez. Ele se chama *The Handbook of Non-sexist Writing*, e foi escrito pelas feministas Casey Miller e Kate Swift. Está cheio de bons conselhos apropriados para a década de 1980: as autoras comentavam a evolução da palavra "homem", davam conselhos sobre chamar alguém de "mulher" ou "menina", e ponderavam sobre a questão de ser válido incluir as "donas de casa" na força de trabalho ("Como assim as donas de casa 'não trabalham'?", perguntavam elas).

Hoje em dia não existe um guia com esse exato perfil – mas deveria existir. Aqui vai uma breve listinha para começarmos:

## Agressiva

Ela é chamada de "agressiva", ele, de "assertivo" – quando exibem precisamente os mesmos comportamentos.

## Amor

Flor, paixão, (minha) querida, (meu) amor, e as versões diminutivas: amorzinho, florzinha, lindinha. Somos poderosas, mas não somos as Meninas Superpoderosas. Melhor reservar esse tratamento só para as amigas. (Ver: "Inha")

## Arrogante, marrenta

Palavras usadas para descrever mulheres, muitas vezes negras, que falam o que pensam.

## Autoritária
Ter autoridade é apropriado para um(a) chefe, então é de se pensar que isso poderia ser positivo. Mas as mulheres têm um medo tão grande de serem chamadas disso que, segundo um estudo das Girl Scouts norte-americanas, as moças evitam ativamente posições de liderança para não ter que ouvir isso.

## Boazinha
Que bom que você a acha boazinha. Mas que tal um adjetivo com mais *peso*? "O problema do 'boazinha'", diz Robin Lakoff, "é que a mulher é obrigada a sê-lo, senão... já viu."

## Bonita
E outras descrições físicas que você deve evitar usar ao tentar descrever as qualificações de uma mulher. E com isso quero dizer: decote, grossura dos tornozelos, corte de cabelo, terninhos, se ela é loira, de olho azul ou tipo *mignon* – tudo isso é irrelevante para as habilidades de uma mulher.

## Briga de mulher
Homens discordando: possuem convicções fortes, que admirável, faz parte do jogo dos negócios. Mulheres discordando: Luta no gel! Briga na lama! Puxa o cabelo! Rasga a camisa! Rápido, vem assistir!

## Cobradora
Palavra reservada à mulher que pergunta uma segunda vez.

## Colhões, ter
Ou seja: ser corajoso(a). Por que a coragem tem que estar associada à anatomia masculina?

## Desequilibrada
Ver: LOUCA.

## Dramática
Será que ela é dramática *mesmo*, ou você é que a interpreta assim só porque ela é mulher?

## Ele
Você usa "ele" quando na verdade quer dizer "a pessoa"? Pode começar a dizer "alguém", "a pessoa", "ele ou ela", "quem" etc.

## Emotiva
Ou: assim são percebidas as mulheres quando expressam raiva ou desagrado no escritório, enquanto que um homem fazendo o mesmo é visto como "apaixonado pelo trabalho".

## Equilibrar vida pessoal e trabalho
Ou um termo besteirol baseado em alguma ideia arcaica sobre o que significa compartimentar sua vida em "casa" e "trabalho". Ou seja: impossível.

## Escandalosa
Uma palavra que – juntamente com suas irmãs, "barraqueira" e "estridente" – é usada mais para se referir a mulheres do que a homens. Uma coisa é verdade: as mulheres naturalmente têm vozes mais agudas que as dos homens.

## Esquentada
Em 1984, Geraldine Ferraro, primeira mulher a fazer parte da chapa de um grande partido nos Estados Unidos, "foi descrita como 'invocadinha' e 'esquentada, mas não ameaçadora', além de lhe perguntarem se ela sabia assar muffins de mirtilo. Quando ela se apresentou na Convenção Nacional dos Democratas em San Francisco, o âncora Tom Brokaw anunciou: 'Geraldine Ferraro... primeira mulher indicada à vice-presidência... manequim 40!'"

## Frígida
Adjetivo apropriado para descrever uma tarde de inverno; nunca uma mulher.

## "Inha"
Queridinha, florzinha, mocinha, gracinha. Nunca se chama uma mulher assim no escritório, não importa quão jovem ou fofa ela for.

## Louca
Um sossega-leão genérico para toda mulher de que você não gosta/ te deixa incomodado/está fora dos padrões.

## Mal-amada
Ou sua prima mais chula: "mal-comida". O que a sexualidade da mulher tem a ver com escritório, mesmo?

## Meninas
Ótimo para falar sobre suas melhores amigas. Mas, se você estiver em um ambiente profissional, e estiver falando sobre uma mulher, e não estiver se referindo à série da HBO, por favor, *tente* nos chamar de mulheres.

## Mulher + profissão
Quando Shonda Rhimes recebeu o rascunho de um *press release* para um evento que ia apresentar – que a chamava de "a mulher negra mais poderosa entre os produtores de Hollywood" – ela riscou os termos "mulher" e "negra" e mandou o texto de volta. Quando pudermos remover os qualificadores dessas frases sensacionalistas – pois ninguém jamais chamaria alguém de "o homem branco mais poderoso entre os produtores" –, aí poderemos dar nosso trabalho como concluído.

## "Não fica bem para a mulher"
Ou para a moça. O que é que "é condizente" ou não com ser mulher, afinal de contas? Se esses termos não nos dizem nada sobre alguém a não ser que ela é do *gênero feminino*, pode-se presumir com segurança que são pura baboseira machista.

## Perguntinhas capciosas
Estamos falando daquelas perguntinhas estupidamente idiotas que ninguém jamais faria a um homem. Tais como: será que ir ao espaço vai afetar seus órgãos reprodutores? O que você usa para ir à acade-

mia? Será que os hormônios vão afetar sua habilidade de fazer o trabalho?

## Petulante, atrevida
Ou toda mulher que ousa expressar uma opinião.

## Piranha, galinha, vadia
Ela é piranha; ele é pegador. Olha a desigualdade!

## Presidente(a)
Por que escrever presidente Fulana – ou presidente(a) – quando é possível dizer presidenta Fulana, integrante Fulana, soldada Fulana?

## "Querer ter tudo"
Será que Wendy Davis pensa que pode ter tudo? E Carly Fiorina? E quanto a Shonda Rhimes? E já que estamos falando disso, como essas mulheres *fazem* tudo o que fazem? Tina Fey declarou que esta é "a pergunta mais rude que se pode fazer a uma mulher", e a resposta é simples: estamos fazendo as coisas da mesma forma que um cara faria, só que ele não precisa responder essas perguntas.

## Raivosa
Nunca vi um homem ser chamado de "raivoso", e você?

## Seminal
Porque obras de grande importância só podem vir diretamente do meio das pernas de um homem. (É sério, a origem linguística da palavra é *sêmen*.)

## Simpática/antipática
"Você é antipática demais para mim", disse Gay Talese certa vez a uma professora-assistente, depois que ela se recusou a fazer chá para ele. Deixando de lado a questão do chá, uma pergunta séria: você já viu um homem ser cobrado para ser mais simpático, alegre ou animado?

## Tagarela

Alguém que fala demais, a ponto de irritar. O estereótipo diz que mulheres são "matracas", que falam demais, que ficam "papagueando". Na verdade, quando mulheres e homens estão juntos, são os homens que falam a maior parte do tempo. Durma com um barulho desses!

## Vulva

Viva a vulva!! Que palavra excelente. O que poucos sabem é que a palavra depreciativa "babaca" é sinônimo para a vulva (ou parte dela). Não tem nada de depreciável num órgão tão prazeroso e forte – tente só fazer um bebê passar por ela.

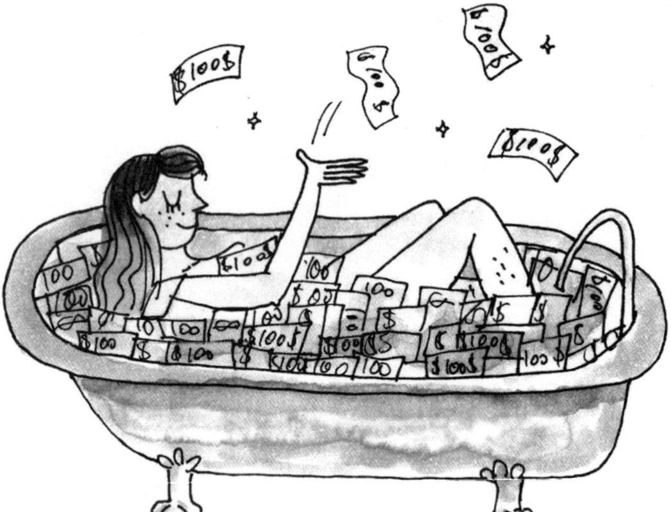

Parte cinco

# NÃO, QUERO DINHEIRO!

## UMA "COLA" para negociações salariais

(Rasque-a e esconda no sutiã)

"Se peço dinheiro, automaticamente me sinto suja."

Foram as palavras de uma jornalista para o grupo de amigas sentadas numa sala de estar em Manhattan, explicando que estava juntando coragem para pedir um contrato a um editor.

"Eu quero ser paga pelo que escrevo, mas me pego pensando: 'Não passo de uma redatora qualquer'", disse ela. "Em matéria de dinheiro, me sinto sem valor." Aquela mulher parecia uma versão mais jovem de mim – e ainda assim, essa conversa não estava acontecendo no meu Clube da Luta, mas em um grupo de conscientização de 1970, registrada no *New York Times*. Ah, como mudamos pouco...

A primeira vez em que negociei um salário foi depois de descobrir o quanto um colega homem fazendo um trabalho parecido estava ganhando – e que era centenas (dezenas de centenas, pra falar a verdade) de dólares a mais do que eu ganhava. Ninguém me passou um bilhete anônimo dizendo que eu estava ganhando menos (isso foi o que aconteceu com Lily Ledbetter, a funcionária da Goodyear que emprestou o nome para o Fair Pay Act, lei norte-americana em prol da igualdade salarial). Foi tudo muito mais inocente. Um dia, estávamos conversando sobre nossos empregos e perguntei a esse colega quanto ele ganhava, e ele me contou. Quando percebeu o quão menos eu ganhava, me incentivou a pedir um aumento.

Ainda assim, eu nunca tinha pedido um aumento antes, e a ideia me apavorava. Não se aprende negociação na escola. Então, comecei a fazer listas documentando cada conquista de que eu me lembrava. Pedi a editores que gostavam do meu trabalho para falarem em meu favor. Editei e reeditei minha lista. Então me obriguei a mandar um e-mail para meu chefe, pedindo uma reunião para "discutir meu futuro na empresa". Nas seis horas que se seguiram, fiquei conferindo meu e-mail obsessivamente enquanto, ao mesmo tempo, me convencia de que não devia ter feito aquilo. *E se ele dissesse não? E se ele tiver me achado presunçosa? E se ele simplesmente não respondesse?*

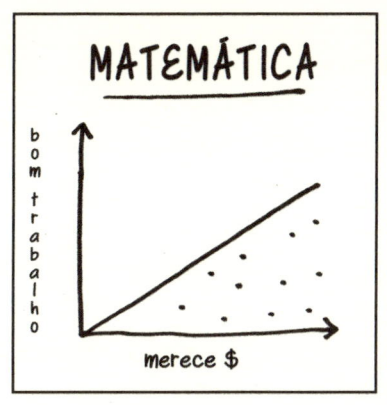

Não há como disfarçar a realidade: negociar é um saco. É difícil, dá ansiedade, é constrangedor, arriscado – não importa o gênero. Há pessoas que são boas nisso, deve até haver uns esquisitos que gostam disso, mas a maioria que conheço preferiria fazer quase *qualquer outra coisa* (e, de fato, muitas vezes evitamos uma negociação com toda a nossa força, e penamos por isso).

Mas negociar *enquanto mulher* já são outros quinhentos. Pode ser confortável para nós conversar sobre nossos hábitos de higiene e nossos orgasmos, mas quando o assunto é dinheiro, emudecemos. Além disso, enfrentamos uma série labiríntica de obstáculos – e, para derrotá-la, até os melhores conselheiros nos pedem para *obedecer* a estereótipos de gênero (você sabe... *sorrindo*, por exemplo).

Naquela primeira vez em que pedi, ganhei meu aumento, mas isso não significa que depois disso comecei a achar fácil negociar. Simplesmente não gosto de fazer isso. Mas já pesquisei o bastante para saber que preciso negociar – e que há certas táticas simples que toda mulher pode ter na manga (inclusive saber que mulheres são melhores em negociações quando ouvem dizer que está tudo bem em negociar – então aqui estou, dizendo a vocês que tudo bem negociar!).

Não aceite meus conselhos sobre negociação porque sou boa em negociar. Aceite-os porque sou péssima – o que quer dizer que analisei obsessivamente livros sobre o assunto para aprender e melhorar.

## PARE DE INVENTAR DESCULPAS

Ah, mas eu conheço todas! Por exemplo:

- Já estou quase para sair daqui, mesmo.
- Agora não é uma boa hora.
- Não sei bem o que eu quero.
- Sou péssima negociadora.
- A empresa não está indo muito bem.
- Essa pessoa me odeia.
- Não quero ouvir um não.
- Não fiz um trabalho tão bom assim.

Se você não viu sua desculpa favorita listada aqui, tudo bem. Seja ela qual for, pergunte-se: se eu pedir isso – apesar de todos os motivos muito convincentes pelos quais estou me dizendo para não pedir –, qual é a pior das piores coisas que pode acontecer? Essa eu vou responder por você: é seu chefe te dizer não. E o que você vai *fazer* caso seu chefe te diga não? Te dou três opções: você pode dizer que está decepcionada, perguntar o que pode fazer para melhorar, e traçar um plano para tentar de novo em seis meses. Você pode fazer isso *e* começar a procurar um novo emprego. Ou pode pedir demissão. Seja lá o que você decidir, nenhuma dessas opções é o fim do mundo. Agora, pare de inventar desculpas.

NÃO, QUERO DINHEIRO!

## O QUE VOCÊ ESTÁ ENFRENTANDO

A diferença salarial é uma realidade

Hoje, nos Estados Unidos, as mulheres que trabalham em tempo integral ganham 79 centavos para cada dólar ganho pelos homens. Quando se subdivide por raça, mulheres afro-americanas ganham 64 centavos de dólar, e as hispânicas 54 centavos. Há muito debate acerca desses números – sobretudo, que ele não leva em conta a escolha de cargos, ou o fato de as mulheres tirarem licença para cuidar dos filhos. Ambas as coisas são verdade. Mas quer saber? Mesmo *levando em conta* a escolha do cargo, e comparando mulheres e homens *sem filhos* que se formaram nas *mesmas* universidades, estando ambos atentos a coisas como média de coeficiente acadêmico, horas trabalhadas e licenças tiradas, a desigualdade persiste: no primeiro ano de recém-formadas, as mulheres continuam ganhando somente 93% do que seus colegas homens ganham.

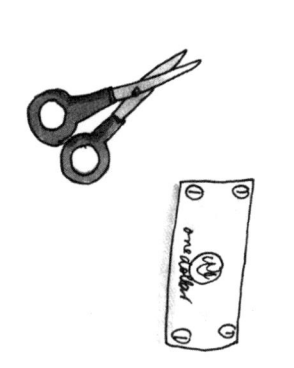

A DESIGUALDADE SALARIAL NOS EUA

| HOMEM BRANCO | MULHER BRANCA | MULHER NEGRA | MULHER HISPÂNICA |
| --- | --- | --- | --- |
| 1 dólar | 78 centavos | 64 centavos | 54 centavos |

## As mulheres não pedem

Sim: seres humanos que se identificam como mulheres têm um quarto da chance dos homens de negociar o salário, e quando negociam, pedem menos dinheiro, apesar das pesquisas que mostram que funcionários que negociam são promovidos 17 meses antes do que aqueles que não negociam. Deixar de pedir contribui não só para a desigualdade salarial, como também para o preconceito que impede as mulheres de sequer terem coragem de pedir.

## Mulheres que pedem estão "pressionando demais"

Mulheres que negociam têm maior probabilidade de serem vistas como alguém que "pressiona demais" – e, em alguns casos, têm menor chance de obter o cargo.

## Cuidado com o blefe!

Mente-se mais vezes para mulheres do que para homens durante negociações – e os mentirosos são tanto mulheres quanto homens. Por exemplo: "Agora não temos como encaixar isso no orçamento" ou "Agora não é uma boa hora", quando na verdade é uma hora tão boa quanto qualquer outra. É interessante notar que, se por um lado homens e mulheres mentem com frequência, pesquisas descobriram (de forma mais geral) que as mulheres têm maior chance de mentirem para não ferirem os sentimentos de alguém, enquanto que os homens mentem para poupar dinheiro, vencer uma discussão ou obter algo que desejam – e tudo isso está em jogo durante uma negociação. Tente apurar o ouvido durante sua conversa – o que soa falso a você? Esteja preparada para (educadamente) questionar respostas suspeitas.

## PLANTE PARA DEPOIS COLHER

### Mantenha uma lista
Uma negociação é a única ocasião em que você pode de fato entregar uma folha de papel (ou mandar um e-mail logo em seguida) com tudo o que você já realizou. Cogite incluir o seguinte:

- formas pelas quais você contribuiu para o lucro ou a imagem de sua empresa;
- exemplos específicos de *como* você contribuiu;
- dados que *comprovem* essa contribuição – seja um relatório de vendas ou o e-mail de um chefe ou cliente dizendo-lhe que você fez um excelente trabalho, ou alguma coisa parecida.

### Conclame os colegas a te apoiarem
Entre em contato com todas as pessoas que possam ter algo a ver com sua negociação. Será que eles vão querer advogar a seu favor depois que você já tiver pedido? Será que podem fazer um relatório positivo sobre você se seu chefe lhes perguntar o que acham? Essas pessoas podem nem sequer ter um papel ativo, mas pense nelas como seu plano B caso uma negociação fique tensa.

### Conheça a média salarial
Pode ser que você ache constrangedor perguntar a um colega quanto ele ganha (e talvez isso vá contra as políticas de sua companhia). Mas descubra algumas coisas básicas sobre a média salarial, de forma a não pedir um aumento absurdo (se tiver dúvidas, visite os sites Glassdoor, PayScale, ou Salary.com). Pesquisas de Linda Babcock e Hannah Riley Bowles, professoras em Carnegie Mellon e Harvard, respectivamente, descobriram que mulheres têm mais sucesso em suas negociações quando há menos ambiguidade sobre os padrões ade-

quados – então, conhecer qualquer valor de referência, seja da área profissional ou de dentro da sua empresa, pode te ajudar a convencer o chefe.

### Planeje *quando* você pretende perguntar
Não é possível simplesmente chegar e pedir um aumento para o seu chefe no momento que te der na telha, então escolha bem o *timing*. Não vá negociar se estiver com rancor ou raiva devido a uma situação no trabalho. Da mesma forma, pense um pouco sobre em qual momento encontrará sua chefe mais receptiva (nada de cercá-la no banheiro feminino). O melhor momento, claro, é logo depois de você ter feito algo incrível. Melhor ainda se esse feito incrível por acaso bater com sua análise de desempenho anual (ou coisa parecida). Se não bater, você já tem uma análise de desempenho marcada para acontecer? Seu pedido pode esperar até lá? Pense bem em suas opções.

### Saiba *o que* você vai pedir
Não deixe de ter um pedido concreto – uma quantia em reais, um cargo específico, um benefício – guardado em sua cabeça antes de entrar na sala. Pode ser que você nem precise usar esse número, mas evitemos a situação de você dando de ombros ao te perguntarem o que você deseja. Não entregue o ouro de mão beijada por não saber o que está pedindo. Seu empregador terá o maior prazer em tomar essa decisão por você.

## MARQUE A REUNIÃO

Não é para surpreender seu chefe em meio a um sanduíche de mortadela e começar a defender seu lado freneticamente. Aborde a pessoa com quem você quer conversar e marque uma data *posterior* para a conversa. As mulheres tendem a ficar mais nervosas do que os homens na hora da abordagem, então eis algumas dicas:

- É adequado abordar o chefe por e-mail? Algumas pessoas sentem menos nervosismo fazendo isso. Se esse for o seu caso, envie uma mensagem curta pedindo uma reunião e fornecendo um motivo para ela. Não precisa dizer à pessoa que você quer um aumento, mas diga algo como: "Queria marcar uma hora para [conversarmos/avaliarmos/batermos um papo] sobre o meu [progresso/desempenho/bônus]";
- Será que seu chefe reagiria melhor a um pedido feito pessoalmente? Então pense num bom momento para passar na mesa dele.

## TÁTICAS DE NEGOCIAÇÃO PARA TODOS

**Dê o primeiro lance!**
Não tenha medo de ser a primeira a falar em números – e *sempre* peça mais do que você acha que vai ganhar. Um estudo descobriu que cada dólar a mais que uma pessoa pede no começo da negociação se traduz em cerca de 50 centavos a mais no acordo final. Gosto do lema da publicitária Cindy Gallop: "Você deve pedir o número mais alto que conseguir falar sem dar uma sonora gargalhada junto." O objetivo aqui é não fazer seu chefe rir também (por você ter pedido uma coisa tão absurda), mas começar uma negociação a partir de um montante maior vai te deixar mais espaço para fazer concessões, caso seja necessário.

**Negocie no todo, não por partes**
Tenha em mente que uma negociação nem sempre diz respeito *apenas* ao dinheiro. Há benefícios, flexibilidade, bônus para licença-maternidade, férias, previdência privada, uma licença para poder terminar um curso de grau superior, e até que a empresa *pague* para você terminar algum desses cursos. Sério, você às vezes pode até sair inventando uns desses. Comece pensando grande, mas você também tem opções menores a considerar (não, não aceite lanchinhos grátis como pagamento!). Esteja preparada para apresentar cada uma delas, e cogite classificá-las por ordem de importância, mas guarde algumas de lambuja caso outras sejam tiradas de cogitação.

**Peça sob medida**
Não existe conselho que vá funcionar para todas as negociações e pessoas, de forma que você deve, a cada passo, se recordar de com quem está lidando. Quando for o momento de defender seu lado, faça-o levando em conta a outra pessoa – seja no vocabulário usado, na

forma como enquadra suas conquistas (segundo o que você sabe que o chefe mais valoriza), ou de quem você precisa ao seu lado (pessoas em quem o chefe confie) – para que sua proposta se concretize.

## Preveja as objeções
E prepare uma resposta para cada uma. Se eles disserem: "Os últimos meses foram dureza" ou "Não sei se você está pronta para essa responsabilidade", você consegue apresentar um argumento contrário? Mesmo se você já estiver pedindo algo sabendo que será difícil de receber, tenha uma resposta engenhosa engatilhada (e veja em nosso guia "QQ eu digo?", nas páginas 243 a 246, algumas respostas a objeções específicas).

## Nada de blefes
Se você estiver entrando na sala com outra oferta de emprego: determine *antes* de entrar se está disposta a sair da empresa ou não, caso te digam não. Não despreze a possibilidade – se você não quiser mesmo aceitar a oferta de emprego – de dizer isso ao seu atual chefe. ("Recebi essa outra oferta, honestamente não estou com vontade de aceitá-la, de forma que espero que você e eu cheguemos a um meio-termo em que fiquemos ambos satisfeitos...")

## Saiba quando parar de falar
Apresente sua oferta e depois fique calada. Deixe que eles façam a próxima jogada.

## TRUQUES DE NEGOCIAÇÃO
## *PARA MULHERES*

### Use "nós", e não "eu"

Se as mulheres são vistas como "agressivas" quando negociam para si mesmas, quando o fazem pelos outros, costumam ter sucesso – porque não dão a impressão de serem egoístas. Como obter essa impressão de fazer "pelos outros" quando estiver negociando para si mesma? Substitua o "eu" pelo "nós": "*Nós nos* sentimos muito bem a respeito de *nossas* conquistas desse ano" – e, em seguida, explicite como *você* contribuiu.

### Estabeleça que é uma questão de colaboração

Não se trata de uma luta por benefícios que te foram negados; trata-se de fazer parte de uma *equipe* e de trabalhar em conjunto a fim de chegar a um acordo que beneficie todas as partes envolvidas. Lembre a eles que você está do lado *deles*.

### Faça rodeios

Sim, eu disse que *não devemos* fazer rodeios em nossa fala, mas pesquisas mostram que utilizar essa estratégia pode compensar a impressão de antipatia imputada às mulheres quando elas negociam. Um roteiro sugerido pela especialista em negociações Hannah Riley Bowles é o seguinte: "Não sei se é muito comum as pessoas da minha posição hierárquica negociarem, mas espero que você veja minha habilidade em negociar como algo importante, que possa contribuir para o trabalho." Basicamente, assim você redefiniu sua gana por dinheiro nem um pouco feminina como uma qualidade profissional.

## Justifique seu pedido

Os homens não precisam acolchoar suas negociações com a recomendação de outra pessoa para obterem êxito, mas as mulheres, geralmente, sim. Uma possibilidade: "Meu gerente sugeriu que eu falasse com você..." Uma sugestão mais forte: o fato de que você *está* negociando pode ser considerado uma qualidade profissional ("Sei que você espera que eu negocie, já que meu trabalho aqui é *negociar com os clientes...*").

## Corteje o ego de seu chefe

Peça conselhos. Você sabe como é: todos adoram monologar... pelo menos um pouco. Isso pode te ajudar a virar a mesa. Você está fazendo seu chefe investir emocionalmente em um bom resultado para você.

## Sorria

As mulheres não deveriam ter que fazer isso, mas pelo bem de te fornecer toda a informação possível: em um experimento em que mulheres e homens pediram aumentos usando palavras idênticas, a professora Linda Babcock, de Carnegie Mellon, descobriu que as mulheres recebiam a pecha de agressivas, *a não ser que* dessem um sorriso enquanto falavam (ou encontrassem outro modo de parecerem simpáticas e afetuosas). Para quem acha isso um suplício: tente não pensar em tal atitude como obediência à normatividade de gênero, e sim como em sorrir pensando no seu futuro *fabuloso*.

## Use seu cupom-mulher

Ele te garante 21% de desconto! Brincadeirinha. Mas falar logo de cara em desigualdade de gênero nem sempre é uma má ideia. Tenho uma amiga – cineasta – que entrou para negociar o salário com a seguinte frase: "Pelo que dizem as pesquisas, você vai gostar menos de mim quando eu negociar. Então eu só queria mencionar isso antes de começar." O jeito como ela falou foi simpático, quase indiferente, mas ainda assim ela conseguiu prevenir a outra parte quanto à existência desse preconceito.

## Não bata em retirada!

As mulheres têm maior probabilidade de fazer concessões rapidamente – mas não faça isso. Não aceite automaticamente a primeira oferta que lhe jogarem, e saiba que uma rodada de discussão às vezes não basta. Entendo, você está doida para encerrar esse suplício. Mas não se trata de uma *negociação* de verdade se você aceitar a única coisa que lhe apresentarem. Primeiro, agradeça a todos pela reunião, e depois peça para pensar e responder depois com calma – para ter tempo de planejar seu próximo lance.

## Ensaie

Em frente ao espelho, com um amigo, gravando em seu iPhone, seja como for. Você precisa visualizar a vitória até ter a confiança de uma oradora brilhante durante sua negociação.

## QQ eu digo?
## UM ROTEIRO

**DIGA ISTO**

**Ao estipular um número:**
- "Fiz uma pesquisa, e parece que o salário médio de alguém no meu nível é _____."
- "Segundo o Salary.com [ou a fonte de sua preferência], a média da profissão é _____." (Desloca a questão para o valor mercadológico, em vez de o quanto você vale. Já entre na reunião com a pesquisa feita.)
- "Geralmente, eu ganho _____." (Útil porque dá uma referência clara.)

**Ao defender o seu lado:**
- "Este ano, a gente foi muito bem." (Como você sabe trabalhar bem em equipe, hein?)
- "Com base em [preencha com sua melhor prova de o porquê de você merecer], eu queria propor _____." (É simpático, mas vai direto ao ponto.)
- "O índice de inflação anual está em _____. Com base no meu desempenho ao longo de [período], eu queria conversar sobre um aumento de _____." (Ótimo, você pesquisou bem.)
- Se você percebeu que está fazendo o trabalho de alguém que está acima de seu nível salarial, negocie com base nisso. "Sou uma advogada plena fazendo o trabalho de uma advogada sênior. Quero que minha remuneração se coadune com minha produtividade."
- Lembre-se de deixar as emoções de fora da negociação. Fique concentrada nos dados e nos fatos.

**Quando a coisa começar a esquentar:**
- "Estou confiante de que a gente consegue chegar a um acordo bom para os dois." (Colaboração, e não confronto.)
- "Acho que estamos chegando perto." (Mostra positividade e mantém todo mundo envolvido.)

**CLUBE DA LUTA FEMINISTA**

## NÃO DIGA ISTO

- "Não estou conseguindo pagar o aluguel em ____." (Seu chefe não quer nem saber.)
- "Tenho que pagar o empréstimo estudantil da faculdade." (Idem.)
- "Vou me casar." (Igualmente.)
- "Estou tentando ter um filho." (Nãããão!)
- "Tenho feito muita hora extra." (Todo mundo ali está trabalhando duro também.)
- "É isso que eu quero e não faço por menos." (Negociar é saber fazer concessões.)
- "Preciso de ____." (Certo, mas você **precisa** mesmo? Experimente trocar por "queria" ou "proponho".)
- "Desculpe, eu só quero ____." (Não se desculpe, não mesmo, por falar sobre dinheiro.)
- "Eu não recebo um aumento/não peço nada desde..." (Reclamar vai acabar com suas chances rapidinho. Se você realmente passou cinco anos sem pedir aumento, mencione isso **depois** que tiver argumentado com base em seu trabalho.)
- "Mas estou trabalhando por três." (Se isso for verdade, parabéns, você está arrasando. Mas tente repaginar isso como uma conquista em vez de reclamação. Você precisa que o aumento se coadune com sua carga de trabalho.)

## O QUE DIZER SE DISSEREM...

**"Este valor excede o que alocamos para este cargo."**
- "Entendo. Também acredito que faço mais nesse cargo do que a média das pessoas. [Diga de que forma.]"

**"Não achamos que você esteja pronta para este cargo."**
- "Então me ajude a entender o que posso fazer para me preparar."

**"É com prazer que vimos lhe apresentar uma oferta de (quantia pífia, de dar dó, em comparação com a que você queria)!"**
- "Muito obrigada. Essa oportunidade me interessa muito, *mas*..."
- "Para ficar confortável aceitando este cargo, eu precisaria de ____."
- "Se vocês puderem chegar a ____, eu aceito agora mesmo."
- "Eu sei que o salário típico para esse cargo é ____, e, na verdade, eu pretendia pelo menos chegar a esse número. Será que vocês conseguem chegar a ele?"

**Após uma rodada inicial de negociações: "Infelizmente, nós só podemos chegar a ____."**
- Fique em silêncio por tempo suficiente para tomar fôlego. Depois diga: "Admiro sua flexibilidade em tentar encontrar uma solução junto comigo. Quero muito esse emprego, então minha esperança é ver o que podemos fazer para os dois lados ficarem confortáveis." (Não, você não quer dizer uma massagem, você está falando de vantagens não monetárias tais como ações, flexibilidade, benefícios.) "Qual é a flexibilidade de vocês no que diz respeito a [insira aqui o benefício]?"
- "Entendi, e fico feliz em aceitar. Quero estipular um prazo para revisar esses termos em ____ meses. Vocês estariam abertos a isso?" (Assim, é estipulado um prazo concreto para um potencial aumento.)

**Depois de várias rodadas de negociação: "Infelizmente, só podemos oferecer ____."**
- Pergunte-lhes o que eles *podem* fazer para compensar a diferença. (De novo: ações, flexibilidade, benefícios, alguma outra coisa.)
- "Entendi. E se combinarmos um prazo para revisar isso – dentro de ____ meses?"

## COMO RESPONDER

**Se a oferta for boa:**
- Aceite-a, e mãos à obra! Se a empresa batalhar para te dar o que você pediu, demonstre em troca sua apreciação e atenção. Às vezes, é preciso se decidir rapidamente.

**Se você não tiver certeza:**
- "Obrigada pela oferta. Preciso de uns dias para pensar/pesar minhas opções."

**Se *ainda* não for bom o bastante:**

Caso seja um emprego no qual você já está:
- Aceite o que lhe ofereceram e pergunte se podem te reavaliar em seis meses.
- Aceite o que lhe ofereceram e comece a procurar um novo emprego imediatamente.
- Caia fora desse emprego desanimador sem olhar para trás. Claro, antes de tudo você precisa se perguntar se pode bancar essa saída – e se vale a pena suportar mais um tempinho até encontrar sua próxima oportunidade.

Caso seja um emprego que você *ainda* não aceitou:
- Aceite o que lhe ofereceram e pergunte se podem te reavaliar em seis meses.
- Diga *não* como tática. Tenha em mente que isso só vai funcionar se *de fato você puder/quiser* deixar a oferta de lado. No entanto, em uma negociação prolongada, pode ser eficiente: às vezes é a única coisa que vai fazer a pessoa do outro lado atender seus pedidos.
- Deixar mesmo a oferta de lado. E ao escrever sua recusa formal, demonstre sua decepção, mas de forma cortês, para não fechar essa porta: "Agradeço seu esforço em defender meus interesses. Infelizmente, não vou poder aceitar esse valor, mas espero que futuramente voltemos a nos cruzar na vida profissional. Obrigada e, caso haja alguma novidade nesse sentido, ficaria feliz em receber sua ligação." Como disse Beyoncé em "Formation": "the best revenge is your paper" [a melhor vingança é a sua grana].
- Se eles fizerem uma boa contraoferta, aceite o emprego e mãos à obra.

## PARABÉNS! VOCÊ NEGOCIOU COM TUDO. AGORA AJUDE UMA IRMÃ DE LUTA.

Depois que Jennifer Lawrence escreveu um artigo sobre como descobriu quanto estava ganhando a menos que os colegas homens, Bradley Cooper anunciou que começaria a declarar publicamente seu salário – para expor a desigualdade salarial entre gêneros. Eis o que *você* pode fazer:

### Conte quanto você ganha
Uma jornalista que conheço começou a mandar e-mails para outras mulheres que vê escrevendo para os mesmos veículos de mídia, oferecendo-se para contar quanto ganha – sem exigir reciprocidade. "Se elas estão ganhando mais, ótimo, não precisam me dizer. Se estão recebendo menos, bem, nesse caso, deveriam ficar sabendo disso", disse-me ela. "Foi uma tática muito útil, tanto concretamente quanto em termos de solidariedade."

### Crie uma "câmara de compensação"
Uma ex-engenheira do Google criou uma planilha em que ela e suas colegas podiam compartilhar internamente os seus valores salariais. Os gerentes não gostaram dessa história, mas as pessoas pediram e receberam aumentos por causa dos dados dessa planilha. Empresas de outras áreas já experimentaram soluções parecidas.

### Converse sobre o seu salário!
Como você pode saber o que você está enfrentando se você não sabe o quanto outras pessoas ganham?

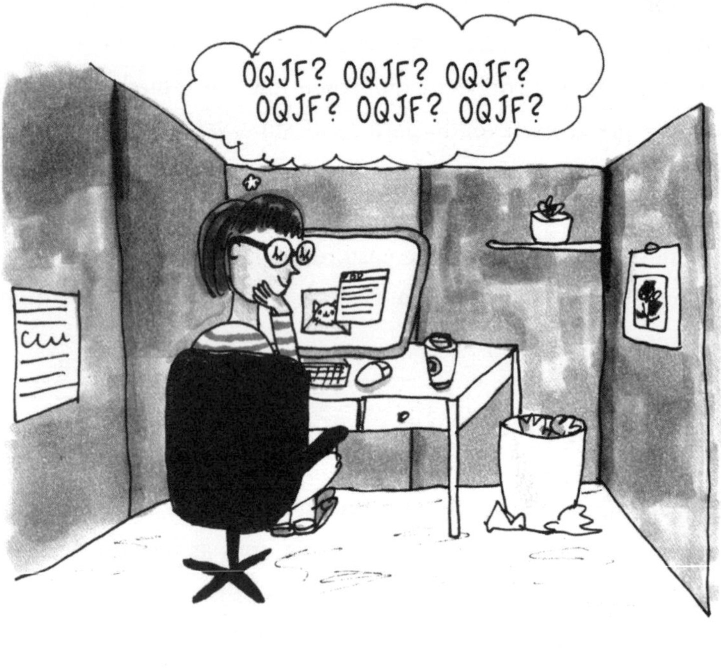
OQJF? OQJF? OQJF?
OQJF? OQJF? OQJF?

Parte seis

# OQJF – O QUE O JOSH FARIA EM MEU LUGAR?

## Comporte-SE com a CONFIANÇA de um HOMEM BRANCO medíocre

Durante muitos anos, eu convivi com um amigo e colega de trabalho que vou chamar de Josh. Ele era *mestre* em conseguir o que queria – desde inventar uma proposta na hora e convencer a todos na base da lábia, passando por continuar calmíssimo quando obviamente tinha feito uma grande merda, até transformar um cargo que odiava dentro de um setor em uma promoção dentro de outro (juntamente com um belo aumento). Mas minha história preferida sobre o Josh era sua estratégia para marcar reservas em restaurantes. Ele ligava para recepcionistas inocentes fingindo ser assistente de si mesmo:

> "Sim, alô, meu nome é... David, ligando do escritório do sr. Josh Fulano de Tal. Ele gostaria de uma mesa para três..."

Desfrutamos de excelentes refeições graças a esta tática – em lugares dos quais jamais conseguiríamos passar da porta não fosse por essa estratégia. É claro que eu mesma *jamais* teria ousado ligar para esses restaurantes.

No fim das contas, as mulheres (e os homens) de nosso escritório começaram a aplicar a seguinte abreviatura para falar de Josh, algo que repetíamos sempre que nos encontrávamos em uma encrenca: OQJF? Observávamos todas as jogadas de Josh como se fosse um experimento social. Com o tempo, acabei percebendo que sua abordagem para quase todas as interações no escritório era o completo oposto do que eu faria.

Em reuniões, ele tinha alguns truques: primeiramente, sempre se sentava à mesa, e na cadeira mais próxima ao chefe, chegando pontualmente ou até mesmo adiantado para assegurar seu lugar. Depois, quando todo mundo estava falando alto, um tentando interromper o outro, Josh voltava o rosto para nosso chefe e falava com ele diretamente, em voz baixa e calma. Os demais assistíamos boquiabertos, imaginando que segredos estariam trocando entre si. Mas esta tática ajudava a cimentar seu poder no recinto.

## ⭐ Sente em mim ⭐

Muitas vezes, a edição de revistas se concentra no teatro político das "reuniões de pauta", que geralmente são uma assembleia dos editores e repórteres mais importantes convocadas pelo chefão-mor. Espera-se de cada um dos presentes que traga boas ideias, e que transmita essas ideias – na realidade, vendendo sua própria criatividade e visão para encontrar histórias – aos demais presentes. Tratava-se de uma competição pública. Na maioria das semanas, antes da reunião de pauta, eu quase tinha um ataque de pânico. Eu tinha doze ideias e abreviava minha lista para seis, depois decidia que três eram imbecis, me obcecava e labutava loucamente nas três restantes, mudando o ângulo de cada matéria meia dúzia de vezes.

Enquanto isso, o que Josh fazia? Ele pedia ideias a todo mundo – colegas de outros departamentos, redatores freelancers externos, correspondentes jornalísticos que não compareceriam à reunião – e depois as apresentava em nome do grupo. Além disso, antes da reunião, ele fazia uma campanha em prol dessas pautas sem o menor acanhamento. Entrava semana, saía semana, e Josh saía da reunião com no mínimo uma apuração a ser feita – por ele ou outra pessoa – enquanto eu me debatia naquela espiral de insegurança frenética, anotando e riscando aquelas três mesmas ideias sem parar.

Dito isso tudo, Josh era um homem digno e íntegro. Em sua vida pessoal, ele adorava dar jantares e era um anfitrião generoso e simpático. Mas, no trabalho, Josh não dava a mínima para ser "estimado" ou não. Ele nunca topava uma ideia ou empreendimento se não houvesse ali um benefício óbvio para *ele*. Se houvesse algum projeto de que quisesse fazer parte, ou um novo cargo que ele pretendesse criar, não esperava alguém convidá-lo – simplesmente tomava a iniciativa e começava a fazê-lo.

Lembro da primeira vez em que entrei numa reunião em que Josh estava presente. *Quem esse cara pensa que é?*, pensei. Então eu percebi que podia aprender com ele. Foi quando parei de me aborrecer e comecei a tomar notas.*

---

* Sabe quem mais tomava notas a respeito do comportamento de homens? Frances Perkins, a secretária de trabalho de Franklin D. Roosevelt, primeira mulher a participar do gabinete presidencial norte-americano. No começo de sua vida profissional, ela tomava notas sobre colegas homens e as arquivava em um grande envelope vermelho com a etiqueta "Observações sobre a mente masculina".

## OQJF? :
## SE NÃO PUDER SER, FINJA (NO COMEÇO)

Acontece toda hora: um cara se autoelogiando para uma promoção que ele não merece, dando desculpas esfarrapadas para fugir de uma tarefa ingrata, ou passando tanta confiança que todos agem como se ele fosse o chefe, mesmo não chegando nem perto disso. Ele é o estagiário de olho na contratação formal que divulga seu cargo atual como "pesquisador-chefe", enquanto sua colega mulher divulga o seu como "estagiária pesquisadora". Ambos são *tecnicamente* verdade – se os dois forem os únicos pesquisadores da empresa, são de fato os chefes. Mas nosso candidato tem o que se pode chamar de *cara de pau* (não confundir com papo-furado puro e simples). Você também pode ter uma.

# FEMIMETIZE-O

## 👊 Diga em tom de certeza, mesmo que não tenha

Certamente pode não ter certeza, mas se você fosse o Josh, faria questão de *soar* como se tivesse. É um segredo que Carla Harris, executiva em Wall Street, aprendeu logo no início da carreira, depois que uma mentora lhe disse que ela estava "disposta demais a se acusar" quando não sabia alguma coisa. "Quando você aparenta ter dúvidas sobre um fato ou quanto à resposta a uma pergunta, as pessoas começam a duvidar se você sabe o que está fazendo", disse-lhe a mentora. O que Harris fez? Simplesmente mudou o tom, *agindo* como se tivesse certeza. Meias verdades confiantes sempre ganham de verdades hesitantes.

## 👊 Um excesso de confiança honesto

Uma estatística que cito frequentemente: a mulher se candidata a uma vaga em aberto se, e somente se, ela achar que atende a todos – ou seja, a impraticáveis 100% – os requisitos para o cargo. Já o homem? Ele vai se candidatar para o emprego quando atender apenas 60%. Talvez seja fruto do que um estudo apelidou de "excesso de confiança honesto" – por causa dele, os homens avaliam seu desempenho como melhor do que realmente é, enquanto as mulheres tendem a julgar os delas como piores. Quem será *de fato* mais qualificado para o trabalho? Essa é uma ótima pergunta. Mas é seguro presumir que a maioria dos diretores de contrato jamais vão descobrir – porque você nem chegou a mandar seu currículo para eles.

## 👊 Seja sua própria máquina de *hype*

Até a Beyoncé já teve um alter ego – Sasha Fierce – para ajudá-la a melhorar sua presença de palco. A maioria de nós não chega ao mundo cheio de autoconfiança. Mas agir com confiança, mesmo se for fingimento, não só irá convencer os outros de que você é competente como também pode levá-la a ter autoconfiança *de verdade*. Se você não conseguir fazer isso por você mesma, tente fazer isso por sua "alter ela" – e encha bastante a bola dela.

## OQJF?:
## FRACASSE POSITIVAMENTE

É uma lição que o Vale do Silício abraçou com força: segundo pesquisas de Shikhar Ghosh, professor assistente em Harvard, mais de um terço das start-ups que receberam capital de investidores torra o dinheiro deles, e cerca de 70 a 80% não dão retorno do investimento. Porém, os fundadores dessas start-ups não escondem seus fracassos; pelo contrário, eles se gabam deles – blogam sobre eles, reúnem-se para falar sobre eles em conferências como a FailCon. Sabe o que mais as start-ups têm em comum, além do fracasso? Elas são geridas por... isso mesmo, homens.

O medo feminino do fracasso começa cedo. Uma pesquisa da psicóloga Carol Dweck revela que, já na escola primária, as meninas tendem a desistir mais rápido do que meninos – e essa tendência aumenta mais quanto maior for seu Q.I. Esse medo não diminui com a idade – especialmente em áreas com predomínio masculino, onde as contribuições femininas tendem a ser julgadas com mais severidade. E quando uma mulher de fato fracassa, ela tende mais a acreditar que é pessoal – que ela não presta –, enquanto os homens veem o fracasso como algo circunstancial (a maré de negócios estava ruim).

Nem tudo são más notícias. O medo que as mulheres têm do fracasso pode instá-las a se informar melhor; elas separam tempo para ler mais sobre suas ideias para poderem fornecer argumentos sólidos. Mas aí, é claro, existe o ciclo de feedback: pessoas que temem o fracasso têm menos chance de apresentar ideias, de assumir riscos intelectuais, e são mais propensas a desistir. Elas tendem a evitar novos desafios, preferindo continuar com aquilo em que já são boas. E como você vai aprender se não experimentar algo novo?

## FEMIMETIZE-O

👊 **Você está em boa companhia**
Executivos chamaram o episódio-piloto de *Seinfeld* de "fraco", e alegaram que nenhum espectador ia querer assistir de novo à série. Oprah foi demitida quando trabalhava como repórter. Num primeiro momento, *Harry Potter* foi rejeitado porque as editoras o acharam "comprido demais" para um livro infantil. Em suma: o mundo está cheio de histórias sobre gente de sucesso que fracassou na primeira tentativa, tentou de novo, e teve sucesso na seguinte. Picasso teve que produzir mais de 20 mil obras de arte para chegar às poucas obras-primas de que nos lembramos – você não acha que suas chances são melhores?

👊 **Abaixo o arrependimento por nem ter tentado**
Em seu livro *Originais*, o professor de administração Adam Grant divide o fracasso em dois tipos: os centrados em ação e os centrados em inação – ou seja, fracassar por ir mal no que você se propôs a fazer versus fracassar por nem mesmo tentar. Antes de começar, a maioria das pessoas pensa que vai se arrepender mais da tentativa malsucedida: da angústia de uma empresa falida ou da humilhação da proposta de casamento recusada. Mas adivinhe só? Quando as pessoas refletem sobre seus maiores arrependimentos, o que mais lamentam são as *inações* – ou o fracasso em *tentar*, não o fracasso em si.

👊 **Aprenda com seus erros**
"Não há curso, psicoterapeuta nem dinheiro que te conceda a sabedoria e a força que você aufere de um grande erro", diz Rachel Simmons, coach de liderança do Smith College. Ela está certa – as pesquisas corroboram o fato de que precisamos mesmo aprender mais com o fracasso do que com o sucesso.

## OQJF?:
## SAIBA DIZER NÃO

Por muito tempo, eu dizia sim para tudo: reportagens que eu não desejava fazer, cafés com pessoas com quem eu não tinha a menor intenção (ou interesse) de trabalhar; pedidos para "conhecer minhas ideias" ou "um feedback rápido nisso aqui", mesmo sabendo que minhas ideias e feedback são justamente meu ganha-pão. Mas isso não é só comigo: quando alguém lhes pede algum favor, as mulheres têm mais dificuldade de dizer não do que os homens – e, quando elas chegam a recusar, a reação costuma ser de surpresa (e até de hostilidade). É claro que há diferença entre dizer não a um desconhecido e dizer não para o seu chefe – então é bom saber o seu lugar. Mas também existem táticas para garantir que seu trabalho pessoal não irá sofrer com isso.

*Zumbi do SIM*

SIM SIM SIM SIM SIM

*Responsável*

Desculpe, não dá!

## FEMIMETIZE-O

👊 **Reciprocidade**
Para cada desconhecido que te fizer um favor, você pode ajudar, em troca, outro desconhecido. Mas pense duas vezes se esse é alguém que você gostaria de ajudar, ou que você precisa ajudar – se não for o caso, há algum jeito de dizer não? Não é necessário dizer não de forma grosseira, mas, se for um "favor" profissional, é adequado tratá-lo como uma transação comercial. Pergunte-se: que proveito isso vai me trazer?

👊 **Deixe o grosso do trabalho na mão *deles***
A pessoa que te pede o favor quer um feedback? Faça-a mandar uma proposta a você. Conselho? Faça com que ela estipule exatamente o que quer que você avalie. Uma recomendação? Peça uma lista de itens para a partir dela você fazer sua escolha. Pedidos de ajuda costumam ser vagos, sem especificidade, e quase sempre acabam tomando mais que "só um minutinho" do seu tempo. Não perca tempo tentando descobrir exatamente que favor a pessoa quer – *exija* que te expliquem direito.

👊 **De olho no seu cronômetro**
Uma fundadora de start-up me contou que considera qualquer coisa que requeira mais que dez minutos de esforço uma "consultoria" – quer dizer, um trabalho pago. A maioria de nós não é fundadora de start-up, e, pelo visto, se eu somasse todos os dez minutos gastos ajudando, devo ter cedido semanas da minha vida inteiramente de graça. Mas a questão é impor limites antes de começar – para você e para a pessoa que está lhe pedindo o favor.

## OQJF? : MELHOR PEDIR PERDÃO QUE PERMISSÃO

"Alexis" e "Nick" trabalham na mesma empresa, com cargos que demandam jornadas de oitenta horas por semana e muitas viagens. Ambos têm filhos, e nenhum deles está feliz com o pouco tempo que passa em casa. A Alexis vai ao chefe e pede para sua jornada ser reduzida – e o chefe faz o que pode para atendê-la. Mas o Nick simplesmente *se concede* um horário reduzido: trabalha de casa uns dois dias por semana, cultiva clientes locais para reduzir a quantidade de viagens, entra em acordo com colegas para um encobrir o outro quando alguém sair mais cedo. No entanto, quando saem as revisões de desempenho, a de Nick é nota dez, enquanto que Alexis é penalizada.

Os nomes são fictícios, mas a história é real: provém do estudo de uma firma de consultoria pertencente a uma professora da Universidade de Boston. Ela observou as maneiras como homens e mulheres reagem às condições cruéis da cultura *workaholic*. Suas descobertas reafirmaram o que muitas mulheres provavelmente hão de perceber depois de passar alguns anos trabalhando: que as mulheres tendem a adotar métodos cautelosos, cumprindo as regras, *pedindo* a alguém, enquanto os homens assumem os riscos e *fazem* – presumindo que tudo acabará bem.

## FEMIMETIZE-O

👊 **"Desculpe" em vez de "por favor"**
Muitos funcionários não chegam nem perto de ter tanta autonomia (ou flexibilidade) quanto Alexis e Nick. Se você bate ponto no seu trabalho, não pode simplesmente sair sem permissão; se você for o único homem negro ou pardo num escritório composto inteiramente de brancos, provavelmente você não vai passar batido com a facilidade de Nick (que podemos presumir que era branco com base na distribuição racial da maioria das firmas de consultoria). Mas as mulheres tendem, de fato, a fugir do risco, especialmente em campos dominados por homens – muitas vezes pedindo *permissão* em vez de simplesmente presumir que, se as coisas derem errado, podem simplesmente dizer "me desculpe". A história trata de uma questão maior, mas a mesma filosofia pode ser aplicada a qualquer coisa: em experimentar uma nova direção ao realizar uma tarefa profissional; para sair mais cedo para uma consulta médica; para experimentar guloseimas naquelas lojas de balas a quilo que estão basicamente pedindo para você enfiar a mão no pote. Cada emprego é diferente – e, como com todos os conselhos deste livro, leve em conta sua situação específica –, mas a questão é se afastar da tendência feminina a *pedir* em vez de pegar. Não bote a boca no trombone para divulgar seus planos sem quê, nem por quê. Às vezes, menos informação é mais.

## OQJF?:
## SE NÃO VENCER DE PRIMEIRA...

Eis o que eu faço quando ouço a palavra "não", ou até mesmo algo adjacente ao não: volto arrastando os pés para minha mesa (ou, hoje em dia, meu sofá), desisto, fico amuada, tomo um drinque, choro, rumino sobre onde foi que eu errei, fico com raiva da outra pessoa, fico com raiva de mim mesma, imagino como eu poderia ter feito diferente. Eis o que Josh teria feito ao ouvir a palavra "não": ele voltaria andando calmamente para sua mesa, onde iria se recompor, talvez comer alguma coisa, e depois decidir como vai reformular a pergunta para conseguir um sim. Então ele voltaria e tentaria de novo. Essa lição é simples: um movimento de recusa – seja ele em forma de questionamento, de uma resposta sem entusiasmo, de um feedback negativo ou até mesmo um "não" com todas as letras – nem sempre *significa* não. Então volte à prancheta – sua escrivaninha, seu café, o banheiro para mulheres com necessidades especiais do seu escritório onde você pensar melhor – e faça o seguinte:

## FEMIMETIZE-O

👊 **Fale com convicção**
Será que você propôs sua ideia com má postura, sussurrando, ou com um preâmbulo derrotista do tipo "não sei se isso presta ou não, mas"? Tente de novo, dessa vez, com convicção.

👊 **Reformule o pedido**
Seja lá o que você tiver pedido ou proposto, descubra as partes que mereceram a maior parte das críticas e ou responda a elas, ou reformule-as, de forma a agradar mais o seu público.

👊 **Tome notas para a próxima vez**
Talvez o não seja mesmo um não. Mas e quanto ao feedback que você recebeu – refiro-me aos *motivos* para o não? Será que você consegue instrumentalizá-los de forma eficiente, usando aquilo que você sabe agora para obter um sim em seu próximo pedido? Pensemos, por exemplo, na seguinte frase, no melhor jargão de negócios de que sou capaz: "Você falou que estamos com um orçamento baixo, então encontrei uma forma de otimizar os custos..."

👊 **Não leve para o lado pessoal**
Porque, sim, tendemos (estatisticamente) a fazê-lo. Em situações em que um homem e uma mulher recebem ambos um feedback negativo, a autoconfiança e a autoestima da mulher baixam muito mais do que as dele. Não permita que isso aconteça.

## OQJF?:
## NÃO ESPERE, PERGUNTE

Recentemente, fui convidada por uma empresa de internet para ser curadora de uma exposição de fotógrafas em Los Angeles. Não era um trabalho pago, e eu o teria feito de qualquer forma, mas eu queria alguma coisa em troca do meu esforço. Mais especificamente, eu queria que pagassem minha estadia num hotel, pois queria prolongar minha permanência na Costa Oeste até a data de um casamento a que eu compareceria. Na minha cabeça, pedir isso era ridículo – porque eles *sabiam* que não era necessário. Mas assim mesmo redigi um e-mail pedindo o que eu queria e mostrei para uma amiga. "Peça tudo o que você quiser", disse ela. "O que você tem a perder?" Eu pedi, e eles nem sequer pestanejaram em me atender.

Em seu livro *Women Don't Ask*, Linda Babcock descreve dois tipos de pessoas: os nabos, que veem pouco valor em pedir o que desejam (por perceberem seu ambiente como imutável) e as ostras, que veem situações como adaptáveis e procuram meios de melhorá-las (ou seja, veem o mundo como sua ostra, e acham que o céu é o limite). Acho que você adivinha fácil, fácil qual gênero se encaixa mais em cada categoria. O livro de Babcock é sobre negociação, mas a premissa se aplica a quase tudo. Pode ser que você não consiga o que quer pedindo. Mas é *garantido* que você não conseguirá se não pedir.

## FEMIMETIZE-O

👊 **Seja uma ostra**
Você vai se adaptar/sobreviver/seguir em frente caso essa pessoa diga não? Se a resposta é sim, então peça. Se a resposta é não, tome um uísque.

👊 **Tenha um plano B para o caso de ouvir um não**
Esforce-se para enxergar seu pedido não em preto e branco, mas em tons de cinza. Se disserem que não, existe uma contraoferta que possa ser feita? Será que você pode ter *metade* da extensão de prazo, ou cobrir *metade* das despesas? Tente pedir – ou reduzir o seu pedido – aos poucos.

## OQJF?:
## **PRESUMA O MELHOR**

Uma amiga me contou uma história sobre seu marido: ele trabalha em um campo cujos empregos são voláteis, projetos estão sempre perdendo sua prioridade, e chefes mudando de ideia – e os empregos das pessoas é que sofrem com isso. Algo do gênero sempre acontece com o marido dela a cada seis meses, mais ou menos, e todas as vezes essa minha amiga, Kyla, assistente social, *surta total*. Começa a procurar apartamentos mais baratos e pensa no que pode acontecer caso precisem cortar gastos. Ela cancela todas as férias que está planejando e pega turnos extras no trabalho. É bom se preparar para eventualidades, mas ela entra em modo apocalíptico – tudo isso enquanto seu marido parece supertranquilo. Kyla não é uma anomalia: as mulheres se preocupam mais do que os homens. Com certeza o marido de Kyla está preocupado em algum nível também, mas com a postura oposta: de que vai dar tudo certo, de que ele é inteligente e capaz, de que se esse emprego, no fim das contas, não der certo, ele conseguirá um *melhor ainda*. E se as coisas não saírem como ele está pensando? Ele fica surpreso – enquanto que Kyla parece ter estado se preparando para o pior o tempo todo.

## FEMIMETIZE-O

👊 **Abra sua mente**

O que será, será – não importa se você vai se preocupar ou não. Então corte algumas despesas desnecessárias por segurança, mas lembre-se de que perder o sono à noite não vai te ajudar a resolver o problema (e, na verdade, só vai te deixar ainda mais estressada). Pense só no *tempo* que você vai economizar se não ficar se preocupando. Que problemas mundiais você poderia solucionar – ou a que episódio de *Broad City* poderia assistir – com todo esse espaço mental recém-liberado?

👊 **E o restante vai se seguir**

Geralmente, tudo acaba terminando bem. Mas a questão principal a respeito da reação de Kyla é que sua mente viajou direto à ordem de despejo. Talvez seu marido tenha problemas para recuperar seu status profissional por um breve período, mas ele não está se visualizando no olho da rua – ele tem segurança de que vão dar algum jeito e ficar bem no final. O que é melhor para a saúde mental *dele* também. Ninguém quer voltar a buscar um emprego pensando ao mesmo tempo que *sua carreira acabou.*

## OQJF? :
## GAROTA, FAÇA POR *VOCÊ*

Tenho uma piada interna com minhas amigas jornalistas: de que tenho despistado a foice da Morte do Jornalismo desde o início da minha carreira. Aonde quer que eu vá, passaralhos, venda de jornais e troca de sócios sempre me perseguem, desde o jornal de minha cidade natal, o agora extinto *Seattle Post-Intelligencer*, passando pela *Village Voice* (vendida), pela *Newsweek* (que deixou de circular em formato impresso, e depois voltou), até o Tumblr (onde, bem, só o *meu* departamento foi demitido). Mas nessa época, já em 2012, quando me vi existindo como freelancer permanente, eu já tinha superado isso. Nunca mais eu teria um emprego no jornalismo tradicional.

Então não fui atrás de um (pelo menos não na época). O que eu fiz, da minha mesa no Tumblr, de onde meu computador seria confiscado ao fim do dia, foi mandar um e-mail para Sheryl Sandberg. Sim, do nada. Certa vez, eu a entrevistara sobre negociação e escrevera um artigo sobre o livro dela. Eu sabia que ela havia fundado uma organização sem fins lucrativos, o que eu achei uma ideia legal, e que deveriam contratar uma pessoa para ajudá-los a criar conteúdo. O meu e-mail foi curto, algo do tipo: "Fui demitida. Quais são seus planos para a fundação? Você precisa de uma editora?".

Ela não precisava, mas tinha outros cargos por preencher – cargos esses que eu sabia não me interessarem. Então, comecei a me convencer de que eu *a* convenceria de que *havia sim* um cargo a ser preenchido, e que só *eu* serviria para ele. Meia dúzia de reuniões e um relatório de 25 páginas depois, eu havia faturado um novo emprego só na lábia – em um cargo para o qual, de início, ela disse não estar contratando.

## FEMIMETIZE-O

👊 **Dançando sozinha**

Talvez seja um efeito proveniente da cultura de start-ups, mas hoje a capacidade de cada um criar o seu caminho está mais comum do que nunca – e isso era o que Josh faria, digo com orgulho (!). Ele – não, ela – mandaria um e-mail do nada a um ídolo profissional fazendo-lhe uma crítica construtiva, dizendo-lhe arrojadamente que era preciso fazer algo diferente, e argumentando por que *ela* seria perfeita para ajudar nisso. Mandado o e-mail, ela pesaria a oferta e o requisito de se mudar para San Francisco, coisa que ela não tinha a menor intenção de fazer, e argumentaria que fazia sentido continuar morando em Nova York. Ela não teria peias de se aproximar de uma pessoa que admirava tanto, que estava criando algo de que ela queria fazer parte, e presumiria que nada tinha a perder se pedisse. Então, parece que afinal de contas eu havia aprendido sim um pouco com o *Josh*.

## Que embromação é essa?
## PEGANDO O EMBROMADOR NO PULO

Uma coisa em que os zés-manés de empresa são excelentes? Falar e falar sem dizer nada, mas soando *como se* soubessem do que estão falando, mesmo quando sabem tanto sobre o assunto quanto o quadro branco na frente do qual estão gesticulando. Como a lei antiembromação não vai passar tão cedo nos Estados Unidos, eis algumas notas úteis para reconhecer os praticantes dessa suposta "arte".

### EMBROMADOR: o Sr. Sinergia
Ele diz "sinergia" e "paradigma" sem nexo com o resto da frase. Pensa que "operacionalizar" e "obstaculizar" são palavras existentes e recusa-se a aceitar argumentos em contrário.

### ANIMAL ESPIRITUAL: coelho
Assim como o coelho, o Sr. Sinergia expele um certo tipo de dejeto que não ofende tanto assim quando visto individualmente. Mas se você precisa passar um dia junto desse cara, essas pelotinhas logo se tornam um monte de merda bem fedido e incômodo.

### EMBROMADOR: o Homem-chavão
Enche a boca para dizer frases longas e vagas que nada querem dizer, do tipo: "A gente precisa mesmo é fazer um esforço diferenciado, pessoal" ou "Vamos focar nos resultados que estão à mão", e por fim arremata com uma baboseira genérica como "Estamos todos juntos na missão, não é?".

### ANIMAL ESPIRITUAL: pombo
Tal e qual o pombo, a titica do Homem-chavão sai sem aviso bem no meio de uma reunião, deixando você atônita e seu blazer todo salpicado de porcaria.

**EMBROMADOR: o Professor de Gramática**
Adora a frase "vamos analisar esta sentença" como desculpa para quebrar a tal sentença em várias partes e repetir o que você acabou de dizer só que em termos compreensíveis até para uma criança. Também tende a dizer, no final de uma reunião, "Então, em suma...".

**ANIMAL ESPIRITUAL: rato** 
Os cocozinhos desse rato podem até parecer engraçadinhos e inofensivos no começo, se você tomar a repetição de suas palavras como forma de ele complementar sua ideia. Mas logo essa história de "vamos analisar" fica chata e você se vê com uma verdadeira infestação nas mãos.

**EMBROMADOR: o Puxa-saco**
Elogia o tom geral da reunião sem dizer nada de sólido. "Eu não quero ser narcisista, mas sinto que estamos progredindo muito." Ele também adora concordar com as coisas inteligentes que as outras pessoas dizem, na esperança de que suas palavras sejam associadas à sabedoria dele.

**ANIMAL ESPIRITUAL: cachorro** 
Assim como um cão, mal esse embromador fareja uma boa ideia, já quer fazer pipi em cima dela para marcá-la com seu próprio cheiro.

**EMBROMADOR: o Empreendedor Visionário**
Adora falar em "disruptivo", "disrupção", "tecnologia disruptiva", pensando que assim vai parecer o bonzão. Também insiste frequentemente em "listas itemizadas de ações" e "principais lições a tirar".

**ANIMAL ESPIRITUAL: vaca** 
A vaca não pode se conter: precisa expelir uma enorme pilha de merda fumegante, bem "disruptiva". A boa notícia é que ela é impossível de não notar para todos os que possuem um mínimo de olfato.

**EMBROMADOR: o Maníaco do PowerPoint**
Produz elaboradas apostilas em papel ou apresentações de PowerPoint. Quanto mais ele acha que precisa "distrair" as pessoas com relação à falta de profundidade em um assunto, mais adorna o conteúdo – com diagramas, fontes diferentonas etc.

**ANIMAL ESPIRITUAL: preguiça**
A preguiça demora dias para planejar seu cocô semanal, trafegando por um terreno hostil com folhagem, ramos e casca de árvore até conseguir chegar ao local apropriado para o serviço (o chão logo abaixo de sua árvore). É um grande empenho para um ato que deixa a preguiça vulnerável a seus predadores.

**EMBROMADOR: o Última-palavra**
Chega à reunião completamente despreparado, espera até quase terminar, depois entra em cena para questionar a razão para a reunião ter sido convocada. "Peraí, gente: posso perguntar o que exatamente estamos tentando fazer aqui?"

**ANIMAL ESPIRITUAL: gato**
Furtivo, indetectável, ele provavelmente estará se escondendo em um canto escuro sob um quadro branco – você não vai suspeitar de sua presença até que o fedor atinja o seu nariz.

## Como não ser escr*to mesmo que você tenha um:
# UM GUIA PRÁTICO PARA O HOMEM MODERNO

Caros colegas, amigos, parceiros e compadres do gênero masculino:

Permitam-me femexplicar uma coisa para vocês. Vocês, homens, são essenciais à batalha. Precisamos de vocês no nosso time! Este (e esta vida) é um esporte misto. No momento, vocês são metade da população, líderes das empresas, nossos políticos e executivos, pais de nossos filhos, nossos parceiros e amigos – e, o mais importante, não podemos acabar com o patriarcado sem vocês, o patriarcado. Lembram quando vocês votaram para que nós pudéssemos votar? É o mesmo princípio.

Sei que é meio esquisito pedir para acabarem com o patriarcado, quando o patriarcado é o detentor do patrimônio, e vocês são os "patri" que formam essas palavras. É como pedir a uma empresa de cigarros para fazer propagandas antitabaco, ou pedir a Matthew McConaughey para vestir uma camisa. Mas vencer essa guerra não quer dizer que vocês percam. Não se trata de um jogo de soma zero. Até os robôs nos dominarem, vocês precisam de nós, e nós precisamos de vocês para tocar pra frente essa tal de vida.

Além disso, *nos* libertar quer dizer também libertar *vocês*: suas empresas vão se tornar mais lucrativas e cooperativas, nós ganharemos mais dinheiro para vocês não terem mais essa obrigação tão opressora, criando crianças que serão mais saudáveis e confiantes porque têm mães trabalhadeiras e pais presentes, com elas ajudando vocês a tomarem melhores decisões no trabalho. É isso, e vocês ainda ganham o direito de andar mais com a gente; somos muito cheirosas, quase feito flores – flores muito venenosas.

Sabemos que ser homem hoje em dia pode ser um pouco assustador. Também ficaríamos com medo de estar "mansplaining". Mas nesse ponto é que o CLF pode ajudar. Há *um montão* de coisas fáceis que os homens podem fazer todos os dias para manter sua escr*tidão sob controle – e, além disso, estar entre os melhores e mais importantes defensores das mulheres. Eis aqui uma lista tim-tim por tim-tim para te orientar. Recorte-a, leve-a com você e mantenha-a num lugar seguro.

## NOS DÊ CRÉDITO

As ideias das mulheres têm menos chance de serem corretamente atribuídas a elas – muitas vezes porque outra pessoa (um homem) as está repetindo mais alto. Vocês bem que podiam calar a boca. Mas poderiam também nos dar o crédito, o que fará com que tanto *nós* quanto *vocês* fiquemos melhor na fita (nós inteligentes, e vocês como os generosões, bons em trabalhar em equipe, não é?). Nossas ideias não são memes para vocês repostarem à vontade, e é uma chateação ter que apontar isso (quando as mulheres fazem isso, ficam com fama de estraga-prazeres). Então faça-nos o favor de nos conceder o crédito quando ele for nosso.

## SE ESPARRAME MENOS

Nós também já estamos de saco cheio de ouvir falar em *manspreading* (ato de o homem sentar de pernas abertas) – e entendemos o porquê, parece bem confortável – mas o fato é que homens ocupam mesmo mais espaço: um ângulo de 10 a 15 graus maior no assento.

Entendemos que vocês têm mais material ali embaixo, mas se Gore Vidal cruzava as pernas, vocês também podem fazê-lo. Então, ande com sua cadeira dez centímetros para o lado, ajuste seja lá o que precise ser ajustado, e, por favor, feche as pernas. As pessoas vêm nos dizendo para fazer isso há anos.

## INTERROMPA UM MANTERRUPTER

As mulheres são interrompidas o dobro de vezes que os homens. Então você pode parar de interromper, mas melhor ainda – porque você está lendo este livro e, logo, obviamente sabe que não pode interromper – você pode ser um Interruptor de Manterrupters, intrometendo-se com manterruptions em favor de suas colegas mulheres. É moleza, basta dizer "Ei, deixa ela concluir?". Talvez inventar um sinal para fazer aos seus colegas homens quando estiverem interrompendo, como nos esportes. Talvez vire diversão, feito no esporte. Vocês gostam de esportes. Sabe do que mais? As mulheres também.

## DEIXE-NOS FALAR

Esqueça tudo o que vocês ouviram falar sobre "tagarelice" em mulheres – é tudo calúnia, é simplesmente a gente conversando, igual a vocês, só que, na verdade, menos. Juro para vocês: em matéria de trabalho, na verdade vocês falam mais do que a gente – e às vezes sequer têm ideia de *quanto*. Então, por favor: tentem ficar de boca fechada tempo o suficiente para conseguirmos terminar o que dizíamos. Depois fiquem calados um pouquinho mais: talvez a gente tenha algum acréscimo a fazer.

## NOS APOIE QUANDO DISSERMOS COISAS INTELIGENTES

Especialmente em um grupo, para mostrar que você concorda. (Sim, a validação de um homem ainda vale mais.) Você também pode fazer isso em séries de e-mails, respondendo a todos com alguma variação de "SIM" ou "concordo". Emojis também funcionam. Pessoalmente, gosto das mãos dando "viva", batendo palmas, ou até mesmo de alguns emojis "100".

## ACEITAMOS UM CAPPUCCINO
Obrigada. Se você puder nos trazer um enquanto está pegando seu próprio café a caminho do trabalho (traga uma opção com leite, por favor) – de forma que você não sinta vontade de pedir à sua colega mulher para pegar um para você –, seria ótimo. Também é ótimo você se oferecer para tomar notas ou fazer a ata da reunião. Esse tipo de tarefa chata costuma ser imputada mais às mulheres – e se por um lado ninguém está *doido* de vontade de fazer anotações, vocês, homens, obtêm benefícios quando o fazem (os chefes te acham ótimos, vocês ganham promoções e aumentos, blá-blá-blá). Privilégio masculino é uma delícia, né?

## NOS CHAME PARA AS REUNIÕES
Tipo, tantas de nós quanto você conseguir achar. Somos mais propensas a falar em reuniões caso haja mais mulheres presentes, e temos excelentes ideias. Além disso, nosso cheiro é bom, e ocupamos menos espaço (manspreading, como já mencionamos).

## ATENÇÃO COM AS SUAS PALAVRAS
Não nos chame de cobradoras, loucas, mandonas ou agressivas. Isso nos magoa, além do que trata-se de uma injustiça: nós "azucrinamos" e somos "autoritárias", exibindo o mesmo comportamento que vocês; só que, quando vocês fazem igual a nós, estão só "relembrando" ou sendo "firmes". Às vezes, até mesmo quando vocês estão sendo "redundantes" ou "escrotos". Já que estamos no assunto, por favor evite termos infantilizantes também: não somos sua "filhinha" nem sua "querida", e especialmente não somos seu "amor". Podemos até ser

bonitinhas, mas nossas ideias são arrasadoras, e às vezes, *pasmem!*, melhores.

## PRATIQUE A AÇÃO AFIRMATIVA

Sim, você leu direito: isso quer dizer que, se você tem o poder de contratar – ou até de passar um currículo adiante – *não faça isso* até você ter um número igualitário de candidatas mulheres. Melhor ainda se você *só* passar adiante os currículos de mulheres. Outras formas de ajudar: se você recusar um emprego, pense em quais *mulheres* você recomendaria em seu lugar. Seja mentor de pelo menos uma mulher. Descubra quem ganha o quê em sua equipe e, se as mulheres estiverem ganhando menos, resolva isso (ou, pelo menos, relate isso para alguém que consiga resolver).

## LAVE A LOUÇA

Se você é bom de cama, tudo indica que você é capaz de ser bom de cozinha também – e estudos mostram que homens que ajudam mais com as tarefas domésticas fazem mais sexo com suas esposas (é verdade!). A gente sabe que papéis de gênero são arraigados, e que é por isso que mulheres em relacionamentos heterossexuais ainda costumam fazer a maioria esmagadora das tarefas domésticas, apesar de serem provedoras da família em dois terços dos lares norte-americanos, o que as deixa estressadas, rancorosas e, pois é, sem a menor vontade de transar. Mas não precisa ser assim – e, na verdade, podemos copiar a ideia de nossas irmãs e irmãos (e quem não se identifica como nenhum dos dois) LGBTQ: pesquisas mostram que dividem tarefas, decisões e obrigações financeiras mais igualitariamente. Relacionamentos dependem muito de cada lado ceder um pouco, não é? Então pense na coisa dessa forma: eu faço um strip tease e, depois, você coloca minhas roupas na máquina.

## VISTA VOCÊ O "CANGURU"

Ser um pai presente faz bem para todos os filhos – os ajuda cognitiva, emocional, socialmente e, por fim, economicamente. Se você for pai de uma menina, seu trabalho é mais importante ainda, pois afeta sua autoestima, sua autonomia, e suas aspirações (segundo um estudo da Universidade da Colúmbia Britânica, as filhas que veem os pais fazendo tarefas domésticas têm menos probabilidade de limitar suas aspirações de trabalho a profissões tradicionalmente femininas, tais como professora ou enfermeira). Mas não basta só falar, tem que fazer. A gente jura que isso compensa para você também! Pais que trabalham fora e passam mais tempo com seus filhos ficam mais felizes em seus empregos. Também são mais pacientes, têm mais empatia e flexibilidade – e pelo menos um estudo diz que, além disso, isso pode ajudá-los a viver mais tempo.

## TIRE FÉRIAS E LICENÇAS

Se sua empresa oferecer licença-paternidade, seja pioneiro: tire uma. Se todo pai e mãe tirasse um tempo para cuidar de seus filhos, o equilíbrio entre família e trabalho não seria um problema "de mulher". É uma tendência bem europeia, e nós sabemos que você se acha muito cosmopolita.

## APOIE EMPRESAS QUE APOIAM MULHERES

Empresas com mais mulheres na liderança têm mais sucesso: são mais cooperativas, mais lucrativas e mais inclusivas, e ter mais mulheres líderes pode de fato estimular mais mulheres a apresentarem suas ideias. Além disso, o cheiro delas é melhor. (Será que já dissemos isso?) Então, se você tem consciência para comprar sapatos Toms, gel de cabelo "sustentável" ou café de "comércio justo", por que não aplicar o mesmo princípio idealista a empresas que apoiam mulheres? Aposto que vocês encontram por aí muito mais mulheres marginalizadas do que crianças descalças.

DIA NA VIDA DO HOMEM PRÓ-FEMINISMO
8 horas
Owwn
PERNAS JUNTAS
CLF
11 horas
PERAÍ, BRAD, DEIXA ELA TERMINAR
13 horas
ENCONTRE MAIS CANDIDATAS MULHERES.
Currículos
15 horas
CARA, PARA COM ISSO.
Uhhhh
19 horas
AMOR, JÁ QUE VOCÊ FEZ O JANTAR, DEIXE QUE EU LAVO A LOUÇA.
MEIA-NOITE
Z Z Z
IGUALDADE

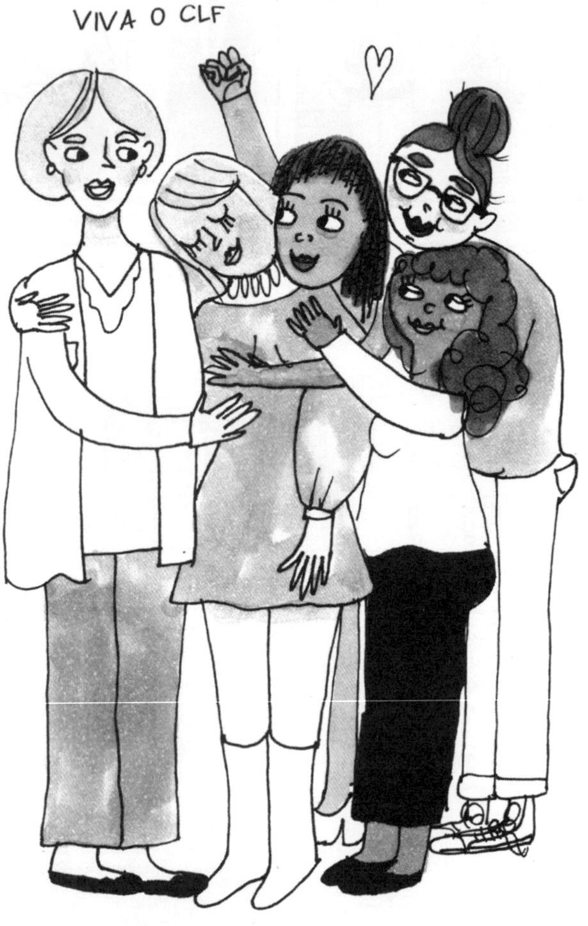
VIVA O CLF

# CONCLUSÃO

## Irmãs de trincheira

"Seja lá o que você escolher, seja lá que caminhos percorrer, espero que você não decida ser uma dama. Espero que você encontre alguma maneira de quebrar as regras e gerar alguma encrenca por aí."

— Nora Ephron

Em 2014, houve um breve período em que todas nós do Clube da Luta parecemos chegar juntas ao fundo do poço. Haviam terminado comigo depois de oito anos de relacionamento, eu tinha me tornado freelancer, e estava trabalhando no meu apartamento, ou seja, na minha cama. Quando eu não estava deprimida demais para sair da tal cama, estava batalhando para conseguir conciliar quatro empregos diferentes, e surgira até mesmo uma alergia de pele devido ao estresse.

Certa tarde, fui instigada a sair de meu apartamento por integrantes do Clube da Luta que queriam se certificar de minha sanidade mental. Nos encontramos em trio num café do East Village, e, depois que fizemos o pedido, cada uma mostrou para as outras seu respectivo frasco de medicamento (antidepressivos; probióticos; tic tacs), engoliu-os com café, e depois passamos os dez minutos seguintes conversando sobre nossas respectivas evacuações. Estávamos todas com síndrome do intestino irritável devido ao estresse.

Éramos eu, Amanda e Asie. Amanda, roteirista de comédia, depois de meses passados num emprego horrível enquanto procurava um novo, acabara de desistir – sem ter um novo em vista. Ela finalmente estava "livre" –, mas não tinha como viver de vento, de forma que estava desesperada atrás de trabalho e perguntando se tínhamos algum para lhe arranjar. Asie, maquiadora e estilista de estúdio, estava grávida de quatro meses e lutando para soltar aquele "urrú, que dádiva, vou ser *mãe*!" sorridente que você deve exibir quando as pessoas te dão os parabéns. Ela estava feliz, mas também apavorada com o significado daquele futuro bebê para sua carreira. Ela já andava enjoada demais para trabalhar. Estava ultrassensível a cheiros – e uma maquiadora precisa ficar bem perto do rosto das pessoas.

Pagamos o almoço de Amanda, e Amanda abanou Asie com o cardápio quando ela achou que ia vomitar em cima da mesa. Asie me falou que eu precisava lavar o meu cabelo. E aí todas soltamos uma gargalhada.

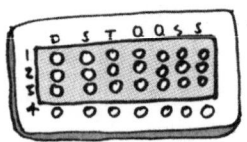

Eis a beleza do Clube da Luta, de certa forma: de que cada uma de nós, em algum momento, esteve por baixo, desempregada, sem rumo, dura, imunda, ou se sentindo péssima. E assim como poderíamos contar umas com as outras quando as coisas iam bem, podíamos chorar as pitangas juntas quando as coisas iam mal. Muitas integrantes do grupo eram mulheres de sucesso – mas ninguém faz sucesso

# CONCLUSÃO

*o tempo todo*. "Era isso que deixava o clube tão bom: todas estávamos incluídas de verdade", disse Amanda. "Podíamos celebrar nossas glórias – mas também podíamos chorar quando estávamos na merda."

E como estávamos na merda. Estávamos numa época de nos firmar na profissão, ou seja, às vezes as portas se abriam, às vezes outras se fechavam – muitas bem na nossa cara. Havíamos chamado algumas integrantes porque andavam perdidas ou desnorteadas. Outras haviam entrado porque estavam desempregadas. E, além disso, havia os incidentes naturais da vida: términos de relacionamento, mudanças, doenças dos pais, filhos, ou o pavor de que havíamos talvez "escolhido" nossa carreira em detrimento de todas essas outras coisas.

Mas houve também muitas vitórias. Negociações para ganhar aumentos. Uma elogiando em favor da outra. Passando vagas abertas adiante, os currículos umas das outras, partilhando quaisquer abonos – ingressos para uma conferência, um filme, ou uma palestra – que porventura existissem em nossos respectivos empregos. Em certas ocasiões, de tanto nos ouvirmos reclamando, de repente começávamos a nos concentrar, a nos comprometer, ou, pelo contrário, a perceber que aquilo de que reclamávamos na verdade era algo factível – até mesmo conquistável – com o devido apoio. Às vezes, só precisávamos desabafar, dar risada, e voltar ao trabalho um pouco mais leves no dia seguinte.

Certa noite, quase no nosso sexto aniversário, nos encontramos na minha casa para comer bolo. Como na maioria dos encontros, formamos uma roda e, uma por uma, fomos contando nossas novidades profissionais – juntamente com alguma coisa que estávamos orgulhosas de ter conquistado. Uma integrante tinha vendido sua ideia para um programa de TV e contratara outra integrante para dirigi-lo. Outra tinha acabado de aceitar um novo emprego de produtora – um emprego para o qual uma integrante do Clube da Luta editara sua proposta de candidatura, e outra encaminhara para a pessoa certa.

Havia uma redatora de charadas que estava trabalhando no *Show do Milhão* norte-americano. Ela odiava o emprego, mas o transformara em uma espécie de jogo pessoal: para cada comentário machista que ouvisse em seu escritório, ela jurava colocar mais uma charada feminista no programa. A última pessoa a falar era uma nova integrante. Ela acabara de sair de uma empresa de marketing e resolvera tentar ganhar a vida como redatora em tempo integral – graças ao dinheiro que ela faturara no (você não vai acreditar) *Show do Milhão*.

Uma vez, Nora Ephron disse que, se você escorrega numa casca de banana, todos riem de você. Mas se você *contar* a todos que escorregou numa casca de banana – bem, então é você quem está rindo. De certa forma, o Clube da Luta virou do avesso a metáfora da casca de banana: não estávamos mais escorregando, e sim surfando, carregadas por uma onda de apoio e segurança. As reuniões eram a estrutura – mas as amizades, os e-mails, as saídas e as risadas eram o combustível, fazendo passar o tempo até as coisas melhorarem, sem a tentação de cometer uma imprudência e mantendo a alegria (para não acabar tendo nenhuma alergia).

"Aquilo era o nosso respiro", explicou Asie, agora com uma filha de dez meses, a integrante mais jovem do nosso Clube da Luta. "Era sair para o bar e dar risada. Mandar uma mensagem quando estivéssemos doentes, sem grana ou decepcionadas. Ou pagar o almoço de alguém porque ela tinha largado um emprego horrível e machista."

"Era saber que não estávamos sozinhas."

## Junte-se ao
# CLUBE DA LUTA FEMINISTA!

**ONDE SE REUNIR**

Um manual de 1969, *How to Start a Consciousness-Raising Group* [*Como fundar um grupo de conscientização*], aconselhava o seguinte: "Faça sua primeira reunião em um local onde você não vá ser perturbada por maridos, namorados, crianças ou visitas." O CLF não é tão exigente assim. Algumas sugestões: um dormitório de faculdade, um apartamento, uma cafeteria, a biblioteca, um parque, o provador de uma Forever 21, o vestiário feminino da academia, o banco de trás de um táxi, uma sala de aula, o Skype.

**DO QUE FALAR**

- Comece com uma pergunta: por que você veio até o Clube da Luta Feminista? Onde você quer estar em cinco anos? Qual é seu maior incômodo no escritório?
- Fale sobre seus objetivos profissionais – e pergunte às outras como você pode ajudar a atingi-los.
- Conte uma história pessoal. Explique a última vez em que você sentiu orgulho de seu trabalho, e por quê.
- Analise. Experimente uma tática de combate do CLF e anote com detalhes os resultados. Relate para o grupo.

## ATIVIDADES SUGERIDAS

Jantares sem homens
Muitas revoluções começaram em jantares só com mulheres. (Uma manchete do New York Times de 1916: "Em jantar sem homens, senhoras falam das conquistas de seu sexo.") Faça um com suas amigas.

Sexta das minas
Mude o script e faça coisas que são estereótipos masculinos com suas amigas. Sugestões: noite do pôquer, sessão de Guitar Hero, videogames, jogos com bebidas.

Criem um zine!
Um jornal barato e punk que não exija nada além de uma caneta, uma fotocopiadora e um papel. Alguns temas possíveis: Clubes da Luta, Nicki Minaj, bacon, plantas preferidas, cachorros, primeiros beijos, fã-clubes, garotas poderosas.

Entreviste uma mulher de sua família
Que tal perguntar a ela o que nunca perguntou antes? As respostas podem te surpreender.

**JUNTE-SE AO CLUBE DA LUTA FEMINISTA!**

Colagem visionária

Dedique uma noite do seu Clube da Luta a "visualizar" seus objetivos para o ano que vem. Eles podem ser profissionais, pessoais ou outros. Mas escreva-os de forma *específica* para poder conferir o seu progresso. Agora sente-se no chão, finja que está de volta aos seus momentos escolares de corte e colagem, e crie uma obra-prima que comunique essas metas. Material necessário: revistas velhas, cartolina, fita adesiva, tesouras, e muita purpurina e glitter!

Planeje um "zap"!

O zap é uma espécie de protesto teatral dos anos 1960: sabe, todas se vestirem de bruxas e rogarem uma "praga" contra os colegas homens abusados; organizar um "cantadaço" para protestar contra cantadas de rua (ambos são protestos de verdade orquestrados e realizados por grupos feministas). O que te deixa de cara – para o bem ou para o mal? O que te enoja acima de tudo em seu escritório ou campus? Crie um protesto sobre isso. Ideias: crie adesivos dizendo "O CLF TÁ DE OLHO" e cole-os sobre as bocas de anúncios machistas que você vir no metrô. Combine com as mulheres do escritório de, um dia, usar suas roupas de inverno mais pesadas – para protestar contra a baixa temperatura do ar-condicionado.

## Atividade:
## ESCREVA UMA CARTA PARA UMA AMIGA

Muito antes do escritório atual, antes de telefones ou da TV de má qualidade existirem, até mesmo antes de existirem *calças* para mulheres, já existiam amigas. Amigas tão próximas que, até o século XVI, entendia-se que, se uma mulher podia dividir sentimentos profundos com a melhor amiga, raramente ela conseguia – se conseguia – compartilhá-los com seu marido.

As amizades não eram simplesmente uma forma de vencer a monotonia naquela época – muitas vezes, eram também pactos políticos. O caminho para o sufrágio feminino foi aberto em parte pela duradoura amizade entre Susan B. Anthony e Elizabeth Cady Stanton.* Foi um "jantar sem homens" oferecido pela ativista Jane Hunt – para sua amiga Lucretia Mott – que resultou na primeira convenção sobre direitos das mulheres da história, em Seneca Falls, em 1848. Até a ascensão política de Eleanor Roosevelt ocorreu em parte por causa do papel central que suas amigas tinham em sua vida.

Quer saber como todas essas amizades femininas se comunicavam entre si? Por *cartas*. Sim, cartas, como aquelas escritas a caneta-tinteiro. Essas cartas falavam das frustrações com os papéis que as mulheres tinham naquela época; levaram à organização de greves e protestos; expressavam o grande afeto que uma sentia pela outra. Muitas vezes terminavam com um: "Da sua amiga e irmã de consideração."

Legal, não é?

Eis, então, sua tarefa de casa do CLF: escreva uma carta para uma amiga e revele a ela o quanto ela é importante para você.

---

\* Que, diz-se, omitiu a palavra "obedecer" de seus votos de casamento com o marido, Henry Brewster Stanton.

# CARA AMIGA,

**NÃO ESQUEÇA**

**VOCÊ NÃO É OBRIGADA A SORRIR**

HUMOR

COM AMOR, _____

DIAMANTES PORRA NENHUMA. MINHA MELHOR AMIGA É VC.

# Uma lista de drinques feministas

## Sex on the Beach (consensual)

Pergunte a sua amiga o que ela quer no drinque dela. Adicione licor de pêssego. Entregue-lhe o copo.

## O novo Old-Fashioned

Peçam um Old-fashioned. Conversem sobre como é ótimo ter um emprego, morar em apartamento próprio e não estar casada.

## O príncipe encantado

Tome um pileque tão intenso com as amigas a ponto de você acabar perdendo um sapato.

## O "infecção urinária"

Vodca & cranberry. Desce mais um!

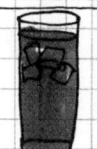

## O sufragista

Peça a suas amigas para votarem no que preferem beber. Peça uma jarra do drinque escolhido.

## O chá de cadeira de Long Island

Permita que alguém lhe pague um Long Island iced tea. Não vá para casa com a pessoa.

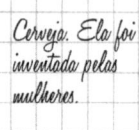

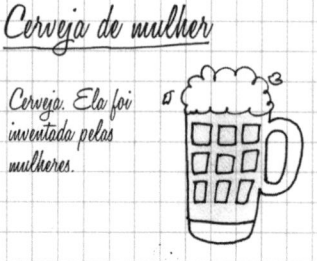

## Cerveja de mulher

Cerveja. Ela foi inventada pelas mulheres.

**CLUBE DA LUTA FEMINISTA — A MIXTAPE**

1. WORK IT - MISSY ELLIOT
2. CONTROL - JANET JACKSON
3. NONE OF YOUR BUSINESS - SALT-N-PEPA
4. CRAZY ON YOU - HEART
5. INDESTRUCTIBLE - ROBYN
6. ***FLAWLESS - BEYONCE
7. REBEL GIRL - BIKINI KILL
8. FEELING MYSELF - NICKI MINAJ
9. NO SCRUBS - TLC
10. STAND BACK - STEVIE NICKS
11. BITCH BETTER HAVE MY MONEY - RIHANNA
12. CHERRY BOMB - THE RUNAWAYS
13. TKO - LE TIGRE
14. CAN'T HOLD US DOWN - CRISTINA AGUILERA & LIL' KIM
15. Q.U.E.E.N. - JANELLE MONAE & ERYKAH BADU
16. WHIP MY HAIR - WILLOW
17. TECH BRO - CHILDBIRTH
18. GIRLS! GIRLS! GIRLS! - LIZ PHAIR
19. DOO WOP (THAT THING) - LAURYN HILL

## As rebeldes:
## CLFS HISTÓRICOS

### ALPHA SUFFRAGE CLUB [CLUBE SUFRAGISTA ALPHA]

Mais de setenta anos antes de Rosa Parks se recusar a ceder seu lugar no ônibus, foi a fundadora desse grupo sufragista negro, Ida B. Wells, que processou a Ferrovia Memphis & Charleston depois de lhe dizerem para sair do vagão feminino de primeira classe. Vinte e nove anos depois, ela chegava a Washington para participar da passeata pró-sufrágio de 1913, e ao receber um pedido de que marchasse mais para trás, Wells imediatamente adotou um lugar na linha de frente.

### BIBLE REVISION COMMITTEE [COMITÊ DE REVISÃO DA BÍBLIA]

Essas 26 mulheres, sob a liderança de Elizabeth Cady Stanton, reuniram-se no fim do século XIX para redigir *A bíblia das mulheres* – que questionava a posição tradicional da ortodoxia religiosa de que a mulher deveria ser subserviente ao homem.

### BRUJAS [BRUXAS]

Essa turma de skatistas só de mulheres latinas, com base no Bronx, representa o orgulho da jovem do *barrio* – estimulando as mulheres não brancas a participarem da cultura do skate. Tiraram seu nome de um filme punk cult chamado *Skate Witches* – sobre um grupo de moças punks skatistas que aterrorizam rapazes skatistas. As Brujas andam de skate juntas desde os 12 anos. "A Brujas não é o correspondente feminino de nenhuma turma masculina", dizem elas. "É a nossa própria turma."

## BURNED OUT BUSINESSWOMEN'S ASSOCIATION (BOBWA) [ASSOCIAÇÃO DE EXECUTIVAS EXAURIDAS]

O laço em comum entre as integrantes desse clube? Exaustão. Chamando-se de "Bobwanas", esse grupo foi fundado em 1994 por uma mãe e executiva em tempo integral de Kansas City, Marcia Hines, que descobriu que "simplesmente andava cansada demais, cansada o tempo todo".

## CELL 16 [CÉLULA 16]

"Mulheres! Juntem-se a nós se estão precisando respirar." Este foi o anúncio convocando integrantes para esse clube de Boston, que ajudou a instituir patrulhas em ruas onde mulheres estavam sendo estupradas. Em 1969, o Cell 16 entrou no palco da primeira convenção de mulheres, em Nova York, e todas apararam seus cabelos compridos – pois, segundo alegaram, cabelos compridos "pertencem" aos homens.

## CHULITA VINYL CLUB [CLUBE DO VINIL CHULITA]

Esse coletivo de DJs inteiramente de mulheres e de discos de vinil, com base no sul do Texas, mistura rock, soul e punk com discos raros de raízes *chicanas* – e tem o objetivo de virar a mesa da cultura de DJs, tão dominada por homens.

## COMBAHEE RIVER COLLECTIVE [COLETIVO RIO COMBAHEE]

Batizado em homenagem ao rio Combahee, na Carolina do Sul, onde Harriet Tubman libertou 750 escravos, este grupo de feministas negras lésbicas começou a se encontrar em Boston, na década de 1970, para desafiar a tripla ameaça de serem negras, lésbicas *e* mulheres. Formado como ramificação da National Black Feminist Organization, o grupo bancou retiros em toda a Costa Leste, financiou abrigos locais para vítimas de violência doméstica e publicou uma declaração criticando o racismo do movimento feminista *mainstream*.

## THE FEMINISTS [AS FEMINISTAS]
Esse grupo tinha uma estrutura desierarquizada, advogava em prol de indenizações para mulheres, e instituiu que no máximo 30% de suas integrantes podiam ser casadas (por fim, elas excluíram do grupo toda mulher que morasse com homens). Em 1969, elas fizeram um piquete num cartório que celebrava casamentos na cidade de Nova York, acusando a cidade de "fraude com dolo".

## FEMINIST KARATE UNION [UNIÃO DO CARATÊ FEMINISTA]
Esse centro de autodefesa de Seattle foi criado como reação a Ted Bundy, o assassino em série que capturou moças em Washington e no Oregon na década de 1970. A Union é, até hoje, uma academia de caratê para mulheres e crianças onde as professoras são mulheres.

## THE FURIES [AS FÚRIAS]
Esse coletivo de "lésbicas em rebelião" morou junto no começo da década de 1970, dividindo roupas, tarefas domésticas, e fundando uma oficina que ensinaria reparos domésticos e automobilísticos para que não se precisasse de homens para nada. As Furies foram um dos muitos clubes lésbicos separatistas daquela era e que formavam "terras das mulheres (*womyn*)", batizando-se com nomes como Coletivo CLIT e Van Dykes, e que viam o lesbianismo "não como questão de preferência sexual, mas como de opção política".

## GRAY PANTHERS [PANTERAS GRISALHAS]
Comprovando que as mulheres não simplesmente evaporam após completarem 50 anos (!), esse grupo em prol dos direitos das idosas

foi fundado pela ativista Maggie Kuhn depois que ela foi obrigada a se aposentar da igreja presbiteriana. Ativas até hoje, as Gray Panthers argumentam que "os idosos e as mulheres constituem a maior fonte de energia humana subvalorizada e subutilizada dos Estados Unidos".

## GUERRILLA GIRLS [AS GUERRILHEIRAS]
Esse grupo de artistas anônimas passou três décadas sacudindo o mundo da arte, chamando atenção para o machismo, o racismo e a desigualdade salarial com arte de rua de guerrilha – sempre usando máscaras de gorila. Um de seus pôsteres, uma ilustração de uma mulher nua com cabeça de gorila, questiona: "A mulher tem que estar nua para entrar no Met Museum?".

## JANE COLLECTIVE [COLETIVO JANE]
"Jane" era o codinome desse grupo de aborto clandestino, que ajudou mais de 11 mil mulheres a fazer procedimentos seguros e ilegais antes da legalização do aborto nos Estados Unidos. Elas se divulgavam no boca a boca, levando mulheres de carro a dois apartamentos que utilizavam como clínica, e por fim elas mesmas aprenderam a realizar abortos.

## LADY CYCLISTS ASSOCIATION [ASSOCIAÇÃO DAS MULHERES CICLISTAS]
Conforme disse a sufragista Susan B. Anthony à jornalista Nellie Bly em 1896, andar de bicicleta "fez mais pela emancipação da mulher do que qualquer coisa no mundo". As bicicletas permitiam às mulheres ter uma nova mobilidade, independência e a capacidade de explorar o mundo para além de seus bairros.

## THE LESBIAN AVENGERS [AS VINGADORAS LÉSBICAS]
Seu lema brincalhão proclamava: "estamos recrutando", e elas recrutavam mesmo. Formado na década de 1990 para chamar atenção para causas lésbicas, o grupo Lesbian Avengers passou um Dia dos Namorados distribuindo beijos de chocolate na Grand Central Station, e o chocolate continha um recado: "Você acabou de receber o beijo de uma lésbica." Em Bryant Park, elas inauguraram uma escultura de papel machê de Alice B. Toklas abraçando sua namorada, Gertrude Stein. As Avengers também cuspiam fogo, o que se tornou sua dramática marca registrada – e foi realizada pela primeira vez como homenagem a um gay e uma lésbica de Oregon que morreram queimados depois que um coquetel-molotov foi arremessado para dentro do apartamento onde moravam juntos.

## LIBERATION SCHOOL FOR WOMEN [ESCOLA DE LIBERTAÇÃO PARA MULHERES]
Ali elas aprendiam a discernir um distribuidor de um carburador; o clitóris da vulva; e como obter o divórcio sem precisar de advogado. Formado em Chicago na década de 1970, esse grupo era composto de mulheres que eram caixas, secretárias, professoras, enfermeiras, estudantes e donas de casa, a maioria delas com nenhuma ou pouca educação de terceiro grau.

## LOWELL MILL GIRLS [MOÇAS DO LOWELL MILL]
Meio século antes dos movimentos mais conhecidos em prol dos direitos trabalhistas, as mulheres dos moinhos têxteis de Lowell, Massachusetts, entraram em greve para protestar contra as infernais condições de trabalho – criando assim o primeiro sindicato de trabalhadoras mulheres da história norte-americana.

## AS REBELDES

## LUCY STONE LEAGUE [LIGA LUCY STONE]

Batizado em homenagem à pioneira e batalhadora feminista Lucy Stone – primeira mulher a conservar seu nome de solteira –, esse clube foi fundado em 1921 para proteger o direito da mulher ao próprio sobrenome. As "Lucy Stoners", como eram chamadas as mulheres do grupo, foram essenciais para fortalecer o direito das mulheres a terem propriedades e a assinar documentos legais com seus próprios nomes.

## MILITANT HOUSEWIVES [DONAS DE CASA MILITANTES]

Essas mulheres da era da Grande Depressão organizaram boicotes e fizeram campanhas para controle do preço de alimentos e aluguéis nos Estados Unidos. Em Cleveland, mulheres negras penduraram roupas úmidas sobre fios de energia para protestar contra os cortes de energia. Em Chicago, mulheres polonesas invadiram um armazém que estocava carne e atearam fogo em centenas de quilos de carne para demonstrar que os preços elevados não poderiam ser justificados por "falta" de carne. Em Nova York, mulheres judias resistiam ao despejo fazendo barricadas para se protegerem no interior da casa, brandindo chaleiras de água quente que ameaçavam jogar em quem ousasse tentar levar embora seus móveis.

## MORAL REFORM SOCIETY
## [SOCIEDADE DE REFORMA MORAL]

Um grupo de esposas que se aliou para formar essa congregação, fazendo campanha contra bordéis postando-se do lado de fora deles, com pranchetas, e anotando o nome dos homens casados que entravam neles. O grupo fundou casas de transição para prostitutas arrependidas, fez campanhas em prol da educação e do emprego da mulher, e, em 1848, ajudou a aprovar as primeiras leis antiestupro e antirrapto.

## NATIONAL ASSOCIATION OF COLORED WOMEN
## [ASSOCIAÇÃO NACIONAL DE MULHERES DE COR]
Com o lema "Erguendo outras à medida que subimos", as fundadoras desse grupo incluem algumas das mais renomadas educadoras, abolicionistas e ativistas de nossa época – entre elas, Harriet Tubman, Frances E. W. Harper e Ida B. Wells. Fundado em Washington, D.C., em 1896, o grupo se concentrava em auxiliar mulheres pobres com treinamento profissional, lutando por igualdade salarial, educação e moradia, assim como chamando a atenção para episódios de linchamento, condições prisionais e segregação.

## THE NEWSGIRLS
Esse clube de boxe totalmente feminino, que inclui as trans, no centro de Toronto, faturou seis medalhas no campeonato nacional de boxe do Canadá, em 2010. Além de aulas de boxe normais e "GirlFights" ("Brigas de mulher") toda sexta à noite, esse clube tem sessões de cinema, aula de corte e costura, e participa de arrecadações de fundos para abrigos locais de vítimas de violência doméstica e estupro.

## NEW YORK RADICAL WOMEN
## [MULHERES RADICAIS DE NOVA YORK]
Fundado como uma alternativa mais radical a organizações feministas *mainstream* como a National Organization for Women, esse grupo ganhou notoriedade por seu protesto contra o concurso de Miss América em Atlantic City – no qual abriram uma enorme faixa com os dizeres "LIBERTAÇÃO FEMININA" dentro do concurso e atiraram sutiãs, cintas, bobs de cabelo e cílios postiços na "Lata de lixo libertária". (Não, elas nunca chegaram de fato a queimar sutiãs.)

## NUNS ON THE BUS [FREIRAS NO ÔNIBUS]

Esse grupo de freiras católicas romanas foi formado em 2012, em resposta à alegação do Vaticano de que as freiras norte-americanas estavam promovendo "temas feministas radicais incompatíveis com a fé católica". Essas freiras pegaram a estrada, visitando abrigos para sem-teto, dispensários dos pobres, e outros locais em nove estados para dar destaque ao valor de seu trabalho comunitário.

## OUR BODIES, OURSELVES
## [NÓS SOMOS NOSSOS CORPOS]

Elas publicaram o primeiro livro que ensinava as mulheres a respeito de masturbação, do controle de natalidade, e – isso mesmo – do clitóris (que escreviam *klit-o-ris*), distribuído em Boston, no formato de panfleto xerocado, ao preço de 75 centavos. As autoras eram doze mulheres, nenhuma delas especialista em medicina, que acreditavam (com toda a razão) que, com mais conhecimento, as mulheres estariam mais capacitadas para tratar da própria saúde.

## OVARIAN PSYCOS BICYCLE BRIGADE
## [BRIGADA CICLISTA DAS LOUCAS DO OVÁRIO]

Com "ovários tão grandes que não precisamos de colhões", essa gangue de motoqueiras totalmente feminina, a maioria mulheres latinas, foi formada em Los Angeles em 2011 – em resposta à cultura motoqueira predominantemente masculina da cidade. Formado por funcionárias de ONGs e ativistas comunitárias, o grupo promove eventos de "jiu-jítsu para mulheres", passeios de moto à luz da lua cheia, e uma corrida anual chamada Clitoral Mass (Massa Clitórica).

## PROJECT PUSSY [PROJETO BOCETA]

Projeto de adesivagem e pichação fundado por uma artista do Brooklyn, o Project Pussy é uma tentativa bem-humorada de contra-atacar o grafite de "'pinto com bolas' encontrado em quase todo contexto urbano". Para isso, as integrantes desenham vaginas multicoloridas e as colam em locais públicos na cidade de Nova York.

## RATIONAL DRESS SOCIETY [SOCIEDADE EM PROL DE VESTIMENTAS RACIONAIS]

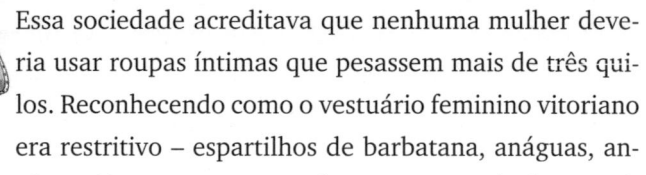

Essa sociedade acreditava que nenhuma mulher deveria usar roupas íntimas que pesassem mais de três quilos. Reconhecendo como o vestuário feminino vitoriano era restritivo – espartilhos de barbatana, anáguas, anquinhas e pesados saiões –, este grupo advogava um estilo de vestuário baseado em "saúde, conforto e beleza" que permitiria às mulheres circular com mais facilidade.

## RIOT GRRRL [GRRROTAS REBELDES]

O movimento Riot Grrrl entrou em cena no começo da década de 1990 na pacata Olympia, em Washington – produzindo um punk politicamente carregado que conjugava ativismo e arte. Ele foi formado após uma reunião de amigas que decidiram que queriam iniciar uma "rebelião de mulheres". Essa decisão levou à criação de bandas como Bikini Kill e Sleater-Kinney, que falavam de estupro e violência em suas músicas, publicavam zines, popularizaram o "girl power" e inspiraram milhares de *riot grrrls* no país inteiro. Apoiar outras mulheres sempre fez parte da mensagem do Riot Grrrl: em shows do Bikini Kill, as mulheres tinham direito a ficar na frente.

## THE RED BRIGADE [A BRIGADA VERMELHA]

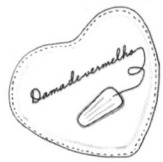

Trabalhando para combater o tabu sobre a menstruação, este grupo de mulheres se cobriu de tinta vermelha e atravessou o Michigan Womyn's Music Festival de 2001, usando motes como "Junte-se à Revolução Vermelha!" e "Fora das nossas xanas, empresas!". Também publicavam um zine chamado *Red Alert* (*Alerta vermelho*).

## REDSTOCKINGS [MEIAS VERMELHAS]

As Redstockings pediam às mulheres: "queixem-se, irmãs, queixem-se." Conhecidas por seus "pronunciamentos" – mulheres falando publicamente sobre seus abortos – e protestos rápidos ("zaps"), o nome do grupo representava a união de duas tradições: da ideia de *"bluestocking"* (mulher com interesses intelectuais e literários) pejorativamente aplicada a mulheres nos séculos passados, e *"red"* (vermelho) para representar a revolução.

## SATURDAY MORNING GIRLS [GAROTAS DA MANHÃ DE SÁBADO]

Fundado por uma mulher de Boston em 1871 – depois que sua filha lhe perguntou por que não havia clubes para mulheres –, esse grupo representou uma alternativa aos clubes de costura e aos bailes de debutante que definiam as vidas das mulheres de classe média e alta à época. Elas se encontravam aos sábados pela manhã para debater matemática e ciência, aprendiam a redigir uma constituição, adotar estatutos e eleger representantes.

## S.C.U.M. [ESCUMALHA]

Manifesto de 1967 de uma escritora de Nova York chamada Valerie Solanas, o *S.C.U.M.* parodiava o homem como uma "mulher incompleta", que estava em desvantagem pois o cromossomo Y o fazia ser emocionalmente atrofiado, egocêntrico e desprovido de empatia. Duas mil cópias mimeografadas foram distribuídas pela cidade afora, custando um dólar para as mulheres e dois dólares para os homens.

## SHAMELESS HUSSY
## [COCOTINHA SEM-VERGONHA]

Essa editora de mulheres foi criada em 1969, época em que 94% dos livros impressos nos Estados Unidos eram escritos por homens. Nos vinte anos seguintes, muitas escritoras encontraram ali sua voz, inclusive a fundadora do grupo, que publicou o primeiro livro de poemas de amor lésbico explícitos nos Estados Unidos. "Cocotinha sem-vergonha" (*shameless hussy*) era uma expressão que sua mãe usava para se referir a mulheres que repudiava.

## SOJOURNER TRUTH DISCIPLES
## [DISCÍPULAS DE SOJOURNER TRUTH]

Batizado em homenagem à arrojada abolicionista Sojourner Truth, ex-escrava, esse clube da década de 1960, formado por ex-presidiárias da Filadélfia, dedicava-se à melhoria das condições das mulheres na cadeia.

## AS SUFRAGISTAS

Elas eram o bonde das minas original: desfilavam, faziam piquetes, armavam fogueiras, tinham os dedos quebrados pela polícia e eram submetidas a tormentos psiquiátricos numa tentativa de coibir suas "condutas antissociais". Devemos a elas a Décima Nona Emenda à Constituição norte-americana, que concedeu direito de voto às mulheres.

## THAT TAKES OVARIES! [TEM QUE TER OVÁRIOS!]

Começou com um comentário petulante – "Tem que ter ovários pra isso!" (em vez de "colhões") – e acabou virando uma trupe teatral que conta a história de atitudes ousadas realizadas por mulheres. Ter ovários, dizem as fundadoras do grupo, não diz respeito apenas à posse de certos órgãos, mas de possuir "uma certa Atitude (com A maiúsculo)".

## THIRD WORLD WOMEN'S ALLIANCE
## [ALIANÇA DAS MULHERES DO TERCEIRO MUNDO]

Esse grupo da década de 1970 publicou o *Manifesto da mulher negra*, coassinado por Eleanor Holmes Norton e Frances M. Beal, cujo famoso ensaio de 1969, "Risco duplo: ser negra e ser mulher", é considerado um dos textos definitivos dessa era. O manifesto dizia: "A mulher negra exige um novo conjunto de definições do feminino e o seu reconhecimento enquanto cidadã, companheira e confidente, não uma vilã matriarcal, capacho humano ou uma parideira."

## TRUTH SQUADS [ESQUADRÕES DA VERDADE]

Esses grupos de nove ou dez mulheres, populares na Nova York da década de 1960, visitavam sem aviso o marido de alguém e confrontavam-no com uma lista de reclamações.

## WAC

Os homens não eram bem-vindos no WAC – mas o mau comportamento, sim. Grupo formado em resposta ao tratamento machista dado a Anita Hill, o WAC não era hierárquico e favorecia a performance, usando tambores e armas em forma de consolo para uma forma pitoresca de protesto que chamavam de "WAC *attacks*".

## WASPS [VESPAS]

Em 1942, quando os Estados Unidos estavam se recobrando do ataque a Pearl Harbor, pilotos homens qualificados estavam em alta demanda, mas a oferta era pouca – de forma que um grupo de mulheres entrou em cena. Conhecidas como WASPs, ou Women Airforce Service Pilots, essas mulheres foram o primeiro esquadrão feminino do país. Embora nunca tenham chegado a ser reconhecidas oficialmente como militares dos EUA, essas mulheres foram vitais para o esforço de guerra.

## THE WEENIE WACKERS

Chamava-se "*A for a lay*" ("nota 10 por umazinha") a política não oficial em que professores universitários homens ofereciam notas em troca de atos sexuais. Era uma prática comum na década de 1960, em campi como o da Sacramento State, onde um grupo de mulheres decidiu que aquilo tinha que acabar. Então, no Dia das Bruxas, se vestiram de bruxas, amarraram consolos e sutiãs em suas cabeças, e uma por uma compareceram aos escritórios dos culpados recorrentes para jogar feitiços neles. "Sem-vergonha!", declaravam as mulheres, na presença de auxiliares de escritório horrorizados. Um dos homens não estava no escritório – de forma que elas foram até sua casa e picharam com spray "Aqui reside um porco" à vista de todos.

## WIMMEN'S COMIX COLLECTIVE
## [COLETIVO DE QUADRINHOS WIMMEN'S]

Com títulos como *Tits & Clits* (*Peitos e clitóris*) e *Dynamite Damsels* (*Donzelas dinamite*), esse grupo de quadrinistas mulheres se formou na década de 1970 para combater o machismo na cena underground de HQ. O coletivo existiu até 1992, sendo assim a seleta de quadrinhos exclusivamente feminina mais duradoura da história.

## WOMEN'S LIBERATION ROCK BAND
## [BANDA DE ROCK PELA LIBERTAÇÃO FEMININA]

Essa banda de verdade (isso mesmo, de verdade) se formou em New Haven e Chicago na década de 1970 e lançou um álbum que continha as músicas *"Ain't Gonna Marry"* ("não vou casar"), *"Dear Government"* ("caro governo") e *"So Fine"* ("tão bem").

## THE WOMEN'S SALOON [O SALOON DAS MULHERES]

Suas paredes eram decoradas com arte feita por mulheres, bebidas dietéticas estavam proibidas, e não se exigia que as garçonetes sorrissem ou fossem "simpáticas". Fundado em Los Angeles, em 1974, esse *saloon* permitia que as mulheres que não pudessem pagar sua bebida lavassem pratos para saldar sua dívida.

## WOMEN OF ALL RED NATIONS
## [MULHERES DE TODAS AS NAÇÕES VERMELHAS]

A WARN era a organização de mulheres ameríndias dos Estados Unidos mais conhecida da década de 1970, composta de mulheres de mais de trinta tribos. Elas foram essenciais à campanha que impediu a tentativa de esterilização cirúrgica obrigatória das ameríndias norte-americanas pelo governo.

## WOMEN'S GRAPHICS COLLECTIVE
## [COLETIVO GRÁFICO FEMININO]

Com pôsteres que declaravam "TRABALHADORAS MULHERES, UNI-VOS!" e "Não sou 'seu amorzinho'", esse grupo foi um dos grandes responsáveis pela iconografia visual do movimento feminista. Suas integrantes operavam em Chicago, com pouquíssima grana, e podiam ser contatadas pelo correio – embora, conforme disseram certa vez, já estivessem "cheias de receber cartas que começavam com 'Prezado senhor'".

## W.I.T.C.H. [B.R.U.X.A.]

Integrantes da Women's International Terrorist Conspiracy from Hell ["Conspiração Feminina Internacional Terrorista do Inferno"] se fantasiaram de bruxas e apareceram na Bolsa de Valores de Nova York para passar cantadas nos homens. Proclamando as bruxas como as primeiras mulheres rebeldes da história, esse grupo se devotava a fazer um teatro de guerrilha em esquetes chamados de "*zaps*".

## W.O.W.

Representando mais de 800 mil funcionárias de escritório, a World Organization of Workers ("Organização mundial de trabalhadoras") lutava pelo fim da discriminação racial, de gênero e etária, fazendo queixas contra agências de empregos. Em 1979, o grupo publicou um panfleto que dizia: "O dia mais feliz da minha vida foi quando descobri o meu clitóris."

Espaço para
# SEU DIÁRIO DE BATALHA

**DATA DA BATALHA**
_____
_____
_____

**OPONENTE**
_____
_____
_____

**LOCAL**
_____
_____
_____

**PORMENORES**
_____
_____
_____

**TÁTICA DE COMBATE USADA**

_____
_____
_____

**DEU CERTO?**

_____
_____
_____

**OBSERVAÇÕES PARA UMA PRÓXIMA VEZ**

_____
_____
_____
_____
_____
_____
_____
_____
_____
_____
_____
_____

## AGRADECIMENTOS

Este livro não existiria sem o apoio intransigente de um vasto contingente de mulheres e homens.

Em primeiríssimo lugar, Amanda McCall, sem cujo humor, os insights, as edições e os trocadilhos este livro não poderia existir (e nem prestar). Amanda é uma diretora, produtora e roteirista brilhante, e seu talento para essas coisas só tem igual em seu compromisso ferrenho em levantar a bola de outras mulheres. Seja como mentora, por encaminhar um currículo, ou doando seu tempo, recursos financeiros ou trabalho manual (ela fabricou a estante de livros da minha casa), Amanda é uma verdadeira guerreira feminista – e uma amiga maravilhosa.

À equipe de editores e orientadores que ajudou a transformar este livro em realidade, especialmente meu agente Howard Yoon (juntamente com Gail Ross) na RossYoon e à minha editora Julie Will na HarperWave. Howard comprou essa ideia desde o começo, quando era só um fiapo de coluna, e Julie demonstrou absoluto entusiasmo desde o princípio. Juntando esses dois, seria possível encher um iPhone de 64G com as mensagens frenéticas enviadas a todo momento por esta autora; ainda assim, eles encararam isso com boa vontade, humor e paciência. Obrigada.

## AGRADECIMENTOS

Um muito obrigada a Sarah Ball, cuja enorme habilidade com palavras devo algumas, se não todas, das minhas frases preferidas, e que me ajudou a sair de muitos embaraços narrativos; à Susanna Schrobsdorff, minha editora na *Time* há tempos e minha mais fiel "coostentadora", que *nunca* deixou de revisar meus textos de que mais me orgulho; à Rachel Simmons, minha parceira em encontrar tendências, cuja amizade, humor de banheiro e sabedoria sempre presentes me ajudaram e me guiaram durante esse processo. Obrigada a Lizzy Bailey Wolf, estudante de doutorado na Harvard Business School, que ajudou a garantir que toda afirmativa deste livro fosse substanciada por alguma pesquisa, e que essa pesquisa estivesse sendo citada corretamente; à fera absoluta Amy Ryan, com quem eu ficaria sempre feliz em compartilhar uma caneta para um copidesque; e, por fim, mas não menos importante, às minhas maravilhosas ilustradoras Saskia Wariner e Hilary Fitzgerald Campbell, bem como a Leah Carlson-Stanisic, designer da Harper, que com seu talento ajudaram a injetar humor visual e vigor às minhas palavras impressas.

Exatamente conforme prega o etos desse livro, ele não poderia ter sido escrito sem a valiosa ajuda de um clube da luta e suas associadas, que me emprestaram sua infinita sabedoria, leram os primeiros rascunhos, aturaram chiliques às duas da manhã, me concederam entrevistas, estrelaram um vídeo, e cuja absoluta lacração me inspira todo dia. São muitíssimas para citar uma por uma, mas agradeço especialmente:

À Sheryl Sandberg, que me ensinou a substanciar toda afirmação com dados e que consegue ser tão boa com palavras quanto é com negócios, encontrando tempo para me mandar feedback sobre cada frase deste livro, e cuja resiliência me inspira todos os dias.

À Casey Schwartz, minha conselheira constante, minha equipe de uma mulher só para saúde mental, melhor amiga, e uma editora genial.

## AGRADECIMENTOS

À minha equipe de pesquisa, que me ajudou em cada pedacinho deste livro, além de deixar o processo de escrevê-lo mais *divertido*: Sharon Attia, Jordana Narin, Jing Qu (honorária) e Evan Zavidow. Estou muito orgulhosa de todas vocês – vocês são o futuro!!!!

À Lucia Aniello, Ashley Bearden, Hillary Buckholtz, Cristen Conger, Nell Constantinople, Jena Friedman, Ilana Glazer, Jill Goodwin, Halle Kiefer, Swanna MacNair, Asie Mohtarez, Kate Mullaney, Shauna Pinkett, Smita Reddy, Danielle Klang Thomson, Sarah Shepard, Nell Scovell e Stephanie Smith: vocês me fazem querer erguer a mão em punho e pinçar minha sobrancelha ao mesmo tempo.

Às mulheres da List, especialmente as fundadoras Rachel Sklar e Glynnis MacNicol, que criaram um negócio a partir de ajudar as mulheres; Ruby Sklar, segunda menor integrante do clube da luta; a espertíssima Tanya Tarr, que – sem nunca ter me visto pessoalmente – leu todos os capítulos e ofereceu comentários; a maga da estratégia digital Kate Gardiner; a mestra em planejamento de eventos Katie Longmyer; e tantas outras cujas sabedoria e conselhos vieram se infiltrar nas páginas deste livro.

Colocar um livro no mundo é um pouco como fundar uma pequena start-up, e eu seria incapaz de fazê-lo sem as amigas, e às vezes as desconhecidas, que opinaram em assuntos que vão desde design e planejamento de eventos até as apresentações por e-mail que, ao que parece, são fundamentais para fazer um livro decolar.

Para Rich Tong e à equipe do FohrCard, inclusive Penelope Tong, Grace Murray e Emma Hetherington, que colocaram meu site no ar, ficaram acordadas até tarde me ajudando a revisar layouts e me ajudaram a planejar a estratégia de todos os aspectos do meu marketing, geralmente com uísque para acompanhar.

À minha parceira de caçada de visões e diretora de *branding* pessoal, Sara Wilson, que marcou reuniões, me arrumou palestras, e não titubeou em ficar ao meu lado em muitas chamadas em conferência.

## AGRADECIMENTOS

A equipe da HarperWave e associados, inclusive Karen Rinaldi, Brian Perrin, Rachel Elinsky e Kate Lyons.

À guru do design Monica Parra; ao comediante Andy Haynes; ao negociante mestre Emanuel Neuman; à presidente do meu conselho pessoal, Susie Banikarim; às estrelas Makers Dyllan McGee, Sammi Leibovitz e Blair Enders; à sempre citável Libby Leffler; à extraordinária editora de vídeo Luisa Guerrero; aos atores e atrizes em seu tempo livre Brittany Gooden, Ebonee Williams, Nick Scott, Kai Mathews, PJ Evans, Sanjay Ginde, Barrett Sheridan, Noah Shannon, Joe Lazauskus, Morgan Fletcher, Aixsha Hiciano, Alex Shoushtari e Jaye Bartell; à rainha dos zines, Allison Maloney; às amigonas de Los Angeles Rachel Webber, Frankie Shaw, Micah Fitzerman-Blue e Liba Rubenstein (e Zelda!); a Aminatou Sow do *Call Your Girlfriend*; Yng-Ru Chen do Tattly; a Shanna Nash do SNASH Jewelry (dê uma olhada nos anéis feministas dela!); a Joanna Coles e Sara Austin na *Cosmopolitan*; a Gina Gotthilf no Duolingo; às magas do RP Alisa Richter e Laura Barganier; à colega de quarto honorária Giulia Heimen; aos amigões do Brooklyn Matt e Patty Slutsky; às conselheiras de lactação Rosie Bancroft, Abby Slonecker, Anna Gall e Lyndsi Rashkow; à grande Jenn Needleman; a Gia Milinovich, uma desconhecida de internet que me deu de presente o domínio feministfightclub.com por pura camaradagem feminina.

À incrível equipe do Lean In ("faça acontecer"), que apoiou esse esforço desde o início e me inspirou (e o livro) de tantas maneiras; Nola Barackman, Gina Bianchini, Marianne Cooper, Elizabeth Diana, Ashley Finch, Charlton Gholson, Debi Hemmeter, Hannah Kay Herdlinger, Kelly Hoffman, Anne Kornblut, Tessa Lyons, Kate Miserany, Mana Nakagawa, Kelly Parisi, Jeanne Ready, Raena Saddler, Andrea Saul, Elliot Schrage, Nicole Stiffle, Rachel Thomas, Ahsley Zandy e aos sabidíssimos (e espirituosos) David Dreyer e Eric London. Fazendo acontecer pra c@ralho!

## AGRADECIMENTOS

Aos especialistas e acadêmicos que se deram ao trabalho de ler capítulos, permitiram que eu os observasse, compartilharam suas pesquisas, e me ajudaram a entender tudo, passo a passo: ao maravilhoso Adam Grant da Wharton Business School, que – além de fazer uma TED Talk, escrever um best-seller e dar aulas, entre outras coisas – me ofereceu seu feedback valiosíssimo; às linguistas Robin Lakoff e Deborah Tannen, cujo trabalho sobre gênero e linguagem eu admiro há muito tempo, e a quem devo o capítulo sobre discurso; a Sally Roesch Wagner, uma guerreira feminista desde antes de eu conhecer a definição dessa palavra, que me fez recordar que o feminismo pode ser *divertido*; um obrigada a Barbara Berg, Hannah Riley Bowles, Joan C. Williams, Gretchen McCulloch e Bill Hoogterp, em quem sempre pensarei ao dizer um "tipo" ou "hã".

A Jeff Roth no arquivo morto do *New York Times*, a quem devo agradecimentos pelas curiosidades históricas fascinantes que você encontra espalhadas por estas páginas e com quem eu passaria feliz horas a fio trancada num subsolo e cercada por recortes de jornal. Aos meus editores no *Times*, Laura Marmor e Stuart Emmerich, obrigada por serem tão incríveis e continuarem a publicar minhas colunas mesmo nos momentos em que eu ficava cada vez mais esfalfada com o livro.

Às "Bonequinhas" da *Newsweek*, que foram as primeiríssimas inspiradoras de tudo isso, especialmente a Lucy Howard, Pat Lynden, Lynn Povich, Marc Peyser e às minhas eternas colegas-de-dividir-crédito-em-matéria (e amigas) Jesse Ellison e à já mencionada Sarah Ball. Este livro não existiria sem vocês.

Aos meus pais, Veronica Mratinich e Jim Benvenga, que nos criaram para ser feministas; que de alguma forma instilaram nos meus irmãos e em mim que, se havia alguma injustiça, deveríamos denunciá-la falando bem alto. Nem todo mundo tem esse privilégio, e com os anos reconheci que meu poder está nas palavras que escrevo. Aos

## AGRADECIMENTOS

meus irmãos Nick e Zach Benvenga, membros do *primeiro* clube da luta de que fiz parte na vida: agradeço por me tornarem durona desde cedo.

E, por fim, aos principais homens da minha vida, Sam Slaughter e Charles the Dog Brownlips, que aguentaram muitas noites e madrugadas adentro, trazendo lanchinhos quando eu já não conseguia lembrar há quantos dias eu havia dormido ou tomado banho, que me apoiaram com muito amor durante este processo, e fizeram pipi apenas uma vez na minha pesquisa (o Charles, não o Sam). Vocês são a melhor dupla que uma feminista poderia encontrar ao voltar para casa.

# NOTAS

## APRESENTAÇÃO

28    homens estão ganhando: American Association of University Women, "Graduating to a Pay Gap", 2012, http://www.aauw.org/files/2013/02/graduating-to-a-pay-gap-the-earnings-of-women-and-men-one-year-after-college-graduation.pdf.

28    negociar um aumento: Linda Babcock e Sarah Laschever, *Women Don't Ask*, http://www.womendontask.com/stats.html.

28    mais cooperativas: Treinamento antipreconceito de gênero do Facebook, https://managingbias.fb.com.

28    mais lucrativas: Cristian L. Dezsö e David Gaddis Ross, "Does Female Representation in Top Management Improve Firm Performance? A Panel Data Investigation", *Strategic Management Journal* 33, nº 9 (setembro de 2012): 1072-89; Cedric Herring, "Does Diversity Pay? Race, Gender, and the Business Case for Diversity", *American Sociological Review* 74, nº 2 (abril de 2009): 208-24.

28    mais inclusivas: Alison Cook e Christy Glass, "Do Women Advance Equity? The Effect of Gender Leadership Composition on LGBT-Friendly Policies in American Firms", *Human Relations*, no prelo, 2016.

28    líderes mais eficazes: Samantha C. Paustian-Underdahl, Lisa Slattery Walker e David J. Woehr, "Gender and Perceptions of Leadership Effectiveness: A Meta-Analysis of Contextual Moderators", *Journal of Applied Psychology* 99, nº 6 (janeiro de 2013): 1129-45.

28    assumir riscos desnecessários: Brad M. Barber e Terrance Odean, "Boys Will Be Boys: Gender, Overconfidence, and Common Stock Investment", *The Quarterly Journal of Economics* 116, nº 1 (fevereiro de 2001): 261-92.

28      são multitarefas: Katty Kay e Claire Shipman, *The Confidence Code: The Science and Art of Self-Assurance – What Women Should Know* (Nova York: Harper Collins, 2014), 113. [Edição brasileira: *A arte da autoconfiança*, Ed. Benvirá.]

28      maior inteligência emocional: Dana L. Joseph e Daniel A. Newman, "Emotional Intelligence: An Integrative Meta-Analysis and Cascading Model", *Journal of Applied Psychology* 95, nº 1 (janeiro de 2010): 54–78, disponível em <http://psycnet.apa.org/index.cfm?fa=buy.optionToBuy&id=2010-00343-013>.

28      em 26%: McKinsey Global Institute, *How Advancing Women's Equality Can Add $12 Trillion to Global Growth*, 2015, disponível em <http://www.mckinsey.com/global-themes/employment-and-growth/how-advancing-womens-equality-can-add-12-trillion-to-globalgrowth>.

28      (e existem): Steven H. Appelbaum, Lynda Audet, e Joanne C. Miller, "Gender and Leadership? Leadership and Gender? A Journey through the Landscape of Theories", *Leadership and Organization Development Journal*, 24, nº 1 (2003): 43–51.

## PARTE 1

43      mulheres em reuniões de trabalho: Christopher F. Karpowitz, Tali Mendelberg e Lee Shaker, "Gender Inequality in Deliberative Participation", *American Political Science Review* (agosto de 2012): 1–15, disponível em <http://www.bu.edu/wgs/files/2014/12/Karpowitz-etal.-2012.pdf>.

43      interrompem com mais frequência: Marianne LaFrance, "Gender and Interruptions: Individual Infraction or Violation of the Social Order?" *Psychology of Women Quarterly* 16 (1992): 497–512, disponível em <http://interruptions.net/literature/LaFrance-PWQ92.pdf; Kristin J. Anderson e Campbell Leaper, "Meta-Analyses of Gender Effects on Conversational Interruption: Who, What, When, Where, and How", *Sex Roles* 39, nºs 3–4 (1998): 225–52, http://www.ffri.hr/~ibrdar/komunikacija/seminari/Anderson,%201998%20-%20Metaalnalyses%20of%20gender%20effects%20on%20convers.doc>.

43      duas vezes mais chance: Adrienne Hancock e Benjamin Rubin, "Influence of Communication Partner's Gender on Language", *Journal of Language and Social Psychology*, 11 de maio de 2014, disponível em <http://jls.sagepub.com/content/early/2014/05/09/0261927X14533197>; Victoria L. Brescoll, "Who Takes the Floor and Why: Gender, Power, and Volubility in Organizations", *Administrative Science Quarterly* 56, nº 4 (dezembro de 2011): 622–41.

## NOTAS

45   mais improváveis as interrupções: Carol W. Kennedy e Carl Camden, "Interruptions and Nonverbal Gender Differences", *Journal of Nonverbal Behavior* 8, nº 2 (dezembro de 1983): 91-108.

45   garantirem um bom lugar: Kathryn Heath, Jill Flynn e Mary Davis Holt, "Women, Find Your Voice", *Harvard Business Review*, junho de 2014, disponível em <https://hbr.org/2014/06/women-find-your-voice>.

47   ainda assim acaba recebendo crédito: Heather Sarsons, "Gender Differences in Recognition for Group Work", trabalho preliminar, 3 de dezembro de 2015, disponível em <http://scholar.harvard.edu/sarsons/publications/note-gender-differences-recognition-group-work>.

47   corretamente atribuídas a elas: Treinamento antipreconceito de gênero do Facebook; Madeline E. Heilman e Michelle C. Haynes, "No Credit Where Credit Is Due: Attributional Rationalization of Women's Success in Male-Female Teams", *Journal of Applied Psychology* 90, nº 5 (setembro de 2005): 905-16, disponível em <http://dx.doi.org/10.1037/0021-9010.90.5.905>.

53   são delegadas a mulheres: Sheryl Sandberg e Adam Grant, "Madam C.E.O., Get Me a Coffee", *New York Times*, 6 de fevereiro de 2015, disponível em <http://www.nytimes.com/2015/02/08/opinion/sunday/sheryl-sandberg-and-adam-grant-on-women-doing-office-housework.html>.

55   à primeira-dama, Abigail: Lyman Abbott, "Why Women Do Not Wish the Suffrage", *The Atlantic*, setembro de 1903, disponível em <http://www.theatlantic.com/past/docs/issues/03sep/0309suffrage.htm>.

59   tenham maior influência: Sandberg e Grant, "Madam C.E.O., Get Me a Coffee".

61   para não ter mulheres astronautas: National Public Radio, "What Happens When You Get Your Period in Space?" 17 de setembro de 2015, disponível em <http://www.npr.org/sections/health-shots/2015/09/17/441160250/what-happens-when-you-get-your-period-inspace>.

62   enfatizarem o porquê de sua raiva: Brescoll e Uhlmann, "Can an Angry Woman Get Ahead?"; Joan C. Williams e Rachel Dempsey, *What Works for Women at Work: Four Patterns Working Women Need to Know* (Nova York: NYU Press, 2014), 100.

65   com qualificações semelhantes: Shelley J. Correll, Stephen Benard e In Paik, "Is There a Motherhood Penalty?", *American Journal of Sociology* 112, nº 5

(março de 2007): 1297–339, http://gender.stanford.edu/sites/default/files/motherhoodpenalty.pdf; Joan C. Williams, coautora, *What Works for Women at Work: Four Patterns Working Women Need to Know*, em um vídeo produzido para LeanIn.org, disponível em <http://leanin.org/education/what-works-for-women-at-work-part-3-maternal-wall/>; baseado em cálculos de Correll, Benard e In Paik; "Is There a Motherhood Penalty?", *American Journal of Sociology*, 2007, http://gender.stanford.edu/sites/default/files/motherhoodpenalty.pdf.

65   para o sustento da família: Williams e Dempsey, *What Works for Women at Work*.

66   do que as que não têm: LeanIn.Org e McKinsey & Co., *Women in the Workplace 2015*, disponível em <http://womenintheworkplace.com/ui/pdfs/Women_in_the_Workplace_2015.pdf>.

66   uma frase que fosse: Beatriz Aranda e Peter Glick, "Signaling Devotion to Work over Family Undermines the Motherhood Penalty", *Group Processes and Intergroup Relations*, 23 de maio de 2013, disponível em <http://gpi.sagepub.com/content/early/2013/05/22/1368430213485996.abstract>.

67   mais produtivos: Boris B. Baltes et al., Flexible and Compressed Workweek Schedules: A Meta-Analysis of Their Effects on Work-Related Criteria, *Journal of Applied Psychology*, 1999, disponível em <https://www.researchgate.net/publication/232480680_Flexible_and_Compressed_Workweek_Schedules_A_Meta-Analysis_of_Their_Effects_on_Work-Related_Criteria>.

77   *competência* (ser bom mesmo no trabalho) de *confiança*: Tomas Chamorro-Premuzic, "Why Do So Many Incompetent Men Become Leaders?", *Harvard Business Review*, 22 de agosto de 2013, disponível em <https://hbr.org/2013/08/why-do-so-many-incompetent-men>.

77   homens têm maior chance de perceber seu trabalho como melhor: Sheryl Sandberg, *Lean In* (Nova York: Knopf, 2013). [Edição brasileira: *Faça acontecer*, Ed. Companhia das Letras.]

80   ajuda a *cultivar* líderes mulheres: EY Women Athletes Business Network e espnW, *Making the Connection: Women, Sport and Leadership*, 2014, disponível em <http://www.ey.com/GL/en/Newsroom/News-releases/news-female-executives-say-participation-in-sport-helpsaccelerate–leadership-and-career-potential>.

## PARTE 2

89 não recebem nem o crédito: Sheryl Sandberg e Adam Grant, "Madam C.E.O., Get Me a Coffee", *New York Times*, 6 de fevereiro de 2015, disponível em <http://www.nytimes.com/2015/02/08/opinion/sunday/sheryl-sandberg-and-adam-grant-on-women-doing-office-housework.html>.

89 para mulheres negras e latino-americanas: Joan C. Williams, Katherine Phillips e Erika Hall, *Double Jeopardy? Gender Bias Against Women of Color in Science*, WorkLifeLaw, UC Hastings College of Law, 2015, disponível em <http://www.uchastings.edu/news/articles/2015/01/williams-double-jeopardy-report.php>.

89 aumentos e bônus: Madeline E. Heilman e Julie J. Chen, "Same Behavior, Different Consequences: Reactions to Men's and Women's Altruistic Citizenship Behavior", *Journal of Applied Psychology* 90, nº 3 (maio de 2005): 431-41, disponível em <http://psycnet.apa.org/journals/apl/90/3/431/>.

91 por trás dos panos: Sandberg e Grant, "Madam C.E.O., Get Me a Coffee".

93 "ajuda de alguém" ou "sorte": Sylvia Beyer, "Gender Differences in Causal Attributions by College Students of Performance on Course Examinations", *Current Psychology* 17, no. 4 (1998): 346-58.

93 "modestas": Jessi L. Smith e Meghan Huntoon, "Women's Bragging Rights: Overcoming Modesty Norms to Facilitate Women's Self-Promotion", *Psychology of Women Quarterly*, 20 de dezembro de 2013, disponível em <http://intlpwq.sagepub.com/content/early/2013/12/20/0361684313515840.abstract>.

94 cedem mais crédito: Michelle Haynes e Madeline Heilman, "It Had to Be You (Not Me)! Women's Attributional Rationalization of Their Contribution to Successful Joint Work Outcomes", *Personality and Social Psychology Bulletin*, 7 de maio de 2013, disponível em <http://psp.sagepub.com/content/early/2013/05/03/0146167213486358.full>, <http://www.eurekalert.org/pub_releases/2013--05/sfpawws050713.php>.

94 pelo trabalho da equipe: Heather Sarsons, "Gender Differences in Recognition for Group Work", trabalho preliminar, 3 de dezembro de 2015, disponível em <http://scholar.harvard.edu/files/sarsons/files/gender_groupwork.pdf?m=1449178759>; Haynes e Heilman, "It Had to Be You (Not Me)!"

97 quando mulheres recusam, são penalizadas: Heilman e Chen, "Same Behavior, Different Consequences"; Lise Vesterlund, Linda Babcock e Laurie Weingart,

"Breaking the Glass Ceiling with 'No': Gender Differences in Declining Requests for Non Promotable Tasks", trabalho em desenvolvimento na Carnegie Mellon, 2013, disponível em <http://gap.hks.harvard.edu/breaking-glass-ceiling-%E2%80%9Cno%E2%80%9Dgender-differences-declining-requests-non%E2%80%90promotable-tasks>.

98    por pura obrigação: Ellen Langer e Arthur Blank, "The Mindlessness of Ostensibly Thoughtful Action: The Role of 'Placebic' Information in Interpersonal Interaction", *Journal of Personality and Social Psychology* 36, nº 6 (1978): 635-42.

99    sentem mais culpa: Katharine Ridgway O'Brien, "Just Saying 'No': An Examination of Gender Differences in the Ability to Decline Requests in the Workplace", Society for Industrial and Organizational Psychology, 2015, disponível em <http://scholarship.rice.edu/bitstream/handle/1911/77421/OBRIEN DOCUMENT_2014.pdf>.

99    que mulheres digam sim com mais frequência: Ibid.

99    estima *para menos* a probabilidade: Ibid.

101   93%: Albert Mehrabian, *Silent Messages: Implicit Communication of Emotions and Attitudes* (Belmont, Califórnia: Wadsworth Publishing Company, 1981).

102   em entrevistas de emprego: Entrevista não publicada com a autora, 2014; Amy J. C. Cuddy, Caroline A. Wilmuth, Andy J. Yap e Dana R. Carney, "Preparatory Power Posing Affects Nonverbal Presence and Job Interview Performance", *Journal of Applied Psychology*, 9 de fevereiro de 2015, disponível em <http://dx.doi.org/10.1037/a0038543>.

103   mulheres tendem a ocupar menos espaço: Baden Eunson, *Communicating in the 21st Century*, capítulo 7, disponível em <http://www.johnwiley.com.au/highered/eunson2e/content018/web_chapters/eunson2e_web7.pdf>.

103   mais confiante: Judith A. Hall, Erik J. Coats e Lavonia Smith LeBeau, "Nonverbal Behavior and the Vertical Dimension of Social Relations: A Meta-Analysis", *Psychological Bulletin* 131, nº 6 (2005): 898-924, disponível em <http://www.wisebrain.org/papers/NonverbCommVerticalRels.pdf>.

105   aumentam a sua confiança: Dana R. Carney, Amy J. C. Cuddy e Andy J. Yap, "Power Posing: Brief Nonverbal Displays Affect Neuroendocrine Levels and Risk Tolerance", *Psychological Science* 21, nº 10 (outubro de 2010): 1363-68.

106   bloquinho de taquigrafia na mão: "When the Career Woman Vies with Man", *New York Times Magazine*, 26 de outubro de 1930.

109 menos elas falam: Christopher F. Karpowitz, Tali Mendelberg e Lee Shaker, "Gender Inequality in Deliberative Participation", *American Political Science Review* (agosto de 2012): 1–15, disponível em <http://www.bu.edu/wgs/files/2014/12/Karpowitz-et-al.-2012.pdf>.

109 em grupos de gênero misto: Melissa C. Thomas-Hunt e Katherine W. Phillips, "When What You Know Is Not Enough: Expertise and Gender Dynamics in Task Groups", *Personal Social Psychology Bulletin* 30, nº 12 (dezembro de 2004): 1585–98, disponível em <http://psp.sagepub.com/content/30/12/1585.abstract>.

110 a quem gritam ordens: Deborah Tannen, *Talking 9 to 5: Women and Men at Work* (Nova York: William Morrow, 1983), disponível em <http://academic.luzerne.edu/shousenick/101–COMPARE-CONTRAST_article_Tannen.doc>.

110 mais formais (e mais preparadas): Kathryn Heath, Jill Flynn e Mary Davis Holt, "Women, Find Your Voice", *Harvard Business Review*, junho de 2014, disponível em <https://hbr.org/2014/06/women-find-your-voice>.

111 (e angariar apoio): Ibid.

113 mascarada ou arrogante: Olivia A. O'Neill e Charles A. O'Reilly III, "Reducing the Backlash Effect: Self-Monitoring and Women's Promotions", *Journal of Occupational and Organizational Psychology*, 2011, disponível em <http://www.alphagalileo.org/AssetViewer.aspx?AssetId=40772&CultureCode=en>.

114 falsidade é pior ainda: Ovul Sezer, Francesca Gino e Michael I. Norton. "Humble-Bragging: A Distinct–and Ineffective–Self-Presentation Strategy", trabalho em desenvolvimento na Harvard Business School, no. 15-080, abril de 2015.

114 se elogiavam abertamente: Michael D. Robinson, Joel T. Johnson e Stephanie A. Shields, "On the Advantages of Modesty: The Benefits of a Balanced Self-Presentation", *Communication Research* 22, nº 5 (outubro de 1995): 575–91, disponível em <http://crx.sagepub.com/content/22/5/575.abstract>.

115 Mais uma vez: é a ciência: Vera Hoorens, Mario Pandelaere, Frans Oldersma e Constantine Sedikides, "The Hubris Hypothesis: You Can Self-Enhance, But You'd Better Not Show It", *Journal of Personality* 80, nº 5 (outubro de 2012): 1237–74, http://onlinelibrary.wiley.com/doi/10.1111/j.1467–6494.2011.00759.x/abstract.

115 se alguém te elogia: Jeffrey Pfeffer, Christina T. Fong, Robert B. Cialdini e Rebecca R. Portnoy, "Overcoming the Self-Promotion Dilemma: Interpersonal At-

traction and Extra Help as a Consequence of Who Sings One's Praises", *Personal Social Psychology Bulletin*, outubro de 2006, disponível em <http://psp.sagepub.com/content/32/10/1362.short>.

117 de sair de um emprego após alguns anos nele do que homens: Ashley Milne-Tyte, "Women Stay in Jobs Longer Than They Should", *Marketplace*, 17 de julho de 2013, disponível em <http://www.marketplace.org/2013/07/17/economy/women-stay-jobs-longer-they-should>.

119 mais avaliações de desempenho negativas: Venessa Wong, "Women Prefer Male Bosses Even More Than Men Do", *Bloomberg*, 16 de outubro de 2014, disponível em <http://www.bloomberg.com/news/articles/2014-10-16/women-dislike-having-female-bosses-more-than-men-do>.

119 95% das mulheres no mercado: Peggy Drexler, "Are Queen Bees Real?" *Forbes*, 17 de outubro de 2014, disponível em <http://www.forbes.com/sites/peggydrexler/2014/10/17/are-queen-bees-real/#1391e85c83a1>.

121 conflito entre mulheres é percebido de forma diferente: Leah D. Sheppard e Karl Aquino, "Much Ado About Nothing? Observers' Problematization of Women's Same-Sex Conflict at Work", *Academy of Management Perspectives* 27, nº 1, (2013): 52–62.

121 as mulheres antigas: Joan C. Williams e Rachel Dempsey, *What Works for Women at Work: Four Patterns Working Women Need to Know* (Nova York: NYU Press, 2014), 264; Robin J. Ely, "The Effects of Organizational Demographics and Social Identity on Relationships Among Professional Women", *Administrative Science Quarterly* 39, nº 2 (junho de 1994): 203–38, disponível em <http://www.jstor.org/stable/2393234?seq=1#page_scan_tab_contents>.

124 realizaram grandes feitos: Valerie Young, *The Secret Thoughts of Successful Women: Why Capable People Suffer from Imposter Syndrome and How to Thrive in Spite of It* (Nova York, Crown Business: 2011). [Edição brasileira: *Os pensamentos secretos das mulheres de sucesso*, Ed. Saraiva.]

126 uma ocasião de grande estresse: Laura Starecheski, "Why Saying Is Believing – The Science of Self-Talk", National Public Radio, 30 de outubro de 2014, disponível em <http://www.npr.org/sections/health-shots/2014/10/07/353292408/why-saying-is-believing-the-science-of-self-talk>.

127 "engabeladas pelos outros": Claire Shipman e Katty Kay, *The Confidence Code: The Science and Art of Self-Assurance – What Women Should Know* (Nova

York: HarperCollins, 2014). [Edição brasileira: *A arte da autoconfiança*, Ed. Benvirá.]

130  sem qualquer "esforço visível": Sara Rimer, "Social Expectations Pressuring Women at Duke, Study Finds", *New York Times*, 24 de setembro de 2003.

130  mulher negra: Ashleigh Shelby Rosette e Robert W. Livingston, "Failure is not an option for Black women: Effects of organizational performance on leaders with single versus dual-subordinate identities", *Journal of Experimental Social Psychology* 48 (2012) 1162–1167; V. L. Brescoll, E. Dawson & E. L. Uhlmann. "Hard won and easily lost: The fragile status of leaders in genderstereotype-incongruent occupations". *Psychological Science*, 2010; Joan C. Williams e Rachel Dempsey, *What Works for Women at Work: Four Patterns Women Need to Know* (Nova York: NYU Press, 2014), 228.

131  caminho para o sucesso: Angela L. Duckworth et al., "Grit: Perseverance and Passion for Long-Term Goals", *Journal of Personality and Social Psychology*, 2007, disponível em <https://www.sas.upenn.edu/~duckwort/images/Grit%20JPSP.pdf>.

131  um estresse gigantesco: Carsten Wrosch, Michael F. Scheier, Gregory E. Miller, Richard Schulz e Charles S. Carver, "Adaptive Self-Regulation of Unattainable Goals: Goal Disengagement, Goal Reengagement, and Subjective Well-Being", *Personality and Social Psychology Bulletin*, 2003; Carston Wrosch et al., "The Importance of Goal Disengagement in Adaptive Self-Regulation: When Giving Up is Beneficial", *Self and Identity*, 2: 1–20, 2003, disponível em <https://www.researchgate.net/profile/Carsten_Wrosch/publication/233264292_The_Importance_of_Goal_Disengagement_in_Adaptive_Self-Regulation_When_Giving_Up_is_Beneficial/links/0c960533315df7b28c000000.pdf>. Society for Personality and Social Psychology, 2003, https://www.researchgate.net/profile/Carsten_Wrosch/publication/233264292_The_Importance_of_Goal_Disengagement_in_Adaptive_Self-Regulation_When_Giving_Up_is_Beneficial/links/0c960533315df7b28c000000.pdf>.

134  Gender Differences in Burnout: A meta-analysis, por Radostina K. Purvanova, John P. Muros, *Journal of Vocational Behavior*, 77, nº 2, (outubro de 2010): 168–85, disponível em <http://www.sciencedirect.com/science/article/pii/S0001879110000771>.

## NOTAS

134   esgotadas na maior parte dos dias: Radostina K. Purvanova e John P. Muros, "Gender Differences in Burnout: A Meta-Analysis", *Journal of Vocational Behavior* 77, nº 2 (outubro de 2010): 168–85, disponível em <http://www.sciencedirect.com/science/article/pii/S0001879110000771>; Centers for Disease Control and Prevention, Percentage of Adults Who Often Felt Very Tired or Exhausted in the Past 3 Months, by Sex and Age Group, National Health Interview Survey, Estados Unidos, 2010–2011, disponível em <http://www.cdc.gov/mmwr/preview/mmwrhtml/mm6214a5.htm>.

134   afeta negativamente a saúde das mulheres: Youngjoo Cha, "Overwork and the Persistence of Gender Segregation in Occupations", *Gender & Society* 27 (abril de 2013): 158–84, disponível em <http://gas.sagepub.com/content/27/2/158.full?keytype=ref&siteid=spgas&i-jkey=an5gkkROnpdx2>; Youngjoo Cha, "Overwork, Underwork, and the Health of Men and Women in the United States", 29 de março de 2013, trabalho não publicado, disponível em <http://paa2013.princeton.edu/papers/132394>.

134   nas costas das mulheres: U.S. Bureau of Labor Statistics, American Time Use Survey Summary, 24 de junho de 2015, disponível em <http://www.bls.gov/news.release/atus.nr0.htm>; "Overwork and the Persistence of Gender Segregation in Occupations", *Gender & Society* 27 (abril de 2013): 158–84, disponível em <http://gas.sagepub.com/content/27/2/158.full?keytype=ref&siteid=spgas&ijkey=an5gkkROnpdx2>.

136   segundo o instituto de pesquisas Pew: Pew Research Center, "Another Gender Gap: Men Spend More Time in Leisure Activities", 10 de junho de 2013, disponível em <http://www.pewresearch.org/fact-tank/2013/06/10/another--gender-gap-men-spend-more-time-in-leisure-activities>.

137   dar duro em dobro, não é: Catriona Harvey-Jenner, "Women Need More Sleep Than Men and That's a FACT", *Cosmopolitan*, 4 de março de 2016.

## PARTE 3

144   medem suas chefes mulheres por padrões diferentes: Sharon Mavin, "Queen Bees, Wannabees and Afraid to Bees: No More Best Enemies for Women in Management?", *British Journal of Management* 19, nº s1 (março de 2008): S75–84, disponível em <http://papers.ssrn.com/sol3/papers.cfm?abstract_id=1095907>.

## NOTAS

145 preferem chefes homens: Gallup, "Americans Still Prefer a Male Boss to a Female Boss", outubro de 2014, disponível em <http://www.gallup.com/poll/178484/americans-prefer-male-boss-female-boss.aspx>.

147 por seu status profissional: Marianne Cooper, "For Women Leaders, Likability and Success Hardly Go Hand-in-Hand", *Harvard Business Review*, 30 de abril de 2013, disponível em <https://hbr.org/2013/04/for-women-leaders-likability-a/>.

147 difícil de engolir: Madeline E. Heilman et al., "Penalties for Success: Reactions to Women Who Succeed at Male Gender-Typed Tasks", *Journal of Applied Psychology*, 2004, disponível em <http://search.committee.module.rutgers.edu/pdf/Heilman%20adn%20Wallen%202004.pdf>; Laurie A. Rudman e Peter Glick, "Prescriptive Gender Stereotypes and Backlash Toward Agentic Women", *Journal of Social Issues*, 2001, disponível em <http://web.natur.cuni.cz/~houdek3/papers/Rudman%20Glick%202001.pdf>; Kathleen L. McGinn e Nicole Tempest, "Heidi Roizen", Harvard Business School Case 800–228, janeiro de 2000, revisado em abril de 2010, disponível em <http://hbr.org/product/Heidi-Roizen/an/800228-PDF-ENG>.

148 em termos masculinos: Entrevista com a autora, 2010.

149 ela tem a menos do outro: Amy Cuddy, "Just Because I'm Nice, Don't Assume I'm Dumb", *Harvard Business Review*, fevereiro de 2009.

150 maior chance: Paula Szuchman, "Are Recommendation Letters Biased Against Women?", *Wall Street Journal*, 15 de novembro de 2010, disponível em <http://blogs.wsj.com/juggle/2010/11/15/are-recommendation-letters-biased-against-women>.

150 percebidas como moscas-mortas: Ibid.

155 escritórios mais gelados: Lynn Peril, *Swimming in the Steno Pool: A Retro Guide to Making It in the Office* (Nova York: W.W. Norton, 2011), 203.

156 política nacional: The Center for Legislative Archives online, disponível em <http://congress archives.tumblr.com/post/37712637089/on december-11--1917-alice-wadsworth-president>.

159 "apaixonados": Stephanie A. Shields, "Passionate Men, Emotional Women: Psychology Constructs Gender Difference in the Late 19th Century", *History of Psychology* 10, nº 2, (2007): 92–110.

## NOTAS

160 Você se lembra do grupo: Veronica Rocha e Lee Romney, "Black Women Kicked off Napa Wine Train to Sue for Discrimination", *Los Angeles Times*, 1º de outubro de 2015.

160 a um dos grupos: Roxanne A. Donovan, "Tough or Tender: (Dis)Similarities in White College Students' Perceptions of Black and White Women", *Psychology of Women Quarterly* 35 (3): 2011:458-68, *Psychology of Women Quarterly* 35 (3) 2011: 458-68.

160 "Angry Black Woman": Alessandra Stanley, "Wrought in Rhimes's Image", *New York Times*, 18 de setembro de 2014.

160 "Am I being the Angry Black Woman?": Huda Hassan, "The Angry Black Woman Must Die", BuzzFeed, 31 de julho de 2015.

166 frustrações quanto ao progresso: LeanIn.Org e McKinsey & Co., *Women in the Workplace 2015*, disponível em <http://womenintheworkplace.com/ui/pdfs/Women_in_the_Workplace_2015.pdf>; Sylvia Ann Hewlett e Tai Green, "Black Women Ready to Lead", Center for Talent Innovation, 2015, disponível em <http://www.talentinnovation.org/_private/assets/BlackWomenReadyToLead_ExecSumm-CTI.pdf>.

166 nome que "parece de branco": Marianne Bertrand e Sendhil Mullainathan, "Are Emily and Greg More Employable than Lakisha and Jamal? A Field Experiment on Labor Market Discrimination". The National Bureau of Economic Research, 2003, disponível em <http://www.nber.org/papers/w9873>.

168 aldeia só de Smurfs machos: Jay Newton-Small, *Broad Influence: How Women Are Changing the Way America Works* (Nova York: TIME, 2015).

168 falando por *todas* as mulheres: Rosabeth Moss Kanter, "Some Effects of Proportions on Group Life: Skewed Sex Ratios and Responses to Token Women", *American Journal of Sociology*, 82, nº 5 (março de 1977): 965-90.

170 mulheres subordinadas: Kimberly E. O'Brien et al., "A Meta-Analytic Investigation of Gender Differences in Mentoring", *Journal of Management*, 35, nº 2, (2010): 537-54; Herminia Ibarra, Nancy M. Carter e Christine Silva, "Why Men Still Get More Promotions than Women", *Harvard Business Review*, setembro de 2010; Sylvia Ann Hewlett et al., "The Sponsor Effect: Breaking Through the Last Glass Ceiling", *Harvard Business Review* Research Report, dezembro de 2010, 35; Kim Elsesser, *Sex and the Office: Women, Men, and the Sex Partition That's Dividing the Workplace* (Nova York: Taylor Trade Publishing, 2015). (A primeira estatística provém de uma pesquisa da economista Sylvia Ann Hewlett.)

173   prestes a se engalfinhar: Leah D. Sheppard e Karl Aquino, "Much Ado About Nothing? Observers' Problematization of Women's Same-Sex Conflict at Work", *Academy of Management Perspectives* 27, nº 1 (2013): 52-62.

173   realizadas por mulheres: Madeline E. Heilman, "Description and Prescription: How Gender Stereotypes Prevent Women's Ascent up the Organizational Ladder", *Journal of Social Issues*, 57, nº 4, (inverno de 2001): 657-74.

174   mais notados e mais lembrados: Joan C. Williams e Rachel Dempsey, *What Works for Women at Work: Four Patterns Working Women Need to Know* (Nova York: NYU Press, 2014), 228; C. M. Steele, S. J. Spencer, & J. Aronson (2002). "Contending with group image: The psychology of stereotype and social identity threat", disponível em <http://disjointedthinking.jeffhughes.ca/wpcontent/uploads/2011/07/Steele-Spencer-Aronson-2002.-Contending-with-group-image.pdf>.

176   seu desempenho: Ioana M. Latu, Marianne Schmid Mast, Joris Lammers e Dario Bombari, "Successful Female Leaders Empower Women's Behavior in Leadership Tasks", *Journal of Experimental Social Psychology* 49, nº 3 (maio de 2013): 444-48.

177   acabadas aos 30: Chris Wilson, "This Chart Shows Hollywood's Glaring Gender Gap", *Time*, 6 de outubro de 2015.

177   se for uma candidata: Jessica Bennett, "The Beauty Advantage", *Newsweek*, 19 de julho de 2010.

180   colegas homens e brancos: Alison Cook e Christy Glass, "Above the Glass Ceiling: When Are Women and Racial/Ethnic Minorities Promoted to CEO?", *Strategic Management Journal* 35, nº 7 (julho de 2014): 1080-89; Ken Favaro, Per-Ola Karlsson e Gary L. Neilson, "Women CEOs of the last 10 years", PwC Strategy&, 29 de abril de 2014, disponível em <http://www.strategyand.pwc.com/reports/2013-chiefexecutive-study>.

181   porque somos mulheres: Michelle K. Ryan, S. Alexander Haslam, Mette D. Hersby e Renata Bongiorno, "Think Crisis-Think Female: The Glass Cliff and Contextual Variation in the Think Manager-Think Male Stereotype", *Journal of Applied Psychology* 96, nº 3 (2011): 470-84, disponível em <https://www.uni-klu.ac.at/gender/downloads/FP_Ryan_2011.pdf>.

183   mal conseguiam falar: Tom Lutz, *Crying: The Natural and Cultural History of Tears*, capítulo 1, disponível em <https://www.nytimes.com/books/first/l/

lutz-crying.html>; Sandra Newman, "Man, Weeping", *Aeon*, 9 de setembro de 2015.

184   um antigo provérbio: Lutz, *Crying*.

184   uma ou duas: Ibid.

184   com um colega: pesquisa ainda não publicada de Kimberly Elsbach da University of California, Davis; Olga Khazan, "Lean In to Crying at Work", *The Atlantic*, 17 de março de 2016.

185   lágrimas mais *visíveis*: Anne Kreamer, "Why Do Women Cry More Than Men?", *The Daily Beast*, 18 de dezembro de 2010, disponível em <http://www.thedailybeast.com/articles/2010/12/18/john-boehner-crying-why-do-women-cry-more-than-men.html>; Richard H. Post, "Tear Duct Size Differences of Age, Sex and Race", Departamento de Genética Humana, University of Michigan Medical School, disponível em <https://deepblue.lib.umich.edu/bitstream/handle/2027.42/37483/1330300109_ftp.pdf?sequence=1>.

186   "É um fenômeno em toda parte": Jessica Bennett, "Why So Many Women Are Crying at the Gym", *Time*, 20 de outubro de 2014.

187   chorando aos pés de um homem: "Why the Dearth of Statues Honoring Women in Statuary Hall and Elsewhere?", *Washington Post*, 17 de abril de 2011.

## PARTE 4

193   até menos confiável: Jin Ko Sei, C. M. Judd e D. A. Stapel, "Stereotyping Based on Voice in the Presence of Individuating Information: Vocal Femininity Affects Perceived Competence but Not Warmth", *Personal Social Psychology Bulletin* 35, nº 2 (fevereiro de 2009): 198–211; R. C. Anderson, C. A. Klofstad, W. J. Mayew e M. Venkatachalam, "Vocal Fry May Undermine the Success of Young Women in the Labor Market", *PLoS One* 9, nº 5 (2014), disponível em <http://www.ncbi.nlm.nih.gov/pmc/articles/PMC4037169/>.

199   valia o oposto: Jan Hoffman, "Overturning the Myth of Valley Girl Speak", *New York Times*, 23 de dezembro de 2013; Caroline Winter, "What Does How You Talk Have to Do with How You Get Ahead?" *Bloomberg*, 24 de abril de 2014.

201   para impedir interrupções: Amanda Ritchar e Amalia Arvanito, "The Form and Use of Uptalk in Southern Californian English", apresentação realizada na 166ª ASA Meeting em San Francisco, 5 de dezembro de 2013, disponível em <http://acoustics.org/pressroom/httpdocs/166th/4pSCa2-Ritchart.html>.

## NOTAS

203 "autoridade e controle": Ellen Petry Leanse, "Just Say No", *LinkedIn Pulse*, 29 de maio de 2015.

206 entre jovens: Rich Smith, "I Feel Like We Say 'I Feel Like' All the Time", *The Stranger*, 15 de julho de 2015.

206 grupos, bradando ordens: Deborah Tannen, entrevista com a autora.

206 salpicando nossa fala de sentimentos: Joan C. Williams e Rachel Dempsey, *What Works for Women at Work: Four Patterns Working Women Need to Know* (Nova York: NYU Press, 2014), 66.

206 "no lugar de ideias claras": Phyllis Mindell, Dra. em educação, *How to Say It for Women* (Nova York: Prentice Hall Press, 2001).

207 eficiente de se comunicar: Deanna Geddes e Lisa T. Stickney, "Muted Anger in the Workplace: Changing the 'Sound' of Employee Emotion Through Social Sharing", 2012, disponível em <http://papers.ssrn.com/sol3/papers.cfm?abstract_id=2731708>.

209 mais "tipo" que as mulheres: Douglas Quenqua, "They're, Like, Way Ahead of the Linguistic Currrrve", *New York Times*, 27 de fevereiro de 2012, disponível em <http://www.nytimes.com/2012/02/28/science/young-women-often-trendsetters-in-vocal-patterns.html>.

210 para o interlocutor: Ann Friedman, "Can We Just, Like, Get Over the Way Women Talk?" *New York*, 9 de julho de 2015.

212 mulheres parecem sofrer penalidades: Anderson et al., "Vocal Fry May Undermine the Success of Young Women in the Labor Market".

213 linguista de Stanford: "What's the Big Deal About Vocal Fry? An NYU Linguist Weighs In", *NYU News*, 29 de setembro de 2015, disponível em <https://www.nyu.edu/about/news-publications/nyu-stories/lisa-davidson-on-vocal-fry.html>.

213 um estudo de 2014: Anderson, "Vocal Fry May Undermine the Success of Young Women".

215 amplamente empregadas por mulheres: Jessica Bennett e Rachel Simmons, "Kisses and Hugs in the Office", *The Atlantic*, dezembro de 2012.

219 poder de aumentar a confiança: Roderick I. Swaab et al., "Early Words That Work: When and How Virtual Linguistic Mimicry Facilitates Negotiation Outcomes", *Journal of Experimental Social Psychology* 47, no. 3 (maio de 2011): 616-21.

222   quaisquer mulheres defensoras de cargos políticos: Women's Media Center, "Name It. Change It. Findings from an Online Dial Survey of 800 Likely Voters Nationwide", 2010, disponível em <http://www.lakeresearch.com/news/NameItChangeIt/NameIt ChangeIt.pres.pdf>.

224   "manequim 40": R.W., "Obituary: Geraldine Ferraro", *Economist*, 27 de maio de 2011, disponível em <http://www.economist.com/blogs/democracyinamerica/2011/03/obituary>.

225   uma professora-assistente: Bellack, Marisa, "I Was Gay Talese's Teaching Assistant. I Quit Because of His Sexism", *Washington Post*, 9 de abril de 2016, disponível em <https://www.washingtonpost.com/posteverything/wp/2016/04/09/gay-talese-sexism/>.

## PARTE 5

231   está tudo bem em negociar: "Women Negotiate Better for Themselves If They're Told It's OK to Do So", *Harvard Business Review*, setembro de 2014, disponível em <https://hbr.org/2014/09/women-negotiate-better-for-themselves-if-theyre-told-its-ok-to-do-so>; Deborah A. Small, Michele Gelfand, Linda Babcock e Hilary Gettman, "Who Goes to the Bargaining Table? The Influence of Gender and Framing on the Initiation of Negotiation", *Journal of Personality and Social Psychology* 93, nº 4 (2007): 600-13.

233   e hispânicas 54 centavos: American Association of University Women, "The Simple Truth about the Gender Pay Gap", primavera de 2016, disponível em <http://www.aauw.org/research/the-simple-truth-about-the-gender-pay-gap>.

233   seus colegas homens ganham: American Association of University Women, "Graduating to a Pay Gap: The Earnings of Women and Men One Year after College Graduation", 2013, disponível em <http://www.aauw.org/files/2013/03/Graduating-to-a-Pay-Gap-The-Earnings-of-Women-and-Men-One-Year-after-College-Graduation-Executive-Summary-and-Recommendations.pdf>.

234   quando negociam, pedem menos: Jessica Bennett, "How to Attack the Gender Wage Gap? Speak Up", *New York Times*, 15 de dezembro de 2012.

234   do que aqueles que não negociam: Fiona Greig, "Propensity to Negotiate and Career Advancement: Evidence from an Investment Bank That Women Are on a 'Slow Elevator'", *Negotiation Journal* 24, nº 4 (outubro de 2008): 495-508.

234 obter o cargo: Linda Babcock e Sara Laschever, *Women Don't Ask: Negotiation and the Gender Divide* (Princeton, NJ: Princeton University Press, 2003), disponível em <http://www.womendontask.com/stats.html>.

234 tanto mulheres quanto homens: Nolan Feeney, "Study: Women More Likely to Be Lied to in Negotiations Than Men", *Time*, 3 de agosto de 2014; Laura J. Kray, Jessica A. Kennedy e Alex B. Van Zant, "Not competent enough to know the difference? Gender stereotypes about women's ease of being misled predict negotiator deception", *Organizational Behavior and Human Decision Processes*, novembro de 2014.

238 50 centavos a mais no acordo final: Chris Guthrie e Dan Orr, "Anchoring, Information, Expertise, and Negotiation: New Insights from Meta-Analysis", *Ohio State Journal on Dispute Resolution*, 2006.

240 vistas como "agressivas": Hannah Riley Bowles e Linda Babcock, "How Can Women Escape the Compensation Negotiation Dilemma? Relational Accounts Are One Answer", *Psychology of Women Quarterly* 37, nº 1 (2013): 80-96.

240 "contribuir para o trabalho": Hannah Riley Bowles, "Why Women Don't Negotiate Their Job Offers", *Harvard Business Review*, 19 de junho de 2014, disponível em <https://hbr.org/2014/06/why-women-dont-negotiate-their-job-offers/>.

241 Peça conselhos: Bowles e Babcock, "How Can Women Escape the Compensation Negotiation Dilemma?"

241 *a não ser que* dessem um sorriso: Hannah Riley Bowles, Linda Babcock e Lei Lai, "Social incentives for gender differences in the propensity to initiate negotiations: Sometimes it does hurt to ask", *Organizational Behavior and Human Decision Processes*, 103 (1), (2007): 84-103.

242 fazer concessões rapidamente: Jennifer L. Holt e Cynthia James DeVore, "Culture, Gender, Organizational Role, and Styles of Conflict Resolution: A Meta-Analysis", *International Journal of Intercultural Relations* 29 (2005): 165-96.

## PARTE 6

254 como se tivesse certeza: Carla A. Harris, *Expect to Win: 10 Proven Strategies for Thriving in the Workplace* (Nova York: Plume Books, 2010).

254 apenas *60%*: Georges Desvaux, Sandrine Devillard-Hoellinger e Mary C. Meaney, "A Business Case for Women", *The McKinsey Quarterly*, setembro de

2008, 4, disponível em <http://www.womenscolleges.org/files/pdfs/Business-CaseforWomen.pdf>.

254  os delas como piores: Katty Kay e Claire Shipman, *The Confidence Code: The Science and Art of Self-Assurance – What Women Should Know* (Nova York: HarperCollins, 2014), 19 [Edição brasileira: *A arte da autoconfiança*, Ed. Benvirá]; "Yet Another Explanation for Why Fewer Women Make it to the Top", *Washington Post*, 1º de abril de 2011, disponível em <https://www.washingtonpost.com/blogs/post-leadership/post/yet-another-explanation-for-why-fewerwomen-make-it-to-the-top/2011/04/01/gIQA2IIP9N_blog.html>.

256  não dão retorno do investimento: Claire Martin, "Wearing Your Failures on Your Sleeve", *New York Times*, 8 de novembro de 2014.

256  acreditar que é pessoal: Sheryl Sandberg, *Lean In* (Nova York: Knopf, 2013). [Edição brasileira: *Faça acontecer*, Ed. Companhia das Letras.]

256  medo que as mulheres têm do fracasso: "Gender Study Shows Women Are 'Driven by Fear of Failure,'" *Times Higher Education*, 6 de novembro de 1998, disponível em <https://www.timeshighereducation.com/news/gender-study-shows-women-are-driven-by-fear-of-failure/109745.article>.

256  em que já são boas: James P. Byrnes, David C. Miller e William D. Schafer, "Gender Differences in Risk Taking: A Meta-Analysis", *Psychological Bulletin* 125, no. 3 (maio de 1999): 367–83; Catherine C. Eckel e Phillip J. Grossman, "Men, Women, and Risk Aversion: Experimental Evidence", em *Handbook of Experimental Economics Results*, vol. 1, ed. Charles R. Plott e Vernon L. Smith (Amsterdã: North Holland, 2008), 1061–73.

257  fracasso em dois tipos: Adam Grant, *Originals: How Non-Conformists Move the World* (Nova York: Viking Books, 2016). [Edição brasileira: *Originais*, Ed. Sextante.]

257  não o fracasso em si: Thomas Gilovich e Victoria Husted Medvec, "The Experience of Regret: What, When, and Why", *Psychological Review* 102, nº 2 (abril de 1995): 379–95, disponível em <http://dx.doi.org/10.1037/0033–295X.102.2.379>.

258  mais dificuldade de dizer não: Madeline E. Heilman e Julie J. Chen, "Same behavior, different consequences: Reactions to men's and women's altruistic citizenship behavior", *Journal of Applied Psychology* 90 (2005): 431–41; Lise Vesterlund, Linda Babcock, Laurie Weingart, "Breaking the Glass Ceiling with 'No':

## NOTAS

Gender Differences in Declining Requests for Non-Promotable Tasks", 2013, disponível em <http://gap.hks.harvard.edu/breaking-glass-ceiling-%E2%80%9C no%E2%80%9D-gender-differences-declining-requests-non%E2%80%90pro--motable-tasks>; Katharine Ridgway O'Brien, "Just Saying 'No': An Examination of Gender Differences in the Ability to Decline Requests in the Workplace", thesis, Rice University, 2014, disponível em <https://scholarship.rice.edu/handle/1911/77421?show=full>.

260 da Universidade de Boston: Neil Irwin, "How Some Men Fake an 80-Hour Workweek, and Why It Matters", *New York Times*, 4 de maio de 2015; Pesquisa original: Erin Reid, "Embracing, Passing, Revealing, and the Ideal Worker Image: How People Navigate Expected and Experienced Professional Identities", *Organizational Science*, 20 de abril de 2015.

261 mulheres tendem, de fato, a fugir do risco: Catherine C. Eckel e Phillip J. Grossman, "Men, Women, and Risk Aversion: Experimental Evidence", em C. Plott e V. Smith, org. *Handbook of Experimental Economics Results*, vol. 1. Ch. 113, 1061-73, 2008; Doug Sundheim, "Do Women Take as Many Risks as Men?", *Harvard Business Review*, 27 de fevereiro de 2013, disponível em <https://hbr.org/2013/02/dowomen-take-as-many-risks-as/>.

263 muito mais do que as dele: Ibid.

274 corretamente atribuídas a elas: Treinamento antipreconceito de gênero do Facebook, https://managing-bias.fb.com; No Credit Where Credit Is Due: Attributional Rationalization of Women's Success in Male-Female Teams. Madeline E. Heilman; Michelle C. Haynes, *Journal of Applied Psychology*, Vol. 90 (5): set. 2005, 905-916. Ver <http://dx.doi.org/10.1037/0021-9010.90.5.905>.

274 os generosões, bons em trabalhar em equipe: Eugene Caruso, Nicholas Epley e Max H. Bazerman, "The Costs and Benefits of Undoing Egocentric Responsibility Assessments in Groups", *Journal of Personality and Social Psychology* 91, nº 5 (novembro de 2006): 857-71.

274 10 a 15 graus maior: Baden Eunson, *Communicating in the 21st Century*, capítulo 7, disponível em <http://www.johnwiley.com.au/highered/eunson2e/content018/web_chapters/eunson2e_web7.pdf>.

275 falam mais do que a gente: Christopher F. Karpowitz, Tali Mendelberg e Lee Shaker, "Gender Inequality in Deliberative Participation", *American Political Science Review* (agosto de 2012): 1-15, disponível em <http://www.bu.edu/wgs/files/2014/12/Karpowitz-etal.-2012.pdf>.

## NOTAS

276 imputada mais às mulheres: Sheryl Sandberg e Adam Grant, "Madam C.E.O., Get Me a Coffee", *New York Times*, fevereiro de 2015, disponível em <http://www.nytimes.com/2015/02/08/opinion/Sunday/sheryl-sandberg-and--adam-grant-on-women-doing-office-housework.html>.

276 vocês, homens, obtêm benefícios: Joan C. Williams e Rachel Dempsey, *What Works for Women at Work: Four Patterns Working Women Need to Know* (Nova York: NYU Press, 2014); Madeline E. Heilman e Julie J. Chen, "Same Behavior, Different Consequences: Reactions to Men's and Women's Altruistic Citizenship Behavior", *Journal of Applied Psychology* 90, nº 3 (maio de 2005) 431–41, disponível em <http://dx.doi.org/10.1037/0021-9010.90.3.431>.

277 fazem mais sexo com suas esposas: Constance Gager e Scott Yabiku, "Who Has the Time? The Relationship Between Household Labor Time and Sexual Frequency", *Journal of Family Issues*, fevereiro de 2010.

277 estressadas, rancorosas: Scott Coltrane, "Research on Household Labor: Modeling and Measuring the Social Embeddedness of Routine Family Work", *Journal of Marriage and Family*, novembro de 2000.

277 dividem tarefas, decisões e obrigações financeiras mais igualitariamente: Lourdes Garcia-Navarro, "Same-Sex Couples May Have More Egalitarian Relationships", NPR's *All Things Considered*, 29 de dezembro de 2014.

278 faz bem para todos os filhos: B. Heilman, G. Cole, K. Matos, A. Hassink, R. Mincy, G. Barker, "State of America's Fathers: A MenCare Advocacy Publication", Washington, DC: Promundo-US. Ver <http://men-care.org/soaf/download/PRO 16001_Americas_Father_web.pdf>.

278 limitar suas aspirações de trabalho: A. Croft, T. Scmader, K. Block, A. S. Baron, "The Second Shift Reflected in the Second Generation: Do Parents' Gender Roles at Home Predict Children's Aspirations?", *Psychological Science*, julho de 2014.

278 mais felizes em seus empregos: Jamie Ladge, Beth Humberd, Brad Harrington e Marla Watkins, "Updating the Organization Man: An Examination of Involved Fathering in the Workplace", *Academy of Management Perspectives*, 7 de outubro de 2014.

278 viver mais tempo: Stephanie L. Brown, Dylan M. Smith, Richard Schulz, Mohammed U. Kabeto, Peter A. Ubel, Michael Poulin, Jaehee Yi, Catherine Kim e Kenneth M. Langa, "Caregiving Behavior Is Associated with Decreased Mortality Risk", *Psychological Science*, abril de 2009.

278    mais cooperativas: Treinamento antipreconceito inconsciente do Facebook, disponível em <https://managingbias.fb.com>.

278    mais lucrativas: Cristian L. Dezsö e David Gaddis Ross, "Does Female Representation in Top Management Improve Firm Performance? A Panel Data Investigation", *Strategic Management Journal* 33, nº 9 (setembro de 2012): 1072-89; Cedric Herring, "Does Diversity Pay? Race, Gender, and the Business Case for Diversity", *American Sociological Review* 74, nº 2 (abril de 2009): 208-24.

278    mais inclusivas: Alison Cook e Christy Glass, (2016). "Do women advance equity? The effect of gender leadership composition on LGBT-friendly policies in American firms". *Human Relations* (no prelo).

### ENTRE PARA O CLUBE DA LUTA FEMINISTA!

288    com seu marido: Marilyn Yalom e Theresa Donovan Brow, *The Social Sex: A History of Female Friendship* (Nova York: Harper Perennial, 2015).

Impressão e Acabamento:
EDITORA JPA LTDA.